Wittgenstein – Engelmann

Briefe, Begegnungen, Erinnerungen

Ilse Somavilla (Hrsg.)

Wittgenstein – Engelmann
Briefe, Begegnungen, Erinnerungen

unter Mitarbeit von Brian McGuinness

Haymon

Herausgegeben im Auftrag des Forschungsinstituts Brenner-Archiv.

Bibliografische Information:
Die Deutsche Bibliothek verzeichnet diese Publikation in der Deutschen Nationalbibliografie; detaillierte bibliografische Daten sind im Internet über http://dnb.ddb.de abrufbar.

ISBN-10: 3-85218-503-3
ISBN-13: 978-3-85218-503-3

Umschlag: Benno Peter
Satz: Karin Berner/Haymon Verlag

Inhalt

ANHANG

Vorwort

Der vorliegende Band enthält die Korrespondenz zwischen Paul Engelmann und Ludwig Wittgenstein, die sich – mit einer längeren Unterbrechung in späteren Jahren – von 1916 bis 1937 erstreckte. Er stellt gegenüber der 1967 erfolgten Erstausgabe von Brian McGuinness[1] insofern eine entscheidende Erweiterung dar, als mittlerweile auch Briefe Engelmanns an Wittgenstein aufgefunden wurden und hier erstmals im Zusammenhang veröffentlicht werden.

Zudem wird die Korrespondenz der beiden Freunde durch Briefe Ernestine Engelmanns, der Mutter von Paul, sowie Briefe von Max Zweig und Heinrich Groag ergänzt.

Neben dem Briefwechsel werden auch Engelmanns Erinnerungen an Ludwig Wittgenstein, wie sie bereits in der ersten Ausgabe vorliegen, herausgegeben. Shimshon Stein und Josef Schächter hatten sich der mühevollen Aufgabe unterzogen, aus den umfangreichen, schier unüberschaubaren Notizen ein kleines, in Kapitel unterteiltes Kompendium zusammenzustellen, das ein flüssiges Lesen ermöglicht. Abgesehen von einzelnen Korrekturen und Ergänzungen werden diese »Erinnerungen« hier unverändert wiedergegeben.[2]

Nach Durchsicht weiterer Notizen im Nachlaß von Paul Engelmann wurden für diesen Band noch zusätzlich einzelne Passagen herausgegriffen, die hier in einem eigenen Kapitel – den »Verstreuten Notizen« – veröffentlicht werden. Aufgrund des äußerst fragmentarischen Charakters von Engelmanns Aufzeichnungen war es nicht möglich, all seine Erinnerungen betreffend seine Begegnung mit Ludwig Wittgenstein vorzustellen. Wie Engelmann selbst betonte, ging es ihm nicht um eine wortgetreue Wiedergabe seiner Gespräche mit Ludwig Wittgenstein, sondern vor allem um deren »Nachwirkung« in seinem Inneren, um das »Ergebnis«, das die Gespräche in ihm hinterließen, und die Entwicklung seiner davon angeregten Gedankengänge:

Ich gebe von meinen äußeren Erinnerungen, d.h. von Erinnerungen an bestimmte Geschehnisse, usw. nur soviel wieder, als es mir, und sei es noch so geringfügig – etwas Wesentliches über L.W. zu sagen scheint: dagegen gebe ich in möglichster Ausführlichkeit alles wieder, was sich in mir als Nachwirkung meines persönlichen Kontaktes mit ihm angesammelt hat. Ich halte diese Kommentare zu seinen Gedanken darum für so mitteilenswert, weil sie durchwegs aus Dingen bestehen, deren Verständnis mir ohne den persönlichen Kontakt ebenso verschlossen geblieben wäre wie andern. (Nachlaß Paul Engelmann, im Besitz von E. Benyoëtz)

Es wäre jedoch verfehlt anzunehmen, daß die sich aus den Gesprächen mit Wittgenstein ergebenden Gedanken Engelmanns über Literatur, Kunst, Religion und Philosophie nur auf den großen Einfluß des Freundes zurückgeführt werden können. Wie auch aus dem Briefwechsel der beiden hervorgeht, kann man von einer gegenseitig befruchtenden Freundschaft sprechen, und es war Engelmann, der Wittgenstein in vieler Hinsicht anzuregen verstand und ihm durch seine überlegene Fähigkeit,

Gedankengänge zu artikulieren, »Geburtshelfer«[3] war, wenn es darum ging, die Dinge zur Sprache zu bringen.

In einem unveröffentlichten Fragment zu einer Art autobiographischem Roman Paul Engelmanns sind die Hauptfiguren – »Janowitz« und »Weinberger« – in vieler Hinsicht mit Engelmann und Wittgenstein zu vergleichen. Auch dort weist Janowitz/Engelmann auf die mit Weinberger/Wittgenstein geführten Gespräche und auf die Schwierigkeit hin, diese schriftlich festzuhalten. Wie in der Wirklichkeit geht es ihm um die »Resultate«, die »Nachwirkung« der Gespräche, da diese in Dialogform aufzuzeichnen ihm zu mühevoll erscheint:

> Es ist mir viel zu mühevoll, diese Gespräche, die Janowitz mit Weinberger führte, in Dialogform aufzuschreiben; meine Zeit und meine Arbeitskraft ist begrenzt, und ich möchte die mir zur Verfügung stehende maximal zum Vorteil des Lesers verwenden, damit er durch die Lektüre dieses Buches möglichst viel profitiert. Daher gebe ich im folgenden die Resultate dieser Dialoge, wie ich sie von Janowitz habe, nicht diese selbst.
> Was davon Weinbergers Anteil ist und was der von Janowitz, ist nachträglich nicht festzustellen. Es wird wohl nicht ganz so sein wie in Eckermanns Gesprächen mit Goethe, wo <u>alles</u> von diesem stammt; aber gewiß war der Anteil Weinbergers bei weitem überwiegend, er ist hier der Lehrer und Janowitz der Schüler, der zum Schluß die reifere Einsicht des Lehrers in sich aufnimmt und seine Irrtümer dadurch berichtigt.
> Sollte Weinberger einmal diese Blätter zu Gesicht bekommen, so würde er gewiß dagegen protestieren, vieles von dem hier Verzeichneten gesagt, und es gerade <u>so</u> gesagt zu haben. Teilweise wohl, weil er heute, nach Jahren, wohl kaum mehr ein in allem Einsatz verläßlicher Zeuge seiner damaligen Reden sein wird; aber auch, weil manches doch aus Janowitzs eigenem Kopf stammen wird und daher nicht Weinberger <zugeschrieben> werden kann. Diese Aufzeichnungen sind also in keiner Weise als eine Quelle für einen Weinberger-Biographen zu benützen, so interessant sie einem solchen vielleicht doch sein werden. Sie sind vielmehr bloß Zeugnisse für das, was sich unter Weinbergers überragendem geistigen Einfluß, oft wohl gar nicht dessen Intention entsprechend, bei ihm gebildet hat und was dann für sein weiteres Leben <auch> bestimmend geblieben ist. (aus: IV Viertes Buch, Sogenannte »Aliyah«. In der Jewish National and University Library, Dossier 220)

Seit den von Engelmann geäußerten Bemerkungen hat sich in der Wittgenstein-Forschung gezeigt, daß sowohl der Briefwechsel wie auch Engelmanns Erinnerungsnotizen durchaus ihren Platz unter biographischen sowie zeit- und kulturgeschichtlichen Quellen beanspruchen können.

Darüber hinaus hat sich die Rezeption der Philosophie Wittgensteins in eine Richtung bewegt, die – im Gegensatz zu der in früheren Jahren vorwiegend sprachanalytischen Annäherung – nun zunehmend auch jene Aspekte betont, deren Bedeutung Engelmann als einer der Ersten hervorhob: Ethik, Ästhetik und Religion.

Engelmann scheint somit einer von Wenigen gewesen zu sein, die zur Zeit der Entstehung des *Tractatus* den tieferen Sinn des Werkes verstanden haben, so wie Wittgenstein es sich von seinen Lesern wünschte. Zudem hat Engelmann auch auf Wittgensteins Wiener Hintergrund und den Einfluß von Heinrich Hertz hingewiesen.[4]

Die Freundschaft zwischen Engelmann und Wittgenstein erfuhr in früheren Jahren – von 1916 bis ca. 1927 – ihre tiefste Ausprägung.

Erst in den Jahren 1942–1964 ging Engelmann daran, seine Erinnerungen an die Gespräche mit Wittgenstein aufzuzeichnen – dies in mannigfacher Form und folglich zahlreichen Versionen, wie es eben Engelmanns Art zu schreiben war.

Wittgenstein wiederum kam in seinen thematisch breitgefächerten Bemerkungen – in der Zwischenzeit als *Vermischte Bemerkungen* publiziert – hin und wieder auf Engelmann zu sprechen.

Am 22.8.1930 notierte er im MS 109:

Engelmann sagte mir, wenn er zu Hause in seiner Lade voll von seinen Manuskripten krame so kämen sie ihm so wunderschön vor daß er denke sie wären es wert den anderen Menschen gegeben zu werden. (Das sei auch der Fall wenn er Briefe seiner verstorbenen Verwandten durchsehe) Wenn er sich aber eine Auswahl davon herausgegeben denkt so verliere die Sache jeden Reiz & Wert & werde unmöglich [...]

So wenn E. seine Schriften ansieht & sie herrlich/wunderbar findet (die er doch einzeln nicht veröffentlichen möchte) so sieht er sein Leben, als ein Kunstwerk Gottes, & als das ist es allerdings betrachtenswert, jedes Leben & Alles. Doch kann nur der Künstler das Einzelne so darstellen daß es uns als Kunstwerk erscheint; jene Manuskripte verlieren mit Recht ihren Wert wenn man sie einzeln & überhaupt wenn man sie unvoreingenommen, das heißt ohne schon vorher begeistert zu sein, betrachtet. Das Kunstwerk zwingt uns – sozusagen – zu der richtigen Perspective, ohne die Kunst aber ist der Gegenstand ein Stück Natur wie jedes andre & daß wir es durch die Begeisterung erheben können das berechtigt niemand es uns vorzusetzen. [...]

Nun scheint mir aber, gibt es außer der Arbeit/Tätigkeit/Funktion des Künstlers noch eine andere, die Welt sub specie äterni einzufangen. Es ist – glaube ich – der Weg des Gedankens der gleichsam über die Welt hinfliegt & sie so läßt wie sie ist, – sie von oben im/vom Fluge betrachtend.[sie vom Fluge betrachtend] [sie von oben vom Fluge betrachtend].

Würde man im Sinne Engelmanns die Gesamtheit seiner Manuskripte veröffentlichen, so hieße dies, ein gewaltiges Werk vorzustellen. Im Rahmen dieser Ausgabe, die sich auf die Freundschaft Engelmanns mit Wittgenstein beschränkt, wäre eine Präsentation aller Manuskripte Engelmanns nicht angebracht. Selbst unter seinen Erinnerungsnotizen über Wittgenstein konnte aufgrund der Unvollständigkeit sowie auch Wiederholung von Textstellen in mehreren Versionen nur eine Auswahl getroffen werden. Diese aber soll es dem Leser ermöglichen, »aus der richtigen

Perspektive« einen Einblick in die Persönlichkeit Paul Engelmanns – als Mensch wie auch als Denker – zu gewinnen. Darüber hinaus sollen die hier vorgestellten Texte zeigen, inwieweit die Freundschaft mit Wittgenstein auf gegenseitiger geistiger Befruchtung beruhte und der Gedankenaustausch sich auf den Gebieten der Kunst und der Religion auswirkte.

Das in Zusammenhang mit Wittgensteins Philosophieren so oft zitierte »Unaussprechliche« – das sowohl der Kunst wie auch der Religion zuzuordnen ist – scheint eines der zentralen Gesprächsthemen der Freunde gewesen zu sein. Wie der Briefwechsel zeigt, war es Engelmann, der Wittgenstein – am Beispiel eines Gedichtes von Ludwig Uhland – auf die Möglichkeit hinwies, dieses »Unaussprechliche« in der Literatur auszudrücken – auf »unaussprechliche Weise auszusprechen.«

Engelmann hatte nicht nur die Gabe, Dinge zu formulieren, bei denen es Wittgenstein schwerer fiel, die richtigen Worte zu finden; er besaß auch die Fähigkeit, die Dinge aus der richtigen Perspektive zu betrachten und somit im Alltäglichen das Besondere zu erblicken – das Leben an sich als Kunstwerk zu sehen: mit den Augen des Dichters, des Philosophen und des Architekten.

Innsbruck, September 2005
Ilse Somavilla

Anmerkungen:

1 Diese erschien zuerst in einer englischen Übersetzung von L. Furtmüller, hrsg. von Brian McGuinness: *Paul Engelmann. Letters from Ludwig Wittgenstein. With a Memoir*. Oxford: Basil Blackwell, 1967. Die deutsche Ausgabe erschien 1970: *Paul Engelmann. Ludwig Wittgenstein. Briefe und Begegnungen*. Hrsg. von Brian McGuinness. Wien und München: R. Oldenbourg.
2 Siehe dazu auch die Editorische Notiz.
3 Vgl. Erinnerungen, S. 108: »Wenn ich einen Satz nicht herausbringe, kommt der Engelmann mit der Zange (Geburtszange) und reißt ihn mir heraus!« Vgl. auch den Brief bzw. das Fragment eines Briefes von Paul Engelmann an Elizabeth Anscombe, datiert mit 8.XII.1959. (EB)
4 Vgl. dazu auch Allan Janik: *Wittgensteins Wien*. München, Wien: Hanser, 1984 und »Die Rolle Engelmanns in Wittgensteins philosophischer Entwicklung«, in: *Paul Engelmann. Architektur. Judentum. Wiener Moderne*. Hrsg. von Ursula Schneider. Wien und Bozen: Folio Verlag, 1999. S. 39–55.

Vorwort

von
Josef Schächter

Paul Engelmann ist im Juni 1891 in Olmütz geboren. Über seine Geburtsstadt und über den geistigen Kreis in dieser Stadt schreibt er in diesem Buche.

Paul Engelmann ist im Februar 1965 in Tel Aviv, Israel, gestorben. In dieser Stadt war er seit 1934 als Innenarchitekt tätig, schrieb Bücher und Aufsätze und nahm an vielen philosophischen und literarischen Gesprächen teil. Das vorliegende Buch schrieb er in den letzten Monaten seines Lebens, und es ist insofern fragmentarisch, als er noch über seine Zusammenkünfte mit Ludwig Wittgenstein, insbesondere in der Zeit, als sie das Haus für Wittgensteins Schwester zusammen bauten, berichten wollte und nicht mehr in der Lage war, es zu tun.

Außer Olmütz und Tel Aviv spielte noch eine Stadt eine bedeutende Rolle in seinem Leben: Wien, wo er bei Adolf Loos Architektur studierte und mit Karl Kraus und Ludwig Wittgenstein sehr viel zusammen war.

Engelmanns Arbeit als Architekt zeichnete sich durch besondere Schönheit und Schlichtheit der Formen aus. Er zog jedoch aus dem Ruf, den er als Architekt hatte, keinen materiellen Nutzen. Mit Absicht begrenzte er diese Tätigkeit auf das notwendige Minimum, um über freie Zeit für seine geistige Tätigkeit zu verfügen. Unter anderen bisher noch nicht veröffentlichten Schriften verfaßte er ein Werk über Psychologie in graphischer Darstellung. Er gab eine Schriftenreihe über philosophische und künstlerische Probleme und über Persönlichkeiten wie Adolf Loos und Karl Kraus heraus.

Engelmann war darum bemüht, seine menschliche Umgebung zu beeinflussen. Er beabsichtigte nicht bloß, das Innere der Wohnung zu ändern, er wollte vielmehr auch den Städtebau, die Wirtschaft und das gesamte geistige Leben reformieren. Sein Einfluß blieb aber beschränkt. Auf ihn paßt dasjenige, was Karl Kraus im folgenden Gedicht über den Läufer sagt, der vom Ursprung kommt:

Zwei Läufer

Zwei Läufer laufen zeitenlang,
der eine dreist, der andere bang:
Der von Nirgendher sein Ziel erwirbt;
der vom Ursprung kommt und am Wege stirbt.
Der von Nirgendher das Ziel erwarb,
macht Platz dem, der am Wege starb.
Und dieser, den es ewig bangt,
ist stets am Ursprung angelangt.

Engelmann war Mystiker im Sinne Wittgensteins. Für ihn lag der Sinn der Welt und der Sinn des Lebens außerhalb der physikalischen und psychologischen Welt.

Seine kulturphilosophischen und psychologischen Arbeiten aber wie auch seine Wirtschafts- und Städtebaupläne haben rationalen Charakter, denn das Mystische kann sich nur zeigen und kann nicht ausdrücklich gesagt werden.

Engelmann schrieb in seiner Jugend und auch später Gedichte. Von einem dieser Gedichte ist in einem der in diesem Buche wiedergegebenen Briefe Ludwig Wittgensteins (Brief Nr. 15) die Rede. Er hat auch eine Anthologie deutscher Dichtung aus vier Jahrhunderten zurückgelassen. Hoffentlich gelingt es, seine Schriften zu veröffentlichen.

Haifa, im Mai 1965
Josef Schächter

Einleitung

von

Paul Engelmann

Es hat mir in den Jahren, seit Wittgenstein berühmt geworden ist, nicht an Aufforderungen und Vorschlägen gefehlt, diese Briefe doch endlich zu veröffentlichen. Einer der Gründe, die mich davon abgehalten haben, es zu tun, war der, daß der Mensch, an den die Briefe gerichtet waren, zwar mit mir identisch ist, daß aber die Redewendung, »jemand sei seither ein anderer Mensch geworden«, trotzdem auf mich paßt. Und zwar nicht bloß wegen der an sich schon großen und in diesem Fall besonders großen seelischen Differenz zwischen Jugend und Alter, sondern gerade die Dinge, welche Wittgenstein damals veranlaßt haben, mit mir, und gerade so, wie er es getan hat, zu verkehren und zu korrespondieren, haben sich bei mir inzwischen gründlich geändert, wenn auch natürlich manches gleichgeblieben ist.

Daher wird man verstehen, daß sein damaliges, in mancher Beziehung zweifellos zu günstiges Urteil über meine Person, meinen Charakter und meine Fähigkeiten, mir heute in mancher Hinsicht peinlich ist; und besonders der Gedanke, daß Leser, die mich nicht persönlich kennen, es automatisch auf den noch lebenden Empfänger der Briefe, wie er heute ist, übertragen könnten. All diese Gründe bestehen für mich weiter, aber die äußere Situation hat sich eben in den letzten Jahren gründlich geändert.

Der Nachruhm ist ja das Satyrspiel zur Tragödie eines genialen Lebens. Und angesichts der Art, wie er sich äußert, habe ich schließlich, 1958, einen längeren Brief an Miß Elizabeth Anscombe geschrieben, deren Name mir nicht nur als der der Herausgeberin der *Investigations*, nach seinem Tode, bekannt war, sondern auch als der einer Schülerin, die ihm in den letzten Jahren seines Lebens nahegestanden hat. Ich schrieb unter anderem, daß ich keine besondere Lust habe, meine Erinnerungen an ihn niederzuschreiben und zu veröffentlichen; er hätte sich gewiß darüber geärgert, daß hier manches über sein geistiges Privatleben, das er einem nahen Bekannten so und nicht anders mitgeteilt hat, einer literarischen und philosophisch interessierten Öffentlichkeit mitgeteilt würde, die er, wie ich weiß, im ganzen mit Recht, niedrig eingeschätzt hat. Das war auch ein Grund, warum ich, außer meinen genannten Gründen, gegen eine Veröffentlichung, auch anderseits keine stärkere Verpflichtung dazu empfunden habe – während ich doch meine, daß dadurch vielleicht erwünschte und wichtige Korrekturen seiner Anschauung zu erreichen wären. Ich fragte sie um ihren Rat, was ich tun solle, und sie antwortete unter anderem:

If by pressing a button it could have been secured that people would not concern themselves with his personal life, I should have pressed the button; but since that has not been possible and it is certain that much that is foolish will keep on being said, it seems to me reasonable that anyone who can write a truthful account of him should do so. On the other hand to write a satisfactory account would seem to need extraordinary talent. – Further, I must confess that I feel deeply suspicious of anyone's claim to have understood Wittgenstein. That is perhaps because, although I had a very strong and deep affection for him, and, I suppose, knew him well, I am very sure that I did not understand him. It is difficult, I think, not to give a version of his attitudes, for example, which one can enter into oneself, and then the account is really of oneself: is for example infected with one's own mediocrity or ordinariness or lack of complexity...

Diese für mich im ganzen ermutigende Antwort war einer der Gründe, die mich schließlich veranlaßt haben, das Buch, und zwar in der Form, in der es hier vorliegt, zusammenzustellen. Die Erwartung, die Miß Anscombe hier ausspricht, daß ich imstande sein werde, ein objektives Bild von Wittgensteins Persönlichkeit zu geben, habe ich aber leider nicht erfüllen können; und wenn sie mir trotzdem in freundlicher Weise das Copyright für eine Veröffentlichung der Briefe in dieser Zusammenstellung, das sie und ihre Miterben zu vergeben haben, zusichert, so bin ich diesen für ihre Freundlichkeit zu aufrichtigem Dank verpflichtet. Ich weiß aber, daß ein objektives Bild der Persönlichkeit zu geben, ganz außer den Grenzen meiner schriftstellerischen Fähigkeiten liegt. Sein Bild, das zu geben allein meiner Fähigkeit entspricht, ist durchaus subjektiv, so wie das Bild, das ein guter Porträtist von einem bedeutenden Mann geben kann. Gewiß: was hier vorliegt, ist (auch ohne jede falsche Bescheidenheit von meiner Seite gesehen) zu bezeichnen als ein »account really of myself; infected with my own mediocrity, or ordinariness or lack of complexity« – und gewiß durch alle drei.

Seitdem ich diesen Brief erhalten habe, ist ja der so getreue Bericht über Wittgensteins Leben von Norman Malcolm und Georg Henrik von Wright[1] erschienen; er beweist, daß es durchaus möglich ist, ein objektives und trotzdem lebendiges Bild eines so komplizierten Menschen, wie Wittgenstein es war, zu geben, und daß so etwas eben nur nicht meine Sache ist; aber in diesem Bericht fehlt gerade, als einzige, die Epoche, der die folgenden Briefe entstammen: die Epoche der Fertigstellung und des Erscheinens des *Tractatus*, von der hier die Rede ist. Ob noch etwas, auch außer dieser Tatsache, das, was ich zu geben habe, rechtfertigt, hängt davon ab, wieweit es mir gelungen ist, nicht nur mich durch ihn, sondern auch ihn durch mich zu beleuchten.

Tel Aviv, Januar 1965
Paul Engelmann

Anmerkung:

1 Ludwig Wittgenstein: *A Memoir by Norman Malcolm. With a Biographical Sketch by Georg Henrik von Wright*. Oxford, New York: Oxford University Press, 1984.

LUDWIG WITTGENSTEIN – PAUL ENGELMANN

BRIEFWECHSEL

1 VON ERNESTINE ENGELMANN

Olmütz, 24./XII.1916.

Lieber Herr Wittgenstein!

Das war heute als ich zum geschmückten Weihnachtstisch gerufen wurde, eine ganz reizende Überraschung, da ich Ihre herrliche Spende vorfand! Ich danke Ihnen recht herzlich für Ihre entzückende Aufmerksamkeit als solche, sowie für das kulinarische Gedicht selbst, das mich, wie das »Tischlein deck' dich«, also wie ein Märchentraum berührt. Es ist so außerordentlich lieb von Ihnen mich und somit uns alle mit so viel herrlichen Dingen bedacht zu haben, daß ich Ihnen (denn ich weiß bestimmt, daß es Ihnen Freude machte dies Märchen zu ersinnen und auf uns zu übertragen) und auch mir die Freude daran nicht schmälern möchte; dennoch kann ich Ihnen den Vorwurf nicht ersparen, daß Ihre Phantasie wieder einmal mit Ihnen durchgegangen ist und sich in einer Üppigkeit geäußert hat, die an »Tausend und eine Nacht« gemahnt. Ich habe nicht das Herz dazu, diese ganze Pracht zu zerstören und werde mich zunächst noch möglichst lange an dem herrlichen Anblick erfreun. Also nochmals viel herzlichen Dank!

Wir hoffen Sie wohlauf und in bester Stimmung und dieser Gedanke entschädigt uns für Ihre Abwesenheit, die eine fühlbare Lücke zurückgelassen. Gestern war wieder ein sehr hübscher Musikabend, wenn auch, der größern Gesellschaft zuliebe, populärer Natur. Wir alle grüßen Sie bestens und wünschen Ihnen recht angenehme müßige Tage der Freiheit, vergessen Sie darüber nicht ganz die Olmützer! Um Ihnen jedes Dilemma zu ersparen, gebe ich Ihnen die Versicherung, daß dieser Brief keine Antwort erfordert, Sie also ohne Selbstvorwurf Ihrer Antipathie gegen das Briefschreiben treu bleiben dürfen.

Mit freundlichen Grüßen
Ihre
Ernestine Engelmann.

2 AN PAUL ENGELMANN

25. 12. 16.

Lieber Herr Engelmann!

Heute auf einen Sprung bei Loos. Er ist noch immer nicht zum Arbeiten gekommen, sagt aber, Sie werden die Zeichnungen binnen 14 Tagen erhalten. Ich aber schwöre darauf, daß diese Arbeit auch nicht wird <u>angefangen</u> werden!

Schreiben Sie mir, wie es Ihnen geht, & was Sie treiben. Denken Sie an mich und empfehlen Sie mich Ihren Herrn Eltern.

Ihr ergebener
Ludw Wittgenstein

3 VON MAX ZWEIG

Lieber Wittgenstein!

Von meinem Urlaub zurückgekehrt, habe ich zu meinem Bedauern erfahren, daß Du nicht mehr in Olmütz bist. Es hat mir sehr leidgetan, Dir nicht wenigstens Adieu gesagt zu haben, doch hoffe ich zuversichtlich, daß Du nach Olmütz zurückkommst und uns noch längere Zeit erhalten bleibst. Ich würde es als schmerzlich empfinden, wenn Deine Erscheinung in unserem Leben und Kreise nur eine Episode geblieben wäre, obwohl ich überzeugt bin, daß auch dann Dein Bild aus meinem Gedächtnis nicht mehr schwinden wird. Gestatte mir, Dir auf diese Weise zu gestehen, daß Du mir die allertiefste Verehrung meines Herzens abgerungen hast, und daß ich Dich ebenso herzlich liebgewonnen habe, als ich Dich freudig verehre, und verzeihe mir, daß ich es Dir gestehe. Ich hoffe aus innerstem Herzen, daß wir alle uns zu besseren Zeiten und mit besseren Kräften wiederfinden werden. Ich würde mich glücklich schätzen, Dich zum Freunde zu haben, obwohl ich nie hoffen darf, Dir je dasselbe sein zu können.

Ich bitte Dich, diese Zeilen zu entschuldigen, doch sind sie nur von meinem Gefühle diktiert. Ich wünsche Dir einen heiteren und fruchtbaren Urlaub und grüße Dich von ganzem Herzen

Dein
                                                                            Max Zweig.

Olmütz, 27. Dezember 1916.

4 VON PAUL UND ERNESTINE ENGELMANN

Lieber Herr Wittgenstein!

Vielen Dank für Ihren Brief und Ihre Bemühungen bei Loos, sowie herzliche Neujahrswünsche!

Ich habe die Absicht, Freitag abends in Wien einzutreffen und 2–3 Tage dortzubleiben, da ich es für dringend nötig halte, über die beiden Projekte zu sprechen. Ich habe soeben an Loos geschrieben, und ihn gebeten, mir zu telegraphieren, wenn er Samstag und Sonntag nicht in Wien sein sollte. Es ist aber auch möglich, daß er jetzt nicht in Wien ist und daher meine Anfrage nicht beantworten kann. Wollten Sie so gut sein, mir gleich mitzuteilen, ob er in Wien ist?

Ich hoffe Sie in Wien zu sehn, und werde Sie Samstag zwischen 6 und 7 Uhr aufsuchen. Wenn Sie um diese Zeit schon wieder unterwegs nach Olmütz sind, so hoffe ich Sie dort zu sehn. – Fritz Zweig wollte Sie besuchen und wird Ihnen gewiß alles, was Sie über Olmütz hören wollen, mitteilen.

Wir hatten eine sehr schöne Silvester-Feier, zugleich Abschieds-Abend für Freund M. Zweig. Jetzt habe ich aber vorläufig genug von den Festen.

Auf baldiges Wiedersehen in Wien oder Olmütz!

Ihr
Paul Engelmann

Olmütz, 2. Januar 1917

Lieber Herr Wittgenstein!

Gerne füge ich an Pauls' Brief viele herzliche Grüße bei. Es hat mir sehr leid getan, daß Sie bei unserer Sylvesterfeier fehlten, die wirklich in allen ihren Teilen äußerst gelungen war. Überhaupt vermissen wir Sie, der ja schon ganz zum »Ensemble« unserer gemüthlichen Abende gehört.

Hoffentlich sind Sie mit dem Wiener Aufenthalt recht zufrieden und kehren recht erfrischt nach Olmütz zurück. Wollen Sie mich, bitte, Ihrer verehrten Frau Mama bestens empfehlen und meinen verbindlichsten Dank für ihren liebenswürdigen Brief übermitteln. Mit herzlichen Grüßen für Sie selbst

Ihre
Ernestine Engelmann.

5 AN PAUL ENGELMANN

4. 1. 17.

Lieber Herr Engelmann!

Loos ist nicht in Wien. Er fuhr am 25.12. nach Tirol und wollte gestern (3.1.) zurück-kommen. Er wird also wahrscheinlich Samstag schon hier sein. Ich fahre Samstag abends ab und kann Sie daher nicht mehr sehen. — Fritz Zweig war bei mir.

Ich gehe wahrscheinlich in kürzester Zeit in's Feld zurück. Möge es uns allen gut gehen!

Herzlichste Grüße an Sie und die Ihren.

Ludw Wittgenstein

6 AN PAUL ENGELMANN

Wittgenstein Fhrch
F.H.R. 5/4
Feldp. Nr. 286

[Poststempel: 26. 1. 17]

Herrn Paul Engelmann
Oberring 6 T
Olmütz
Mähren

Kann wieder arbeiten, Gott sei Dank! Schreiben Sie mir gleich und ausführlich, wie es Ihnen geht. Grüßen Sie Alle herzlichst und sich selbst auch.

Wittgenstein

Olmütz, 30. Januar 17.

Lieber Herr Wittgenstein!

Herzlichen danke für Ihre freundlichen Grüße! Wir alle – unsere liebe Abendgesellschaft mit inbegriffen – hatten schon ein Lebenszeichen von Ihnen herbeigesehnt und Ihre liebe Karte an mich gieng daher von Hand zu Hand; es haben sich alle gefreut von Ihnen zu hören. Ich kenne Ihre ganz ausgesprochene Abneigung gegen das Briefschreiben, hoffe aber, daß wir, deren wärmste Wünsche Sie stets und überall hin begleiten, doch ab und zu von Ihnen hören werden und will's Gott, nur Gutes, Befriedigendes.

In der wohl richtigen Voraussetzung, daß man im Felde gerne Briefe bekommt, und sich auch nicht darüber ärgert, wenn dieselben ungebührlich lang ausfallen, will ich Ihnen recht ausführlich über alles Wissenswerte berichten. Direkt ereignet hat sich ja eigentlich bei uns nichts Besonderes, aber altmodisch, wie ich nun einmal bin, bedeutet ein genußreicher Abend für mich schon ein feines inneres Erlebnis. Und da kann ich nun wirklich nicht anders, als Ihnen danken, recht warm und herzlich dafür danken, daß Sie auch aus der Ferne noch und wohl ganz unbewußt so herrlich für unsere Abende sorgen; denn die Aufsätze und Betrachtungen (Kritiken wäre ein schlechtgewählter Ausdruck hiefür) von Kürnberger, die Paul allabendlich vorliest sind ein herrlicher, vornehmer Genuß. Wie schade, daß Sie nicht mit dabei sein können, Sie würden sich sicher neuerdings daran erfreun. Im Übrigen habe ich die Empfindung, als ob Sie ungesehn mitten unter uns weilten. Jedenfalls – und dafür müßte ich Ihnen eigentlich noch viel mehr danke sagen, tue es ja auch für mich oft und oft – hat Ihre liebe Gesellschaft auf Paul einen durchaus veredelnden Einfluß geübt, der sich, vielleicht niemandem so deutlich sichtbar, wie mir, stetig in laufend kleinen und größeren Dingen zeigt. Sie sehn also, wie sehr und vielfach wir Ihnen verpflichtet sind. Hoffentlich führt ein guter Stern uns wieder zusammen. Von Herrn Groag und Max Zweig hören Sie wohl direkt und wissen daher wohl schon, daß Ersterer am 12. Februar hier bei der Artillerie einrückt. Kapellmeister Zweig soll in den nächsten Tagen hier zu längerem Aufenthalte ankommen, da werden wir wieder etwas Musik zu hören bekommen.

II.

Herr Groag genießt seine Freiheit vorläufig noch und nützt sie als eifriger Schlittschuhläufer recht aus. Herr v. May ist momentan und bis auf Weiteres in Olmütz, besucht uns manchmal und erkundigt sich stets mit herzlichem Interesse nach Ihrem Ergehn.

Hoffentlich sind die Nachrichten, die Sie über das Befinden der verehrten Frau Mama und all der Ihren, erhalten recht gute. Heute kam Ihre liebe Karte an Paul, die ja Gott sei Dank sehr erfreulich klingt. Paul schreibt Ihnen sehr bald und ausführlich und läßt indeß durch mich bestens für Ihre Nachricht danken. Er, sowie mein Mann und alle die andern grüßen Sie recht herzlich.

Nun zum Schluß nochmals recht herzlichen danke dafür, daß Sie so lieb und fein für unser geistiges und leibliches Wohl bedacht waren. Möchte es Ihnen doch so gut gehn, als es unter den gegebenen Verhältnissen nur irgend möglich ist und ein gütiges Geschick uns alle bald im Frieden behaglich vereint finden. Wärmstens wünscht dies

Ihre
Sie recht herzlich grüßende
Ernestine Engelmann.

8 VON PAUL ENGELMANN

Paul Engelmann
Olmütz
Mauritzplatz 18

Herrn Ludwig Wittgenstein
K.u.k. Fähnrich
F.H.R. 5/4
Feldpost N° 286

Lieber Herr Witgenstein!
Nehmen Sie es mir nicht übel, daß ich Ihre l. Karte so lange unbeantwortet gelassen habe. Die Mitteilung, daß es Ihnen gut geht, hat mich sehr gefreut, hoffentlich hält dieser Zustand an. Ich habe die feste Absicht, ihnen im Laufe der nächsten Tage ausführlich zu schreiben und sende Ihnen für heute nur die herzlichsten Grüße.

Ihr
Paul Engelmann
3. März 1917.

9 AN PAUL ENGELMANN

Wittgenstein Fhrch
F.H.R. 5/4
Feldp. Nr. 286

Herrn Paul Engelmann
Oberring 6 T
Olmütz
Mähren

Möchte Ihnen auch bald ausführlich schreiben. Ich denke oft mit Freude an Sie. Herzliche Grüße.

LWittgenstein
29.3.17.

10 AN PAUL ENGELMANN

31.3.17.

Lieber Herr Engelmann!

Ich habe zwei Ursachen Ihnen heute zu schreiben. Die erste will ich Ihnen später sagen, die zweite ist, daß heute jemand von hier nach Olmütz fährt. Die Erste ist folgende: Ich erhielt heute aus Zürich zwei Bücher jenes Albert Ehrenstein, der seinerzeit in die Fackel schrieb (.Ich habe ihn einmal ohne es eigentlich zu wollen unterstützt) und zum Dank schickt er mir jetzt den »Tubutsch« und »Der Mensch schreit«. Ein Hundedreck; wenn ich mich nicht irre. Und so etwas bekomme ich hier heraus! Bitte schicken Sie mir – als Gegengift – Goethes Gedichte, <u>zweiter Band</u>, wo die Venetianischen Epigramme die Elegien und Episteln stehen! Und auch noch die Gedichte von Mörike! (Reklam) Ich arbeite ziemlich fleißig und wollte, ich wäre besser und gescheidter. Und diese beiden sind ein und dasselbe. —
  Gott helfe mir!
  Ich denke oft an Sie. An den Sommernachtstraum und an das zweite Ballett im Eingebildeten Kranken, und daran daß Sie mir Suppe gebracht haben. Aber daran ist auch Ihre Frau Mama schuld, die mir auch unvergesslich ist. Bitte empfehlen Sie mich ihr. —
  Grüßen Sie Zweig und Groag.

Ihr
L. Wittgenstein

Grüßen Sie bitte auch Herrn Lachs von mir.

11 VON PAUL ENGELMANN

Lieber Herr Wittgenstein!

Eben erhalte ich Ihren Brief, der mich riesig freut, aber zugleich daran erinnert, daß ich Ihnen noch immer nicht geschrieben habe. Ich wollte es schon sehr oft tun, habe es aber immer wieder aufgeschoben. – Aus Ihrer früheren Karte habe ich gesehn, daß es Ihnen gut geht u. daß Sie wieder arbeiten können, wie Sie ja auch jetzt schreiben; das freut mich außerordentlich, hoffentlich hält es lange an! Die gewünschten Bücher sende ich Ihnen gleichzeitig mit diesem Brief. Ihre Meinung über den »Dichter« Ehrenstein teile ich ganz, er ist aber ein äußerst anständiger Mensch, und ich habe schon vor zwei Jahren meine Meinung über ihn in den Schüttelvers zusammengefaßt:

> Sehr gerne hab' ich Ehrensteinen,
> Nur seine Werke steeren einen.

Ein Gedicht, eines der schönsten, dies ich kenne, will ich Ihnen hier abschreiben, hoffentlich haben Sie einen ähnlichen Genuß davon, wie ich:

Graf Eberhard's Weißdorn
Von Ludwig Uhland.

Graf Eberhard im Bart
Vom Würtemberger Land
Er kam auf frommer Fahrt
Zu Palästina's Strand.

Daselbst er einsmals ritt
Durch einen frischen Wald;
Ein grünes Reis er schnitt
Von einem Weißdorn bald.

Er steckt' es mit Bedacht
Auf seinen Eisenhut;
Er trug es in der Schlacht
Und über Meeres Fluth.

Und als er war daheim,
Ers in die Erde steckt,
Wo bald manch neuen Keim
Der milde Frühling weckt.

Der Graf getreu und gut
Besucht' es jedes Jahr,
Erfreute dran den Muth,
Wie es gewachsen war.

Der Herr war alt und laß;
Das Reislein war ein Baum,
Darunter oftmals saß
Der Greis in tiefem Traum.

Die Wölbung hoch und breit
Mit sanftem Rauschen mahnt
Ihn an die alte Zeit
Und an das ferne Land.

———————

Es ist ein Wunder von Objektivität. Fast alle andern Gedichte (auch die guten)
bemühen sich, das Unaussprechliche auszusprechen, hier wird das nicht versucht,
und eben deshalb ist es gelungen.
    Vielen Dank noch nachträglich für das Buch von Kürnberger. Fast alles darin
ist sehr gut, »der Rhapsode Jordan« u. »das Denkmalsetzen in der Opposition (I.)«
großartig. Das Buch ist ein Denkmal der »Achtzigerjahre«, wie man die letzte Kul-
tur-Epoche am bequemsten bezeichnen kann.

Heini Groag ist eingerückt, und fühlt sich wohl. Dadurch, daß er nur einmal wöchentlich zu uns kommen kann sind unsere Abendgesellschaften kleiner geworden. Fritz Zweig, der am 16. hier ein Konzert des Wiener Tonkünstlerorchesters (III. Leonoren-Ouvertüre, Klavierkonz. v. Beeth., V. Symph.) dirigieren wird, spielt sehr häufig vor; mir haben von allem, was er bisher gespielt hat, Variationen von Brahms über ein Thema von Händel am besten gefallen. Herrlich! Sie kennen es sicher.

Mir geht es im ganzen gut, nur bin ich wechselnden Stimmungen in einer Weise unterworfen, die für einen bald 26jährigen Menschen etwas beschämendes hat.

Viele herzliche Grüße, Schreiben Sie mir bald wieder, wenn Sie Zeit haben, Sie machen mir dadurch eine große Freude.

Ihr
Paul Engelmann

Olmütz, 4. Apr. 1917

Bitte schreiben Sie mir, ob Sie »Bunte Steine« von Stifter« kennen. Wenn nicht, so schicke ich es Ihnen.

Meine Mutter würde Sie grüßen lassen, aber sie ist nach Berlin gefahren, um meine Schwester nachhause zu bringen.

12 AN PAUL ENGELMANN

9. 4. 17.

Lieber Herr Engelmann!

Vielen Dank für Ihren lieben Brief und die Bücher. Das Uhlandsche Gedicht ist wirklich großartig. Und es ist so: Wenn man sich nicht bemüht das Unaussprechliche auszusprechen, so geht <u>nichts</u> verloren. Sondern das Unaussprechliche ist, – unaussprechlich – in dem Ausgesprochenen <u>enthalten</u>!

Die Händel-Variationen von Brahms kenne ich. [Unheimlich] –.

Was Ihre wechselnde Stimmung betrifft so ist es so: Wir schlafen. (Ich habe das schon einmal Herrn Groag gesagt, und es ist wahr) <u>Unser</u> Leben ist wie ein Traum. In den besseren Stunden aber wachen wir so weit auf daß wir erkennen daß wir träumen. Meistens aber sind wir im Tiefschlaf. Ich kann mich nicht selber aufwecken. Ich bemühe mich, mein Traumleib macht Bewegungen, aber mein wirklicher <u>rührt sich nicht</u>. So ist es leider!

Ihr
Wittgenstein

13 VON HEINRICH GROAG

Heinr Groag
Olmütz, Alleestr. 25/II

Herrn K.u.K. Fähnrich Ludwig Wittgenstein
K.u.K. FeldHaubitz. Rgt. N° 5. Batterie 4.
Feldpost 286.

Lieber Herr Wittgenstein!

Gleich nach Absendung der Karte, die ich von der Pulverwache an Sie schrieb, erhielt ich Ihre liebe Karte. Vielen Dank! Den Band 2 der Goethe Gedichte habe ich nachbestellt, da er in der Reclam Ausgabe nicht zu haben ist. Ich sende Ihnen heute einen Goetheband, den ich beim Promberger antiquarisch kaufte.

Leider ist die Beschimpfung, mit der Sie mich belegten, berechtigt. –

Max Zweig hat in der letzten Zeit viel gearbeitet. Jetzt fürchtet er sehr bald von Olmütz wegzumüssen.

Vorige Woche war Herr Loos hier. Die Sache ist wieder ein Stück weiter gediehen. Paul E. hat 3 Tage hindurch sehr fleißig gezeichnet.

Mir geht es weiter gut. Hoffentlich auch Ihnen! Beste Grüße! Ihr

Heinr. Groag.

Olmütz, 29.IV.17.

14 AN PAUL ENGELMANN

[1917 ?]

L. H. E. !

Bitte sagen Sie Herrn Groag er möchte trotz der Gefahr so lieb sein, und mir meine Manuskripte schicken. Wenn sie dann verloren gehen so war es Gottes Wille. Ferners, bitte, schicken Sie mir eine Abschrift Ihres Gedichtes. Ich werde sie nicht misbrauchen und das Gedicht nur meiner Schwester Mining vorlesen. Ich wäre Ihnen sehr dankbar. Ich habe mich <u>sehr</u> gefreut Sie gesehen und gesprochen zu haben. Es hat mich <u>erfrischt</u>. Bitte empfehlen Sie mich Ihrer verehrten, lieben Frau Mutter.

Ihr

L. Wittgenstein

[1917 ?]

Seele folgt dem Todesengel
   Durch das Dunkel tiefer Grüfte
   Und er führt sie vor den Richter.
Durch die Nacht, durch die Verwesung
   Ringen strahlend Aug' in Auge:
   »Sprich, bekennest du dich schuldig?«
»Schuldlos war ich, schuldlos bin ich,
   Bin, wie ich geschaffen wurde,
   Schuldig ist, der mich geschaffen.«
Nieder stürzt sie in den Abgrund
   Und die Flamm' umbrennt sie trotzig
   Und in Flammen brennt ihr Trotz.
Seele in den Höllenflammen
   Sagt: »Er läßt sich's wohlsein droben
   Mit den Engeln, und verhöhnt mich.
Könnt ich sehn ihn, ich erließ Ihm
   Keinen Funken meiner Flammen.
   Schuldlos leid' ich, und so leid' ich.«
Sieh, auf Flügeln stieg ein Sturmwind
   Nieder in die Höllenflammen,
   Sagte zur der Seele: »Komm!«
Führt' sie bis in höchsten Himmel
   Wo da standen die verhüllten
   Engel um den leeren Thron.
»Sagt, wo ist Er, ihr Verhüllten?
   Will Er sich vor mir verbergen?«
   »Nein, er brennet in der Hölle.«
Da erwachte tief die Seele
   Unten in den finstren Flammen
   Aus dem Traum, den sie geträumt.
Seele in den Höllenflammen
   Sang: »Das ist die Liebe Gottes,
   Was mich brennt, denn ich bin sündig.«
Himmel alle da erklangen,
   Engel faßten seine Hände,
   Schrien auf: »Gott ist allmächtig!«

———————

16 VON PAUL ENGELMANN

Herrn
Ludwig Wittgenstein
F. H. R. 5/4
Feldpost 286

[Karlsbrunn]

Lieber Herr Wittgenstein!

Von einem Ausflug sende ich ihnen herzliche Grüße. Nächstens schreibe ich ausführlicher.
    Bitte teilen Sie mir bald mit wie es Ihnen geht.

Ihr
Paul Engelmann

7. Aug. 1917

17 AN PAUL ENGELMANN

Wittgenstein Fhrch
F.H.R. 5/4
Fp. 286

27. VIII. [1917]

Herrn
Paul Engelmann
Oberring 6
Olmüz
Mähren

Ich danke Ihnen für Ihre Karte. Ich hätte Ihnen viel mitzuteilen kann aber nichts
schreiben. Mein Gehirn arbeitet sehr häftig. Empfehlen Sie mich wärmstens Ihrer
Frau Mutter. Sein Sie herzlichst gegrüßt.

Wittgenstein

18 AN PAUL ENGELMANN

4. 9. 17

L. H. E.!

Bitte sein Sie so gut und schicken Sie mir die Bibel in einem kleinen aber noch leserlichen Format. Meine Adresse ist: F.H.R. 5/4 Feldp. 286. Ich hätte Ihnen manches mitzuteilen, kann es aber noch immer nicht herausgeben. Möchte es Ihnen gut gehen. Ich denke oft an Sie.

Beste Grüße

L Wittgenstein

19 VON PAUL ENGELMANN

Ludwig Wittgenstein
k.u.k. Fähnrich
F.H.R. 5/3
Feldpost 286

Lieber Herr Wittgenstein! Ich befinde mich auf der Rückreise aus Lans b. Innsbruck, wo ich 12 Tage war (mit meiner Mutter und [Schwester] die längere Zeit dort waren) Ihren Brief habe ich erhalten und Ihnen gestern aus Innsbruck, heute aus Salzburg die kleinsten erhältlichen Bibeln geschickt. Sollten sie zu groß sein, so senden Sie die unbrauchbaren Bücher mir, ich [werde] sie verwenden, und suche [dafür kleinere] zu bekommen. Sehr gerne würde auch ich ausführlich [an Sie schreiben ?] nehme mir es immer [wieder] vor und es kommt nicht dazu. Von Olmütz aus bestimmt.

Herzliche Grüße
von Ihrem
Paul Engelmann

15. Sept. 17

20 AN PAUL ENGELMANN

Wittgenstein Fhrch
F.H.R. 5/4
Fp. 286

Herrn Paul Engelmann
Oberring 6
Olmütz
<u>Mähren</u>

Besten Dank für die Bücher. Herzliche Grüße

                                                  Wittgenstein.
4.10.17.

21 VON HEINRICH GROAG

Heinr Groag
Olmütz, Alleestr. 25

Herrn
K.K. Fähnrich Ludwig Wittgenstein
K.u.K. F.H. Rgt. N° 5. Batterie 4
Feldpost 286.

                          Poststempel: Olmütz, [VIII.X.1917?]

Lieber Herr Wittgenstein! Gleich nach Erhalt Ihrer l. Karte habe ich von Herrn Trenkler 100 K zugeschickt bekommen. Ich sehe Ihren weiteren Aufträgen entgegen.

Ich war froh aus dem Brief, den Sie an Paul E. geschrieben haben zu erfahren, daß Sie arbeiten können und sich wohl befinden. Auch mir geht es beim Militär gut; ich habe bisher um 5 kg zugenommen. Ich wohne in Schnobolin bei einem Herrn Wazele, dessen Sohn, der jetzt vorübergehend hier ist, mir erzählt hat, er wäre viel mit Ihnen zusammen gewesen. Er spricht von Ihnen u. Ihren großen Spenden an Zigaretten u. Rum mit Begeisterung.

Am Mauritzplatz bin ich jetzt natürlich viel seltener als sonst. Denn ich gehe außer am Sonntag nur 1mal im Laufe der Woche nach Olmütz. Ohne daß sich meine Sympathie für Paul E. und die anderen Freunde verringert hätte, empfinde ich es doch sehr angenehm, wenn ich aus der lauwarmen Atmosphäre in die frische Luft von Schnobolin zurückkomme. Ich würde mich sehr freuen wieder von Ihnen zu hören.

    Herzlichen Gruß
      Ihr

                                  Heinr Groag

22 AN PAUL ENGELMANN

L. H. E.!

Mit Freude habe ich gehört daß Sie in Neuwaldegg alles auf den Kopf stellen. Auch meine liebe Mama hat einen Narren an Ihnen gefressen, was ich übrigens vollkommen verstehe. Ich arbeite ziemlich viel bin aber trotzdem unruhig. Möchten Sie so anständig bleiben als es gern wäre

Ihr

L. Wittgenstein

28.10.17.

23 VON ERNESTINE ENGELMANN

Olmütz, 9./ XII. 1917.

Lieber Herr Wittgenstein!

Es war mir eine besonders freudige Überraschung durch Herrn Leutnant Höhlmann ganz zufällig direkte und zu meiner Freude recht gute Nachrichten über Ihr Ergehn erhalten zu haben. Sehr gerne benütze ich die Gelegenheit, Ihnen unser aller herzlichste Grüße zu senden.

Paul geht es nun gesundheitlich bedeutend besser und er ist nun voll Eifer mit den verschiedenartigsten Arbeiten beschäftigt. Mit ganz besonderer Freude widmet er sich den baulichen Arbeiten in Neu-Waldegg und ist auch in dieser Angelegenheit seit einigen Tagen wieder in Wien.

Unser schöner abendlicher Kreis ist nun leider bis auf Max Zweig zusammengeschmolzen; gestern hat uns Herr Groag verlassen, um an die Südfront zu gehn, morgen reist Leutnant Zweig aus demselben Anlasse ab. Da wird es recht still bei uns werden! Hoffentlich giebt es für uns alle in absehbarer Zeit ein Wiedersehn in ruhigen friedlichen Zeiten!

Wann gehn Sie denn wieder auf Urlaub? Versäumen Sie dann, bitte, nicht im alten Maurizhause einzukehren, Sie wissen ja, wie sehr wir uns alle freun, Sie bei uns begrüßen zu können. Viele herzliche Grüße und wärmste Wünsche für Ihr Ergehn von

Ihrer
ergebenen
Ernestine Engelmann.

24 VON PAUL ENGELMANN

Lieber Herr Wittgenstein!

Ich will am 26. oder 27. Dezember nach Wien kommen und freue mich <u>sehr</u>, Sie wiederzusehn. Noch lieber wäre es mir gewesen, wenn Sie auf der Hin= oder Rückfahrt hätten für einen Tag nach Olmütz kommen können, worüber sich auch meine Mutter sehr gefreut hätte. – Meine Behauptung, daß ich viel zu tun habe, ist keine Ausrede, sondern ich habe zeitweise wirklich viel zu tun, was, werde ich Ihnen in Wien erzählen. Daß Sie mit meiner Arbeit für Neuwaldegg nicht einverstanden sind, wie aus dem Brief Ihres Fräulein Schwester hervorgeht, tut mir leid, aber ich war, trotzdem ich mein Möglichstes getan habe und an den Plänen bestimmt nichts <u>Unanständiges</u> zu finden ist, doch nicht ganz sicher, ganz das Richtige getroffen zu haben. Ich bin sehr begierig Ihre Ansicht zu hören und hoffe, daß sich dann etwas machen lassen wird, das alle befriedigt.

Verzeihen Sie mir mein Nicht=Schreiben, ich glaube, Sie werden aus eigener Erfahrung die Ursachen einer solchen Faulheit kennen.

Herzliche Grüße von
Ihrem
Paul Engelmann

Olmütz, 20. Dez. 1917.

25 VON ERNESTINE ENGELMANN

Lieber Herr Wittgenstein!

Das war heute eine entzückende Überraschung, als in aller Frühe Ihr Diener als schwerbeladener Weihnachtsmann zu uns hereingeschneit kam. Lassen Sie sich für Ihre rührend liebevolle Spende <u>recht</u> herzlich danken; ich bin tatsächlich beschämt von so viel Güte Ihrerseits und muß Ihnen gestehn, daß mich die freundschaftliche Gesinnung fast noch mehr freut, als all' die auserlesenen Herrlichkeiten. Ich glaube nicht fehl zu gehn in der Annahme, daß Ihre verehrte frau Mama bei der Auswahl behilflich war und bitte ihr nebst vielen Empfehlungen meinen besten Dank zu übermitteln.

Vielleicht sehn wir Sie doch noch auf der Rückreise? Das wäre riesig nett und würde uns aufrichtig freun.

Mit den besten Grüßen und nochmaligem Dank

Ihre
ergebene
Ernestine Engelmann

Olmütz, 24./ XII. 1917

26 VON PAUL ENGELMANN

Lieber Herr Wittgenstein!

Auch ich danke Ihnen vielmals für die herrlichen Sachen, die Sie meiner Mutter zu Weihnachten schickten.

Ob ich am 26. nach Wien komme, ist noch nicht ganz gewiß, da ich stark erkältet bin. Schlimmstenfalls muß ich die Fahrt um einige Tage verschieben.

Mit den herzlichsten Grüßen

Ihr
Paul Engelmann

24. Dez. 1917.

27 VON PAUL ENGELMANN

Lieber Herr Wittgenstein!

In den Anmerkungen zu »Stadien auf dem Lebensweg« lese ich: »Er schreibt den 17. Mai 1843 in sein Tagebuch: ›Hätte ich Glauben gehabt, so wäre ich bei ihr geblieben. Gott sei Lob und Dank, daß ich das eingesehn habe.‹« Das erinnert mich[*] an etwas, was ich Ihnen in Wien sagen wollte. Ich habe es unterlassen und tue es jetzt. Wenn ich Ihnen damit Unrecht tue, verzeihen Sie. Es ist mir vorgekommen, als ob Sie – im Gegensatz zu der Zeit in Olmütz, wo ich das nicht gedacht habe, – keinen Glauben hätten. Wenn ich das schreibe, so soll das durchaus kein Versuch irgend einer Beeinflussung sein. Aber ich bitte Sie, das was ich sage zu bedenken, und den zitierten Satz zu überlegen, und wünsche Ihnen, daß Sie das tun, was zu Ihrem wahren Besten ist.

Herzliche Grüße von Ihrem
Paul Engelmann

Olmütz, 8. Jänner 1917.

---

[*] So wie ich diese Stelle verstehe, vielleicht sehe ich etwas anderes darin, als was K. schreiben wollte.

28 AN PAUL ENGELMANN

Lieber Freund!

Besten Dank für Ihre Zeilen vom 8./1. Wenn ich sie nur verstünde! Aber ich verstehe sie nicht. Es ist allerdings ein Unterschied zwischen mir jetzt und damals als wir uns in Olmütz sahen. Und dieser Unterschied ist so viel ich weiß der, daß ich jetzt <u>ein wenig</u> anständiger bin. Damit meine ich nur daß ich mir jetzt ein wenig klarer über meine Unanständigkeit bin als damals. Wenn Sie nun sagen daß ich keinen Glauben habe, so haben Sie <u>ganz</u> <u>recht</u>, nur hatte ich ihn auch früher nicht. Es ist ja klar, daß der Mensch der, so zu sagen, eine Maschine erfinden will um anständig zu werden, daß dieser Mensch keinen Glauben hat. Aber was soll ich tun? <u>Das eine ist mir klar</u>: Ich bin viel zu schlecht um über mich spintisieren zu können, sondern, ich werde entweder ein Schweinehund bleiben, oder mich bessern, und damit basta! Nur kein transzendentales Geschwätz, wenn alles so klar ist wie eine Watschen.
 Es ist nicht unmöglich daß ich bald nach Olmütz zum Kader komme.
 Sie haben gewiss in allem ganz recht.

Denken Sie an Ihren
ergebenen

L. Wittgenstein

16.1.18.

29 VON ERNESTINE ENGELMANN

Lieber Herr Wittgenstein!

Es war mir leider nicht früher möglich, Ihnen für Ihren letzten humorvollen Brief zu danken, der mich sehr amüsiert hat. Daß Sie das Paketchen mit Süßigkeiten damals nicht erhalten haben, war kein besonderer Verlust, denn die Kriegsbäckereien sind beim besten Willen nicht so gut herzustellen, wie man möchte, und den Hauptzweck, zu zeigen, daß ich Ihrer gedenke, hat meine Sendung ja erfüllt.
 Wir haben nun schon lange nicht direkt von Ihnen gehört, hoffen aber, daß Sie wohlauf sind und sich selbst nicht <u>zu</u> viel zumuthen!*
 Unser abendlicher Kreis ist nun leider sehr zusammengeschrumpft, seit Leutnant Zweig und, nun seit einer Woche auch Herr Groag fort ist. Kürzlich war Oberl. Freund auf Urlaub, doch konnte leider nicht musiziert werden, da er einen Catarrh hat und auch Herr Zweig als Begleiter fehlte.
 Bei uns geht sonst alles im alten Geleise, soweit dies die Zeitverhältnisse jetzt zulassen. Es wird Sie gewiß freun zu hören, daß Paul gut aussieht, er hat auch zugenommen, seine Nervosität ist fast ganz gut und er ist von einer Arbeitsfreudigkeit, wie noch nie in seinem Leben. Es ist meine vollste Überzeugung, daß Sie, lieber Herr Wittgenstein, an dieser Wandlung einen großen Antheil haben. Der Einfluß,

den Sie gewiß ganz unbewußt auf Paul ausüben und Ihr Beispiel, dem er (natürlich auch unbeabsichtigt) nachstrebt, haben einen andern Menschen aus ihm gemacht. Das Vertrauen zu seinem Können und das liebevolle Wohlwollen das Ihre werten Angehörigen ihm entgegenbringen, beglückt ihn sehr und spornt ihn bei seinen Arbeiten an, dies alles auch zu verdienen. Wie froh und glücklich ich bin, mein Kind so nach jeder Richtung hin auf gutem Wege zu wissen, können Sie kaum ermessen und ich weiß gar nicht, wie ich Ihnen dafür danken kann; immer wieder fällt mir, wenn ich an Ihr Erscheinen in unserm Hause denke das Dichterwort ein: »die Stätte, die ein guter Mensch betrat, bleibt eingeweiht«.

II.

Und es kann nur ein wahrhaft guter Mensch sein, der auf Paul einen so tiefen und durchgreifenden Einfluß auszuüben im Stande ist.

Selbst auf die Gefahr hin, daß Sie mich für eine Schwätzerin halten und mir diese lange Epistel übel nehmen werden, mußte ich mir dies von der Seele reden. Auch gehöre ich noch jener alten und altmodischen Zeit an, (wir sprachen ja sogar einmal gemeinsam darüber) da man noch lange, ausführliche Briefe schrieb. Also bitte nichts für ungut, daß Sie heute auch ein Opfer davon geworden sind.

Sonntag fährt Paul wieder nach Wien, um sich vom Fortgang der Arbeiten zu überzeugen und schreibt Ihnen dann wohl selbst darüber. Mit den wärmsten Wünschen für Ihr Ergehn und vielen herzlichen Grüßen

Ihre
ergebene
Ernestine Engelmann.

Olmütz, 22./ II. 1918.

* Wie leider aus den Erzählungen Ihrer Kameraden hervorgeht!

30 VON ERNESTINE ENGELMANN

Lieber Herr Wittgenstein!

Die ganze Zeit über haben wir voll Ungeduld ein Lebenszeichen von Ihnen erwartet, Paul hatte trotz mehrmaliger Aufforderung meinerseits immer versäumt sich in Wien nach Ihrer jetzigen Adresse zu erkundigen. Gestern kam nun Ihre liebe Karte und da Paul abwesend ist, benütze ich sehr gerne die Gelegenheit, Ihnen vorläufig in seinem Namen und auch im eigenen für Ihre lieben Grüße zu danken. Ich hoffe, daß Sie bald Näheres über Ihr Ergehn und Ihre Thätigkeit berichten und wünschte so sehr, daß Ihre Nachrichten so günstig lauten würden, als dies unter den gegebenen Verhältnissen nur irgend möglich ist.

Bei uns ist es leider recht still geworden, da unsere liebe Abendgesellschaft sich aufgelöst hat. Kapellmeister Z. ist an der Südfront*, Herr Heini ebenfalls u. z. nicht wie es bestimmt war beim Staab, sondern als Aufklärer; er hat sich mit seinem

ganz ungewöhnlich entwickelten Anpassungsvermögen auch ganz gut eingefunden.
Max Z. ist wegen Flecktyphus-Epidemie in seiner Baracke kontumaziert und Herr
Pater hat auf einem Landgut bei Brünn einen Hofmeisterposten angenommen. Paul
ist auf Aufforderung Ihres Fräulein Schwester donnerstag nach Wien gefahren und
wird Ihnen sicher bei seiner Rückkehr selbst schreiben. Er ist sehr beglückt, daß die
Arbeit in Neu-Waldegg zur Zufriedenheit Ihrer werten Familie ausgefallen ist und
ist selbst auch sehr befriedigt davon. Ich bin wieder einmal ungebührlich ausführlich geworden, doch nur in der Annahme, daß man »da draußen« jede Nachricht aus
der Heimat freudig begrüßt und für alles Interesse hat. Mit den wärmsten Wünschen
für Ihr Wohlergehn

Ihre

Sie herzlich grüßende
Ernestine Engelmann.

Olmütz, 6./ 4. 1918.

* Und ohne Möglichkeit zu musizieren tief unglücklich, und mit seinen Nerven sehr
par terre.

31 AN PAUL ENGELMANN

Wittgenstein Lt
G.K.B.[H] 5/n, Fp. No 290

Herrn
Paul Engelmann
Oberring 6
<u>Mähren</u>   <u>Olmütz</u>

L. H. E.!

Eine große Bitte: Als ich damals in Olmütz den Darmkatarh hatte verschrieb mir Dr
Hahn eine Medizin, die <u>einzige</u> welche mir je genützt hat. Nun habe ich das Rezept
verloren, aber den Katarh leider nicht. Möchten Sie die große Güte haben zu Dr Hahn
zu gehen und ihn zu bitten mir das Rezept noch einmal auszustellen; wenn er nämlich
die Medizin nach ihrer äußeren Beschreibung erkennt – denn was darin war weiß ich
nicht. Es war eine trübe etwas gelbliche Flüßigkeit auf deren Grund ein weißer Satz
war, den man aufschütteln mußte worauf die Flüßigkeit wie Milch aussah. Geschmack
süßlich und angenehm; (jeden Tag 2 Esslöffel). Wenn er mir das R. noch einmal aus-
stellen kann, dann, bitte, sein Sie so lieb, es mir zu schicken. Meine Adresse ist:
    <u>Geb. Kan. B[II] 5/11</u>, <u>Feldp. 290</u>
    Ich denke oft und mit Freude an Sie. Bitte empfehlen Sie mich Ihrer verehrten
Frau Mutter.

Ihr

L Wittgenstein

9.4.18.

32 VON PAUL ENGELMANN

Lieber Herr Wittgenstein!

Wie geht es Ihnen? Ich hoffe jetzt bald wieder Gelegenheit zu haben, Sie zu sehen und zu sprechen. Entschuldigen Sie, daß ich Ihnen die ganze Zeit nicht geschrieben habe; sie wissen ja, wie es damit geht. Besonders verzeihen Sie, daß ich Ihnen auf den Brief, in dem Sie mich um das Rezept ersuchten, nicht geantwortet habe, es fiel mir erst nachträglich ein, daß ich das unbedingt hätte gleich tun müssen; hoffentlich hat Ihnen der Dr Hahn, dem ich sofort schrieb, das Rezept aus Trient geschickt und es hat wieder so gut gewirkt, wie früher.

Ich war wieder in Wien; mit den Arbeiten in Neuwaldegg bin ich sehr zufrieden, und freue mich, daß auch Ihre Frau Mama und Ihr Fräulein Schwester damit zufrieden sind.

Fritz Zweig ist jetzt auf Urlaub hier, Heini Groag ist an der Südfront und dürfte erst in 1–2 Monaten kommen.

Über mich etwas zu schreiben, ist sehr schwer, es sieht auch auf dem Papier meist anders aus, als es gemeint ist. Vielleicht läßt sich bald mündlich darüber mehr sagen. Es ist nichts besonderes oder Neues, sondern nur immer das Bewußtsein, daß es nicht so ist, wie es sein sollte oder könnte. Kann man gegen Willensschwäche etwas tun? Ich frage ganz im Ernst, wenn Sie etwas dagegen wissen, schreiben Sie mir bitte davon, ich meine aber etwas, das über gute Vorsätze (vielleicht das einzige, woran ich keinen Mangel habe) hinausgeht.

Ich hoffe bestimmt, daß es Ihnen gut geht.

Auf baldiges Wiedersehen!

Herzliche Grüße von Ihrem
Paul Engelmann

Olmütz, 28. Mai 1918.

33 AN PAUL ENGELMANN

Wittgenstein Lt
G.A.R. 11/Batg 1
Fp 386

Herrn Paul Engelmann
Olmütz
Mähren

Schicke Ihnen ein paar Bücher, die Sie nicht verdienen, da Sie sogar zu faul sind auf eine dringende Anfrage zu antworten

Wittgenstein

1.6.18.

34 AN PAUL ENGELMANN

Herrn
Paul Engelmann
Oberring 6
Olmütz
Mähren

Werde wahrscheinlich bald nach Wien kommen. Besten Gruß.

Wittgenstein

14.7.18.

35 VON PAUL ENGELMANN

Lieber Herr Wittgenstein!

Ich freue mich schon sehr darauf, Sie in den nächsten Tagen in Olmütz zu sehen und bin außerordentlich begierig, Ihr Manuskript zu lesen. Ich bitte, mich bei Ihrem Fräulein Schwester zu entschuldigen, deren Brief ich noch nicht beantwortet habe, doch war ich in der letzten Zeit so nervös, daß mich das Schreiben (die physische Tätigkeit daran) <u>sehr</u> anstrengte. Jetzt ist es viel besser und ich werde in den nächsten Tagen den Brief beantworten. Ebenso konnte ich noch nicht Ihrer Frau Mama für den Aufenthalt auf der Hochreith danken, was diesmal wirklich nicht aus Faulheit so lange hinausgeschoben wird. Sollte Ihre Frau Mama schon in Wien sein, so bitte ich Sie, mich deshalb auch bei ihr zu entschuldigen.
Es geht mir im Übrigen gut.
Auf baldiges Wiedersehn und herzliche Grüße von

Ihrem
Paul Engelmann

Olmütz, 18. Sept. 1918.

36 AN PAUL ENGELMANN

Wittgenstein Lt
G.A.R. 11/Bt 8
Feldp. 290

Herrn Paul Engelmann
Oberring 6
Olmütz
<u>Mähren</u>

Warum ich Ihnen schreibe, weiß ich selbst nicht. Teils aus langer Weile, teils weil alles mögliche in mir ist, was ich gerne schriebe, aber nicht schreiben kann. Mit Freuden erinnere ich mich an unsere Zeit auf der Hochreit. Mein Leben ist eigentlich sehr glücklich! Bis auf die Zeiten wo es verflucht unglücklich ist (Das ist kein Witz). Jahoda hat noch immer nicht geruht mir sein Urteil zu schreiben. Ich bin schon sehr gespannt.

Ihr alter
Wittgenstein

9. 10. 18

37 AN PAUL ENGELMANN

Wittgenstein Lt
GAR 11/8
Fp 290

Herrn Paul Engelmann
Oberring 6
Olmütz

L. H. E.! Noch immer habe ich keine Antwort vom Verleger erhalten! Und ich habe eine unüberwindliche Abneigung dagegen, ihm zu schreiben und anzufragen. Weiß der Teufel, was er mit meinem Manuskript treibt. Vielleicht untersucht er es chemisch auf seine Tauglichkeit. Bitte haben Sie die <u>große</u> Güte und machen Sie einmal, wenn Sie in Wien sind, einen Sprung zu dem verfluchten Kujon und schreiben mir dann das Ergebnis! Zum Arbeiten komme ich jetzt nicht, aber vielleicht zum Krepieren.

Ihr alter
Wittgenstein

22. 10. 18.

38 AN PAUL ENGELMANN

Wittgenstein Lt
Feldp. No 290
Batterie Nr. 8

Herrn Paul Engelmann
Oberring 6
Olmütz
<u>Mähren</u>

L. H. E.! Heute erhielt ich von Jahoda die Mitteilung, daß er meine Arbeit nicht drucken kann. Angeblich aus technischen Gründen. Ich wüßte aber gar zu gern, was Kraus zu ihr gesagt hat. Wenn Sie Gelegenheit hätten es zu erfahren, so würde ich mich sehr freuen. Vielleicht weiß Loos etwas. Schreiben Sie mir.

Ihr Wittgenstein
25. 10. 18.

39 VON ERNESTINE ENGELMANN

Olmütz, 12./XI. 1918.

Lieber Herrn Wittgenstein!

Seit Wochen will ich Ihnen täglich schreiben, um mich nach Ihrem Ergehn zu erkundigen, mußte es aber wirklich aus Mangel an Zeit, immer unterlassen.

Es tut mir unendlich weh', daß mein heutiger Brief eine so tieftraurige Veranlassung hat; die Nachricht von dem Hinscheiden Ihres Herrn Bruders hat mich tief erschüttert und ich spreche Ihnen meine aufrichtigste und herzlichste Theilnahme aus. Es ist so furchtbar tragisch, daß Ihr Herr Bruder noch jetzt, knapp vor Beendigung dieses entsetzlichen Krieges, diesen seinen Tribut zahlen mußte.

Wir haben in diesen letzten, für Sie so erreignisreichen Zeiten noch mehr als sonst Ihrer gedacht, doch wußten wir nicht, wo eine Nachricht Sie erreichen könnte. Nun hoffen wir und wünschen von ganzer Seele, daß Sie bald gesund zu den Ihren heimkehren, denen Sie ja jetzt Halt und Trost sein werden. Unsere wärmsten Wünsche begleiten Sie überall hin, auf daß eine gütige Vorsehung Sie glücklich heimkehren läßt. Wollen Sie uns bitte, bald und hoffentlich gute Nachricht über Ihr Ergehn geben. In dieser Erwartung grüßt Sie von uns allen recht herzlich

Ihre
ergebene
Ernestine Engelmann.

40 VON PAUL ENGELMANN

Paul Engelmann
Wien
XVII. Pezzlgasse 22

<u>Kriegsgefangener</u>
Herrn Ludwig Wittgenstein
Leutnant i. d. Res.
<u>Cassino</u>, <u>Prov. Caserta</u>
<u>Italien</u>

Lieber Herr Wittgenstein! Ich freue mich sehr, durch Ihre Familie zu hören, daß es
Ihnen gut geht. Ich hoffe, daß Sie mir es nicht übel nehmen, daß ich Ihnen so lange
nicht geschrieben habe, aber ich hätte Ihnen so viel zu schreiben, daß ich lieber
alles auf ein hoffentlich baldiges Wiedersehn verschiebe. Nur für Ihr Manuskript,
dessen Abschrift ich vor einiger Zeit von Ihrem Frl. Schwester bekommen habe,
muß ich Ihnen jetzt schon vielmals herzlich danken. Ich glaube es jetzt im Ganzen
zu verstehn und wenigstens bei mir haben Sie Ihren Zweck, jemandem durch das
Buch Vergnügen zu bereiten, vollständig erfüllt; ich bin von der Wahrheit seiner
Gedanken überzeugt und erkenne ihre Bedeutung. Herzl. Grüße

von Ihrem Paul Engelmann

Wien, 3.IV.1919.

41 VON ERNESTINE ENGELMANN

Lieber Herr Wittgenstein!

Heute erhielt ich Ihre liebe Karte vom 25./III. und danke Ihnen <u>recht</u> <u>herzlich</u> für
die <u>grosse</u> Freude, die Sie mir durch Ihr freundliches Gedenken bereitet haben.
Einen Brief, den ich vor etwa 2 Monaten an Sie abgeschickt, haben Sie wohl nicht
erhalten?
    Wir denken oft und mit den wärmsten Wünschen Ihrer, und hoffen zuversicht-
lich, dass Sie nun doch bald glücklich heimkehren werden! Durch Paul höre ich
über Wien, dass es Ihnen Gottlob relativ gut geht. Paul ist in Wien ganz zufrieden
und auch Peter hat jetzt dort schöne Erfolge.
    Von unserm Freundeskreis sind nur noch Kapellmeister Zweig und Heini Groag
hier; ersterer geht im August wieder in's Mannheimer Engagement, letzterer im
Frühjahr zur Beendigung seines Studiums nach Wien. Da auch unsere Tochter sich
als Zeichnerin in Wien betätigen will, so wird es bei uns recht still werden.
    Zu Ostern führt Fritz Zweig hier das »Deutsche Requiem« von Brahms auf, <u>wie</u>
gerne hätten wir Sie auch dabei!

Herzlich gerne erzählte ich Ihnen in meiner altmodischen Weise noch recht Vieles. Doch fürchte ich, dass zu lange Briefe nicht befördert werden. So nehmen Sie denn nebst innigen Wünschen für Ihr Wohlergehn viele liebe Grüsse aus der Heimat von meinem Manne, Anny, Heini und Fritz Z., sowie von

Ihrer
Ihnen freundschaftlich
zugetanen
Ernestine Engelmann.

Olmütz, 12./ 4. 19.

42 AN PAUL ENGELMANN

Ludwig Wittgenstein
Sottotenente
Cassino
Prov. Caserta

Herrn Paul Engelmann
Oberring 6
<u>Olmütz</u>
Olomouc
<u>Moravia</u>
<u>C.S.R.</u>

Besten Dank für Ihre liebe Karte vom 3./4. und für die günstige Rezension. Ich mache jetzt schwere Zeiten in meinem Inneren durch! Viel hätte auch ich zu sagen! – Nun eine Bitte: Schicken Sie mir, bitte, womöglich sicher und rasch, die Grundgesetze von Frege hierher. Es wird schon irgendwie gehen. Möchte es Ihnen gut gehen. Herzlichste Grüße

Ihr Wittgenstein

24.5.19.

43 VON PAUL ENGELMANN

Paul Engelmann
Wien
XVII. Pezzlgasse 22

[Poststempel: WIEN, 15.VII.19]

Italien
Herrn
Ludwig Wittgenstein
Sottotenente
Casino, Prov. Caserta

Lieber Herr Wittgenstein! Herzlichen Dank für Ihre Karte. Die »Grundgesetze«
habe ich bestellt, sie sind aber noch immer nicht da; das dauert jetzt sehr lange. Die
Einrichtung in Neuwaldegg ist zur allgemeinen Zufriedenheit ausgefallen, doch ist
das Gelingen mehr das Verdienst Ihres Fräulein Schwester als meines. Mir geht es
im Ganzen gut, ich hoffe auch Ihnen. Wie gerne möchte ich über vieles oder richtiger über alles mit Ihnen reden! Ich hoffe, es kann bis zu Ihrer Rückkehr nicht mehr
zu lange dauern. Herzliche Grüße, beste Wünsche für Ihr Ergehen, auf baldiges
Wiedersehn Ihr Engelmann

44 AN PAUL ENGELMANN

Wien 25.8.19.

Lieber Herr Engelmann!

Wie Sie sehen, bin ich hier! Ich hätte unendlich viel mit Ihnen zu besprechen. Es
geht mir nicht sehr gut (nämlich geistig). Kommen Sie womöglich bald zu mir.
Grüßen Sie, bitte, Ihre verehrte Frau Mutter herzlichst und ergebenst von mir. Auf
Wiedersehen!

Ihr

Wittgenstein

45 VON PAUL UND ERNESTINE ENGELMANN

Lieber Herr Wittgenstein!

Ich habe heute Ihren Brief erhalten und freue mich sehr, daß Sie endlich wieder zu Hause sind. Ich möchte Sie am liebsten sofort besuchen, doch ist das ohne einen Paß unmöglich, und ehe man den bekommt, dauert es noch einige Wochen. Ich werde mich aber jetzt sofort um einen Paß bemühn und will, wenn ich ihn bekomme, im September nach Wien kommen. Können Sie sich nicht vielleicht rascher einen hierher besorgen und herkommen?

Auf baldiges Wiedersehn,

Viele herzliche Grüße
von Ihrem

Paul Engelmann

Olmütz, 28. August 1919.

Bitte mich Ihrer Frau Mama, der ich in den nächsten Tagen für Ihren freundlichen Brief danke, und Ihrem Frl. Schwester zu empfehlen, ebenso Ihrem Herrn Bruder.

Lieber Herr Wittgenstein!

Das war heute ein froher Tag, da die von uns ersehnte und lange erwartete Nachricht von Ihrer glücklichen Heimkehr eintraf. Lassen Sie sich auf's Herzlichste in der Heimat begrüßen, wo Sie sich gewiß bald von den Strapazen der Reise erholen werden. Paul wäre natürlich am liebsten sofort zu Ihnen gekommen, doch ist dies leider bei den jetzigen complicierten Reisebedingungen unmöglich. Vielleicht ist es Ihnen – bis Sie völlig ausgeruht sind – leichter möglich nach Olmütz zu kommen? Wie sehr wir alle und ich im Besondern, uns freuen würden, Sie hier zu begrüßen, bedarf wohl keiner besondern Erwähnung. Ich empfinde von ganzen Herzen die Freude Ihrer werten Familie mit, Sie wieder zu haben. Wollen Sie mich bitte, Ihrer verehrten Frau Mama und werten Fräulein Schwester bestens empfehlen, ich bin den Damen für alle unserm lieben Paul erwiesene Freundlichkeit zu größtem Dank verpflichtet. Recht rasche und gute Erholung wünscht Ihnen und grüßt Sie herzlichst

Ihre
ergebene
Ernestine Engelmann.

46 AN PAUL ENGELMANN

2.9.19.

Lieber Herr Engelmann!

Vielen Dank für Ihren Brief. Nach Olmütz kann ich in der nächsten Zeit nicht kommen. Ich fahre morgen auf die Hochreit für 8–10 Tage, um mich womöglich ein bißchen wieder zu finden. Und nachher ergreife ich einen Beruf! Welchen? Sie haben Zeit zu raten, bis Sie zu mir kommen. – Vor ein paar Tagen besuchte ich Loos. Ich war entsetzt und angeekelt. Er ist bis zur Unmöglichkeit verschmockt! Er gab mir eine Brochure über ein geplantes »Kunstamt«, wo er über die Sünde wider den Heiligen Geist spricht. Da hört sich alles auf! Ich kam in sehr gedrückter Stimmung zu ihm und das hatte mir gerade noch gefehlt. <u>Viel</u>, <u>viel</u>, hätte ich mit Ihnen zu besprechen.

Vor ein paar Tagen habe ich eine Kopie meiner Arbeit dem Braumüller zum Verlegen gegeben. Er hat sich aber noch nicht entschieden, ob er sie nehmen will.

Bitte danken Sie Ihrer verehrten Frau Mutter herzlichst für ihre lieben Zeilen. Ich freue mich <u>sehr</u> auf ein baldiges Wiedersehen!

Ihr

Ludwig Wittgenstein

47 VON MAX ZWEIG

M. Z.

Lieber Freund!

Mit großer Freude habe ich gehört, daß Du endlich aus der Gefangenschaft zurückgekehrt bist, und wünsche Dir von Herzen Glück zu Deiner Heimkehr.

Ich bedaure vielmals, daß ich jetzt längere Zeit nicht nach Wien kommen werde, während ich bis vor kurzer Zeit dort ununterbrochen seit Kriegsende verweilte. Es wäre mir großes Bedürfnis und Freude gewesen, Dich wieder einmal sehen zu können. Doch besteht, wie Paul Engelmann erzählte, die Hoffnung, daß Du für einige Tage nach Olmütz kommst, worüber wir uns alle sehr freuen würden.

Ich bin jetzt seit Ende August in Olmütz, wo ich mich mit Hein. Groag für die letzten Prüfungen vorbereite, die wir in Prag zu machen gedenken. Wenn Du Dich dennoch entschließen solltest, die Reise nach Olmütz zu machen, würden wir uns beinahe alle so zusammenfinden können, wie vor einigen Jahren war.

Bis dahin grüße ich Dich vielemale aus ganzem Herzen

Dein

Max Zweig.

Olmütz, 11. September 1919.

Olmütz, Josef von Engelstraße 8.

48 AN PAUL ENGELMANN

L. H. E.! Vor einigen Tagen schrieb mir Max Zweig, daß er mich in der nächsten Zeit in Olmütz erwartet. Er hat also aus meinem Schreiben an Sie das Gegenteil von dem entnommen, was darin stand. Und Sie vielleicht auch! – Ich kann aber tatsächlich nicht kommen, weil ich einen Beruf ergriffen habe (es war kein Witz). Sie brauchen aber nicht mehr zu raten, da die Sache schon perfekt ist. Ich gehe in die Lehrerbildungsanstalt, um Lehrer zu werden. Ich sitze also wieder in einer Schule; und das klingt komischer als es ist. Es fällt mir nämlich ungemein schwer; ich kann mich nicht mehr so benehmen wie ein Mittelschüler, und – so komisch es klingt – die Demütigung ist für mich eine so große, daß ich sie oft kaum ertragen zu können glaube! Nun, von einer Fahrt nach Olmütz ist also keine Rede. Aber wie gerne möchte ich Sie sehen! Wenn irgend möglich, so kommen Sie, bitte, nach Wien! Schreiben Sie gleich. Meine Adresse ist: III. Untere Viaduktgasse 9 bei Frau Wanicek. (Es haben sich nämlich auch meine übrigen Verhältnisse geändert – gescheiter bin ich aber nicht geworden.) Ihr

L. Wittgenstein

25.9.19.

Bitte empfehlen Sie mich Ihrer Frau Mama.

49 VON PAUL ENGELMANN

Lieber Herr Wittgenstein!

Vielen Dank für Ihren Brief. Zu Ihrer neuen Berufswahl wünsche ich Ihnen herzlich Glück, ich glaube, Sie haben das Richtige getroffen und hoffe, daß die Anfangsschwierigkeiten bald überwunden sein werden.

Meine Absicht, nächstens nach Wien zu kommen, habe ich nicht aufgegeben, sondern ich warte noch immer auf meinen Paß, der erst in den nächsten Tagen mit dem Visum aus Brünn zurückkommen soll. Außerdem arbeite ich jetzt hier an einer Wohnungseinrichtung; diese wird aber bald so weit sein, daß ich wegfahren kann, und dann komme ich.

Bis dahin herzliche Grüße,
auf baldiges Wiedersehn

Ihr Paul Engelmann

Olmütz, 3. Oktober 1919.

50 VON PAUL ENGELMANN

Lieber Herr Wittgenstein!

Daß ich weder nach Wien komme, noch auch Ihnen schreibe, werden Sie gewiß meiner Faulheit zugeschrieben haben. Doch ist diese nicht der einzige Grund. Ich habe meine Paß-Formalitäten, die sehr kompliziert sind, noch immer nicht alle erledigt, hätte sie aber schon erledigt haben können, wenn mich nicht etwas anderes von meiner Fahrt nach Wien zurückhalten würde. Sie werden diesen Grund nicht für lächerlich halten, wenn Sie richtig verstehen, was ich meine. Ich fürchte nämlich, daß Sie mich nicht wiedererkennen werden, infolge der moralischen Verfinsterung oder besser gesagt Verfettung, die in der letzten Zeit bei mir eingetreten ist. Während ich mir früher unaufhörlich bewußt war, wie unendlich weit ich von dem entfernt bin, was richtig ist, ist dieses Bewußtsein jetzt nur selten vorhanden. An und für sich ist es ja gut, wenn Skrupel verschwinden, wenn nämlich ihr Grund verschwunden ist und sie dadurch wegfallen; davon kann aber hier natürlich nicht die Rede sein. Der Mensch ist zwar auch in dem Zustand, in dem ich früher war, nicht besser, aber _es_ ist für ihn besser, in diesem Zustand zu sein. Durch diese Veränderung hat mein Leben den Zusammenhang, den es in den letzten Jahren bekommen hatte, wieder verloren. – Alles, was ich als Gründe für diese Veränderung angeben könnte, kann ebenso gut ihre Folgeerscheinung sein, und ist es wahrscheinlich. Sie hängt aber gewiß mit diesem Umstand auch zusammen: Vom November vorigen Jahres bis Anfang August war ich in Wien, wo es mir infolge der dortigen Lebensverhältnisse äußerlich nicht besonders gegangen ist, wodurch sich auch meine nervösen Beschwerden vergrößerten. Um diese zu beseitigen, habe ich seit meiner Rückkehr nach Olmütz so gut als möglich gelebt, und dabei wahrscheinlich zu viel des Guten getan. Ich hoffe, wenn ich meine Lebensweise wieder auf die mir wirklich zuträgliche Art eingerichtet haben werde, wird daß auch wieder einen guten Einfluß haben.

Ich habe aber trotz alledem ein großes Bedürfnis mit Ihnen über alles zu sprechen, und hoffe, daß es bald möglich sein wird. In ihrer Schrift lese ich oft und es macht mir eine immer größere Freude, je mehr ich sie verstehe.

Ich hoffe, daß es Ihnen gut geht. Bitte schreiben Sie mir bald, was Sie machen.

Herzliche Grüße von Ihrem
Paul Engelmann

Olmütz, 7. November 1918.

Ich schreibe Ihnen alles Obige als Entschuldigung, damit Sie nicht glauben, daß es Faulheit <u>allein</u> ist, warum ich nicht nach Wien komme.

51 AN PAUL ENGELMANN

16. 11. 19

L. H. E.!

Vor wenigen Tagen erhielt ich Ihren Brief. Vielen Dank! Ihren Zustand glaube ich ganz zu verstehen. Denn ich befinde mich gerade jetzt in einem ähnlichen und zwar schon seit meiner Rückkehr aus der Gefangenschaft. Ich glaube es geht damit so zu: Wir gehen nicht auf der direkten Straße zum Ziel, dazu haben wir – oder ich wenigstens – nicht die Kraft. Dagegen gehen wir auf allen möglichen Seitenwegen und so lange wir auf einem solchen vorwärtskommen, geht es uns so leidlich. Wie aber ein solcher Weg aufhört, so stehen wir da und werden uns nun erst bewußt, daß wir ja nicht dort sind, wo wir hingehören. – So wenigstens kommt mir die Sache vor. – Ich habe ein großes Bedürfnis Sie zu sehen und zu sprechen. Wie weit ich heruntergekommen bin, ersehen Sie daraus, daß ich schon einige Male daran gedacht habe, mir das Leben zu nehmen, aber nicht etwa aus Verzweiflung über meine Schlechtigkeit, sondern aus ganz äußerlichen Gründen. Ob ein Gespräch mit Ihnen mir etwas helfen würde, ist zwar zweifelhaft, aber doch nicht ausgeschlossen.

Also kommen Sie bald.

Ihr
Ludwig Wittgenstein

Meine Adresse ist jetzt:
XIII. St. Veitgasse 17 bei
Frau Sjögren

Die normalen Menschen sind mir eine Wohltat, und eine Qual zugleich!

52 VON PAUL ENGELMANN

Lieber Herr Wittgenstein!

Besten Dank für Ihren Brief. Da ich gestern meinen Paß zurückbekommen habe, hoffe ich alles bald mündlich mit Ihnen besprechen zu können.

Ich will nur einige Tage in Wien bleiben, und da das Fahren von und nach Hietzing viel Zeit in Anspruch nimmt, wäre es vielleicht das Beste, wenn Sie mir in der Nähe Ihrer Wohnung ein Hotel-Zimmer für Montag den 1. Dez. bestellen würden. Bitte antworten Sie mir durch eine Expresskarte, ob es Ihnen möglich ist und ob und wo Sie etwas bekommen haben. Ich danke Ihnen im Voraus für Ihre Mühe, herzliche Grüße und auf baldiges Wiedersehn

Ihr
Paul Engelmann

24. Nov. 1919.

Ich hoffe auch daß in Hietzing eher Zimmer zu haben sind als in andern Stadtteilen (wo besonders in der Nähe der Bahnhöfe die Hôtels sehr überfüllt sein sollen)

53 AN PAUL ENGELMANN

Lieber Herr Engelmann!

Da ich jeden Vormittag in der Stadt in die Schule gehe und Sie am besten Mittags und abends in der Alleegasse bei meiner Mama essen, so nehme ich Ihnen kein Zimmer in Hietzing, sondern eines im IV. Bezirk. Wo, das weiß ich jetzt noch nicht und darum kommen Sie von der Bahn direkt zu uns (in die Alleegasse), wo Sie alles nähere erfahren werden. – Für heute nur noch so viel, daß ich mich sehr auf Sie freue und daß ich Scherereien mit meinem Buch habe die mich gar nicht freuen.

Ihr
Ludwig Wittgenstein

27.11.19.

54 AN PAUL ENGELMANN

N. V. VEGETARISCH HOTEL-RESTAURANT
»POMONA«
MOLENSTRAAT 53   DEN HAAG

TELEFOON INT. 2433.
POSTREKENING 6456.

Den Haag, 15. 12. 19

L. H. E.!

Wie Sie sehen, bin ich hier in einem Tugendbündlerhotel. Es geht mir sehr gut. Russell will meine Abhandlung drucken und zwar vielleicht deutsch und englisch. (er wird sie selbst übersetzen und eine Einleitung zu ihr schreiben, was mir ganz recht ist)

Eigentlich wollte ich Ihnen aber nur darum schreiben, um Ihnen zu sagen daß es mich ungemein gefreut hat, mit Ihnen gesprochen zu haben. Aber sehr schade, daß es so kurz war! Ich hätte noch vieles zu besprechen gehabt. Oder vielmehr das Eine noch gründlicher, denn ich kenne mich noch immer nicht aus. Grüßen Sie Ihre verehrte Frau Mama Gehorsamst von mir.

Ihr
Ludwig Wittgenstein

Besten Gruß
　　Arvid Sjögren

48

55 AN PAUL ENGELMANN

29. 12. 19.

L. H. E. !

Bin vorgestern aus Holland zurückgekommen. Mein Beisammensein mit Russell war sehr genußreich. Er will eine Einleitung zu meinem Buch schreiben und ich habe mich damit einverstanden Erklärt. Ich möchte nun noch einmal versuchen einen Verleger dafür zu gewinnen. Mit einer Einleitung von Russell ist das Buch für einen Verleger gewiss ein sehr geringes Risiko da Russell sehr bekannt ist. Vielleicht schreiben Sie dem Herrn der mich an Reklam empfehlen soll in diesem Sinne. (Falls ich keinen deutschen Verleger finden kann so wird Russell das Buch in England drucken lassen.) Da er in diesem Falle alle möglichen Schritte zu unternehmen hätte so bitte ich Sie mir so bald als irgend möglich Bescheid zu geben ob Ihre Bemühungen irgend welchen Erfolg versprechen. — Meine Stimmung ist jetzt sehr gedrückt. Mein Verhältnis zu meinen Nebenmenschen hat sich auf eine eigenthümliche Art verändert. Das was in Ordnung war als wir uns sahen ist jetzt in Unordnung und ich bin in einer richtigen Verzweiflung. Ich sehe übrigens voraus daß es ziemlich lange brauchen wird ehe etwas entscheidendes geschieht. Wie gerne würde ich Sie bald wiedersehen! Denn in der Betätigung meines Verstandes die Sie mir ermöglichen liegt für mich doch eine gewisse Beruhigung. — Empfehlen Sie mich herzlichst Ihrer Frau Mama.

Ihr
Ludwig Wittgenstein

56 VON PAUL ENGELMANN

Lieber Herr Wittgenstein!

Herzlichen Dank für Ihren Brief. Sie schreiben, daß Sie sich über das, worüber wir auch in Wien gesprochen haben, in der Hauptsache noch nicht klar geworden sind. Ich habe zufällig ein Heft der »Preußischen Jahrbücher« (Heft II, vom November dieses Jahres) gelesen und darin einen Aufsatz von einem Dr Ferdinand Jakob Schmidt: Quo vadis? gefunden, durch den mir manches klarer geworden ist. Ich kann Ihnen das Heft leider nicht schicken, es gehört nicht mir, aber verschaffen Sie es sich bitte, es sind auch sonst gute Sachen drin.

Da wir uns voraussichtlich nicht so bald sprechen werden, schreiben ich Ihnen über den Hauptpunkt hier einige Gedanken, obwohl ich nicht weiß, ob das, was ich damit eigentlich betonen will, für einen andern auch herauszulesen ist.

Alles Gute für das neue Jahr und herzliche Grüße

von Ihrem
Paul Engelmann

Olmütz, 31. Dez. 1919.

Eben kommt Ihr Express-Brief. Einen ausführlichen Brief über Ihr Buch sende ich heute, längstens morgen an Dr Heller in Kiel, mit der Bitte um sofortige Antwort, die ich Ihnen dann gleich mitteile.

Die Menschen vor Christus empfanden Gott (oder auch die Götter) als etwas außer sich.

Die Menschen seit Christus (nicht alle, sondern nur die durch ihn erkennen gelernt haben) sehen Gott als etwas in sich selbst. So kann man sagen, daß Gott durch Christus in den Menschen eingezogen ist.

Die Schwierigkeit, die entsteht, wenn man diese Lehre nicht nur als ein Gleichnis, sondern, wie sie einzig einen Wert haben kann, als den Bericht über eine hinter dem Gleichnis liegende Wirklichkeit auffassen will, diese Schwierigkeit liegt darin, daß man sich vorstellen will, daß der Vater Mensch geworden ist, wovon meines Wissens nie die Rede ist, sondern der Sohn ist Mensch geworden.

Die unendliche Vollkommenheit, die Göttlichkeit als Idee, was aber keine Abstraktion ist, denn es ist das, woraus das Leben (oder die Welt) hervorgegangen ist, das ist der Vater.

Die unendliche Vollkommenheit als lebendige Wirklichkeit in Christus und durch Christus als Möglichkeit in allen Menschen, das ist der Sohn.

Der Vater und der Sohn sind eins. Das was aus Christus spricht und das woraus die Welt hervorgegangen ist, das ist wirklich ein und dasselbe.

In dem Menschen Jesus hat sich die Erde dem Himmel so sehr genähert, daß Gott in ihm Mensch werden konnte, und dadurch der Mensch in ihm Gott wurde.

Christus lehrt die Menschen, daß in jedem die Möglichkeit liegt, sich soweit zu erheben, daß Gott in ihm einziehen kann.

Gott ist Mensch geworden durch Christus.

Lucifer wollte Gott werden und war es nicht.

Christus wurde Gott, ohne daß er werden wollte.

So ist es das Böse, daß man die Lust will, ohne sich sie zu verdienen.

Wenn man aber das Richtige tut, ohne daß man die Lust will, so kommt sie als Freude von selbst.

57 AN PAUL ENGELMANN

XIII. St. Veitgasse 17
bei Frau Sjögren

9. 1. 20.

L. H. E.!

Gestern erhielt ich von einem Herrn Viktor Lautsch, der sich auf Herrn Lachs, Groag und Sie beruft einen Brief, in welchem er mich um Unterstützung angeht. Da ich selbst kein Geld besitze und den Herrn nicht kenne, so schicke ich ihm vorderhand nur sehr wenig Geld und etwas Wäsche, die ich entbehren kann und bitte Sie

vielmals, mir näheres über den Bittsteller zu schreiben. Vielleicht könnte sich meine
Schwester Mining seiner annehmen. Je eher Sie mir antworten desto besser!

Da fällt mir ein, daß ich auch Ihr letztes liebes Schreiben noch nicht beantwortet
habe. Ich lag aber mit Influenza zu Bett als es ankahm. Auf die religieusen Bemerkungen gehe ich ein Andermal ein. Sie scheinen mir noch nicht klar genug. Auch
ich fühle jetzt klarer über die Sache als vor einem Monat. Alles das muß sich, glaube
ich, viel richtiger sagen lassen. (oder gar nicht, was noch wahrscheinlicher ist.)

Empfehlen Sie mich bitte herzlichst Ihrer verehrten Frau Mutter.

Ihr

Ludwig Wittgenstein

58 VON PAUL ENGELMANN

Paul Engelmann
Olmütz
Oberring 6.

[16.1.20]

Herrn
Ludwig Wittgenstein
p. A. Frau Sjögren
<u>Wien</u>
XIII. St. Veitgasse 17.

Lieber Herr Wittgenstein!

Besten Dank für Ihren Brief. Heute will ich Ihnen nur schreiben, daß ich vom Lachs
u. Groag das Beste über Herrn L. gehört habe, den ich selbst nur einmal gesprochen
habe; er hat damals einen sehr sympathischen Eindruck gemacht. Ich bitte Sie, in
dieser Sache zu tun, was Ihnen möglich ist. –

Hoffentlich kann ich Ihnen bald von einer Antwort aus Kiel berichten. Herzliche
Grüße von

Ihrem

P. E.

59 VON PAUL ENGELMANN

Lieber Herr Wittgenstein!

Eben erhielt ich den beiliegenden Brief von Dr Heller (die Fettflecke darauf sind von mir) Ich hoffe, daß dem Erscheinen des Buches bei Reclam jetzt nichts mehr im Wege steht. In dem Satz des Briefes, der das Honorar betrifft, ist offenbar ein »nicht« ausgelassen, u. es soll meiner Meinung nach heißen: »......da es auf ein grö-ßeres Honorar oder überhaupt ein solches nicht ankommen dürfte.«

Bitte schreiben Sie vielleicht gleich in Ihrem Begleitbrief an Reclam, daß Sie kein Honorar verlangen; ebenso, daß die Seitenziffern, wenn Ihre Anbringung am Rande den Druck verteuert, in den Text eingerückt werden dürfen.

Herzliche Grüße von
Ihrem
Paul Engelmann

Olmütz, 17. Januar 1920.

60 VON PAUL ENGELMANN

Lieber Herr Wittgenstein!

Ich habe gestern und heute die Geschichte des Staretz Sossima in den Brüdern Karamasow gelesen und weiß nicht, warum ich jetzt mit lebhafter Besorgnis an Sie denke, hoffentlich ist es unbegründet. Bitte lesen Sie die Geschichte auch wieder, das kann niemals schaden.
Schreiben Sie mir bald, wie es Ihnen geht. Herzliche Grüße von
Ihrem
Paul Engelmann

Olmütz, 24. Januar 1920.

61 AN PAUL ENGELMANN

26. 1. 20
Lieber H. Engelmann!

Ihr liebes Schreiben hat mir sehr wohl getan. Es ist merkwürdig, daß ich wirklich in den letzten Tagen in einem mir schrecklichen Zustand war und auch jetzt ist die Sache noch nicht vorüber. Was mir so viele Qualen verursacht will ich Ihnen noch nicht sagen. Aber schon das Gefühl, daß jemand der den Menschen versteht an mich denkt, ist gut. Die Geschichte vom Starez Sossima habe ich noch nicht gelesen und ich glaube eigentlich nicht, daß sie jetzt zu mir sprechen wird. – Nun wir werden ja sehen, was aus mir wird. — Ich habe gleich nach Empfang Ihres vorletzten Schreibens an Ficker um das Manuskript und an Russell um die Einleitung geschrieben. Noch habe ich aber nichts gekriegt.

Soll ich schon vorher an Reklam schreiben, oder erst wenn ich ihm das Zeug schicke?

Möchte es Ihnen halbwegs gut gehen!

Viele Grüße Ihr

dankbarer

Ludwig Wittgenstein

P.S. Soeben erhalte ich einen Brief von Ficker (aber noch kein Manuskr.) worin er schreibt er müße das Erscheinen des Brenner einstellen wenn er nicht sein ganzes Hab und Gut verlieren will. Kann man ihm helfen??

L.W.

62 AN PAUL ENGELMANN

19. 2. 20

L. H. E.!

Ich habe wieder einmal das Bedürfnis Ihnen zu schreiben. Ich habe vor wenigen Tagen erfahren, daß ich die Einleitung Russells zu meiner Arbeit erst in einigen Wochen erwarten darf und habe dies auch Reklam mitgeteilt. Hoffentlich vergeht ihm bis dahin nicht die Lust. Meine äußeren Verhältnisse sind jetzt sehr traurig und wirken aufreibend auf mein Inneres. Dabei fehlt mir jeder Halt. Das einzig Gute, was ich jetzt habe, ist, daß ich den Kindern öfters in der Schule Märchen vorlese. Das gefällt ihnen und ist mir eine Erleichterung.

Aber sonst steht es

mies mit Ihrem

Ludwig Wittgenstein

63 AN PAUL ENGELMANN

24. 4. 20.

L. H. E.!

Schon unerhört lange habe ich von Ihnen nichts mehr gehört! Schreiben Sie mir doch wieder eine Zeile. Mir ist es in der letzten Zeit sehr elend gegangen und auch jetzt fürchte ich noch, es möchte mich eines Tages der Teufel holen. Das ist kein Spaß!

Russells Einleitung zu meinem Buch ist jetzt hier und wird in's Deutsche übersetzt. Es ist ein Gebräu mit dem ich nicht einverstanden bin, aber da ich es nicht geschrieben habe, so macht mir das nicht viel.

Meine Adresse ist jetzt: III. Rasumofskygasse 24. (bei Herrn Zimmermann) Dieser Wohnungswechsel war von Operationen begleitet, an die ich nur zu denken brauche, damit es mir schwummerlich wird! —

Schreiben Sie bald!

Ihr treuer
Ludwig Wittgenstein

Bitte empfehlen Sie mich wärmstens Ihrer verehrten lieben Frau Mutter, an die ich oft mit Dankbarkeit denke.

64 AN PAUL ENGELMANN

[Wien, 8.5.20.]

L. H. E.!

Herzlichsten Dank für Ihre liebe Einladung. Zu Pfingsten kann ich zwar nicht kommen, aber nach meiner Prüfung werde ich es bestimmt tun. Zweig habe ich gesehen und manches mit ihm besprochen, wie er Ihnen wohl erzählen wird.

Mein Buch wird wahrscheinlich nicht gedruckt werden, da ich mich nicht entschließen konnte es mit Russells Einleitung, die in der Übersetzung noch viel unmöglicher aussieht als im Original, erscheinen zu lassen. — Sonst geht es mir ziemlich mieß und ich hätte eine Aussprache mit Ihnen dringend nötig. Aber wir müssen eben noch etwas zuwarten.

Bitte empfehlen Sie mich wärmstens Ihrer verehrten Frau Mutter und sein Sie herzlichst gegrüßt

von
Ihrem
Ludwig Wittgenstein

65 AN PAUL ENGELMANN

L. H. E.!

Warum höre ich gar nichts mehr von Ihnen?! (Wahrscheinlich, weil Sie mir nicht schreiben.) Ich möchte mich wieder einmal ausleeren; es ist mir in der letzten Zeit höchst miserabel gegangen. Natürlich nur durch meine eigene Niedrigkeit und Gemeinheit. Ich habe fortwährend daran gedacht, mir das Leben zu nehmen und auch jetzt spukt dieser Gedanke noch in mir herum. <u>Ich bin ganz & gar gesunken.</u> Möge es Ihnen nie so gehen!

Ob ich mich noch werde aufrichten können? Wir werden ja sehen. — Reklam nimmt mein Buch nicht. Mir ist es jetzt Wurst, und das ist gut.

Schreiben Sie <u>bald</u>

Ihr
Ludwig Wittgenstein

30.5.20.

66 VON PAUL ENGELMANN

Lieber Herr Wittgenstein!

Es ist keine Phrase, wenn ich schreibe, daß ich oft an Sie denke; wenn ich aber trotzdem keine Briefe schreibe, so geschieht das, weil ich das Gefühl habe, daß ich nicht im Stande wäre, das was ich sagen will, schriftlich auszudrücken.

Was Ihren Zustand betrifft, so kann ich Ihnen schwer etwas darüber sagen, was nicht so aussehn würde, als wollte ich Ihnen Moral predigen. Moral predigen ist aber überhaupt etwas zuwideres, und wenn <u>ich</u> es Ihnen gegenüber tun wollte, wäre es besonders lächerlich. Ich will Ihnen aber etwas über meine Erlebnisse in letzter Zeit schreiben, vielleicht hat es auch für Sie einen Sinn.

Ich habe in den letzten Monaten viel gearbeitet, d.h. für meine Begriffe viel, da ich nicht an Arbeit gewöhnt bin; und zwar hatte ich sowohl Einrichtungs-Aufträge, als auch viel Arbeit mit dem, was ich Ihnen in Wien auseinandersetzte; ich schreibe darüber eine größere zusammenhängende Sache. Ihm ereignete sich durch die ungewohnte Anstrengung etwas für mich seltenes: Während meine Lust und mein Eifer immer größer wurden (gewöhnlich nehmen sie sehr bald ab) konnte ich wegen Ermüdung, Kopfschmerz etc. nicht weiter. Ärger war es aber, daß mich die Zersplitterung meiner Interessen auf so verschiedene Gebiete quälte, und am ärgsten, daß mir in letzter Zeit heftige Bedenken über die eigentlichen Motive meiner Arbeit (ob es Ehrgeiz oder anständige Motive sind) aufstiegen. Das alles und noch manches andere verwirrte sich in meinem Kopf zu einem höchst unerquicklichen Knäuel.

Ich fuhr, sobald mir meine Aufträge Zeit ließen, nach Wiesenberg, einem Dorf bei Mährisch=Schönberg. Ich blieb dort eine Woche, und teilte mir die Zeit folgendermaßen ein.

Die ersten zwei Tage ruhte ich aus. Es war natürlich keine richtige Ruhe mit dem ganzen ungelösten Zeug im Kopf; diese zwei Tage waren auch im ganzen unangenehm; doch nötigte ich mich zu dieser Pause, weil ich das Gefühl hatte, daß ich zuallererst diese Athempause dringend brauche.

Dann aber tat ich etwas, was ich <u>Ihnen</u> mitteilen kann, da Sie mich genug kennen, um es nicht für eine Schmockerei zu halten. Ich legte nämlich eine Art »Beichte« ab, indem ich mich der Reihe nach an die Ereignisse meines Lebens zu erinnern suchte, so ausführlich, als dies eben im Verlauf einiger Stunden möglich ist. Bei jeder Begebenheit versuchte ich mir klarzumachen, wie ich mich hätte benehmen sollen. Durch eine solche allgemeine Übersicht vereinfachte sich mir das verworrene Bild sehr.

Am Tage darauf revidierte ich auf Grund der gewonnenen Einsicht meine Pläne und Absichten für die Zukunft.

Die folgenden 3 Tage verwendete ich wieder zu meiner Erholung. Die genaue 2 tägige Überlegung von Dingen, die mich sehr tief berühren, hatte mich sehr hergenommen, so daß ich zunächst nichts von der Ruhe hatte, aber nachträglich fühle ich doch eine große Erleichterung. Ich hoffe nun für einige Zeit halbwegs Ordnung gemacht zu haben, was immer nur gut sein kann.

Ich weiß absolut nicht, ob etwas ähnliches für Sie jetzt gut oder nötig ist; aber vielleicht hilft Ihnen diese Mitteilung etwas für Sie jetzt richtiges zu finden.

Was Sie über Selbstmordgedanken schreiben, so ist meine Meinung über diese folgende: In einem solchen Gedanken kann wahrscheinlich ebenso wie in einem andern etwas von einem edlen Motiv stecken. Aber daß dieses Motiv sich <u>so</u> äußert, daß es die Form eines Selbstmordgedankens annimmt, ist bestimmt falsch. Der Selbstmord ist bestimmt ein Irrtum.

Solange ein Mensch lebt, ist er noch nicht endgültig verloren. Was den Menschen zum Selbstmord treibt, ist aber die Angst, endgültig verloren zu sein. Diese Angst ist nach dem vorher gesagten stets unbegründet. In dieser Angst tut der Mensch das falscheste, was er tun kann, er beraubt sich der Zeit, in der es ihm möglich wäre, der Verlorenheit zu entgehn.

Verzeihen Sie, wenn es so aussieht, als ob ich Ihnen gute Lehren geben wollte. Sie wissen das alles bestimmt besser als ich, aber man vergißt manchmal, was man weiß, und dann kann es ganz gut sein, wenn man von andern daran erinnert wird. Besonders in so einem Falle wie in unserm, wo ich das, was ich weiß, wahrscheinlich direkt oder indirekt von Ihnen habe.

Sie sind »ein Betrübter, der andern Freude macht.«

Sollte etwas von dem, was ich über meine Erlebnisse gesagt habe für Sie anwendbar sein, so bedenken Sie bitte eines: Ich glaube, das ganze wäre unmöglich durchzuführen gewesen, wenn ich nicht von vornehrein mit dem Bewußtsein einer »Aufgabe« darangegangen wäre. (Natürlich keiner weltverbessernden Mission, sondern einer moralischen, allgemein menschlichen Aufgabe) Darüber, <u>ob</u> man eine solche Aufgabe hat, kann man wie ich glaube, auf diese Weise keinen Aufschluß erhalten, sondern nur, <u>wenn</u> man das Gefühl einer solchen Aufgabe hat, darüber, worin sie besteht, und wie sie erfüllt werden kann. So glaube ich auch, daß in Ihrem Fall die Berechtigung eines Selbstmordgedankens nicht Thema eines solchen Nachdenkens sein kann, sondern daß erst nachdem alle solchen Gedanken von vorneherein abgewiesen wurden, ein fruchtbares Nachdenken in der angegebenen Richtung möglich ist. Sollte etwas ähnliches für Sie möglich sein (was ich natürlich absolut nicht wissen kann; das werden Sie selbst am besten beurteilen – ich habe das überhaupt nur geschrieben, weil es mich jetzt beschäftigt, und ich glaube, daß es eine gewisse allgemeine Gültigkeit, vielleicht also zufällig auch für Sie, besitzt) so vergessen Sie bitte nicht, wenn es nötig ist, erst einige Tage auszuruhn! Ich habe das absichtlich so ausführlich geschildert, solche Nebenumstände können wichtig sein.

Dieser Brief ist in guter Absicht geschrieben und ich bitte Sie, nehmen Sie ihn so auf. Auf dem Papier sieht alles vielleicht anders aus als es gemeint ist, dann suchen Sie mich bitte so zu verstehn, wie ich es sagen wollte.

Auf baldiges Wiedersehn!

Ihr

Paul Engelmann

Olmütz, 19. Juni 1920.

67 AN PAUL ENGELMANN

[21.VI.20.]

L. H. E.!

Vielen Dank für Ihren lieben Brief. Er hat mich sehr gefreut und mir dadurch vielleicht ein wenig geholfen, wenn auch nicht im Meritorischen meiner Angelegenheit, denn da ist mir von Außen nicht zu helfen. – Ich bin nämlich in einem Zustand, in dem ich schon öfters im Leben war, und der mir sehr furchtbar ist: Es ist der Zustand <u>wenn man über eine bestimmte Tatsache nicht hinweg kommt</u>.

Daß dieser Zustand kläglich ist weiß ich. Aber es gibt nur ein Mittel gegen ihn, das ich sehe, das ist eben mit der Tatsache fertig werden. Da ist es aber genau so, wie wenn jemand, der nicht schwimmen kann, in's Wasser gefallen ist und nun mit Händen & Füßen herumschlägt und fühlt, daß er sich nicht oben erhalten <u>kann</u>. In dieser Lage bin ich jetzt. Ich weiß, daß der Selbstmord immer eine Schweinerei ist. Denn seine eigene Vernichtung <u>kann</u> man gar nicht wollen und jeder, der sich einmal den Vorgang beim Selbstmord vorgestellt hat, weiß, daß der Selbstmord immer eine <u>Überrumpelung</u> seiner selbst ist. Nichts aber ist ärger, als sich selbst überrumpeln zu müssen.

Alles läuft natürlich darauf hinaus, daß ich keinen Glauben habe!

<u>Nun wir werden sehen!</u> –

Bitte danken Sie in meinem Namen Ihrer verehrten Frau Mutter für ihren lieben Brief. Ich komme bestimmt nach Olmütz, weiß aber noch nicht wann. Hoffentlich geht es recht bald.

Ihr

Ludwig Wittgenstein

68 AN PAUL ENGELMANN

[Wien] 19.7.20.

L. H. E.!

Ich bin wortbrüchig geworden. Ich werde – wenigstens vorläufig – nicht zu Ihnen kommen. – Mein Plan für diese Ferien war ursprünglich, zuerst nach Olmütz und dann auf die Hochreit zu gehen. Je näher aber die Zeit herankam, umsomehr graute mir vor dieser Art, mir die Zeit zu vertreiben. (Denn selbst das Reden mit Ihnen – so genußreich es für mich ist – wäre mir jetzt, in meiner zweifelhaften inneren Lage, nur ein Zeitvertreib) Ich sehnte mich nach irgend einer regelmäßigen Arbeit, welche – wenn ich mich nicht irre – für meinen gegenwärtigen Zustand noch das Erträglichste ist. Eine solche Arbeit scheine ich gefunden zu haben: Ich bin als Gärtnergehilfe im Stift Klosterneuburg für die Zeit meiner Ferien aufgenommen. (Wie es mir da gehen wird, wird sich zeigen) Ich fahre also jetzt weder nach Olmütz noch auf die Hochreit. Meine Adresse bleibt Rasumofskygasse etc.

Ich werde Ihnen wieder schreiben. Bitte entschuldigen Sie mich bei Ihrer verehrten Frau Mutter.

Ihr

Ludwig Wittgenstein

69 AN PAUL ENGELMANN

[20.VIII.1920]

L. H. E.!

Schon <u>sehr</u> lange habe ich nichts von Ihnen gehört. Schreiben Sie mir doch eine Zeile: wie es Ihnen geht u.s.w.! Mein Aufenthalt in Klosterneuburg geht jetzt zu Ende; in 3 Tagen ziehe ich wieder nach Wien und warte auf Anstellung. Die Gartenarbeit war gewiß das Vernünftigste, was ich in den Ferien habe machen können. Wenn die Arbeit am Abend getan ist, so bin ich müde und fühle mich dann nicht unglücklich. Freilich graut mir etwas vor meinem künftigen Leben. Es müßte mit allen Teufeln zugehen, wenn es nicht sehr traurig ja unmöglich wird. — Ich weiß nicht, in welcher Stimmung Sie sind; aber eine Aufheiterung kann man immer vertragen und darum schicke ich Ihnen hier einen Zeitungsausschnitt: so ziemlich das Unglaublichste was ich je gelesen habe. Heben Sie sich ihn auf, oder schicken Sie ihn mir zurück, aber zerreißen Sie ihn nicht!

Ist es denkbar, daß Sie wieder einmal nach Wien kommen? Das wäre sehr schön. — Bitte empfehlen Sie mich Ihrer verehrten Frau Mutter <u>herzlichst</u> und schreiben Sie – aber wirklich! — bald Ihrem

Sie bestens grüßenden

Ludwig Wittgenstein

P. S. Meine Schwester Mining ist besorgt, weil sie keine Antwort auf einen Brief erhalten hat, den sie Ihnen geschrieben hat. Sie ist aber nicht böse!

L. W.

Lieber Herr Wittgenstein!

Soeben habe ich Ihren Brief erhalten und freue mich, daraus zu sehn, daß Ihnen Ihre Sommerbeschäftigung gut getan hat. Daß Sie vor 2 Monaten nicht kommen konnten, hat mir sehr leid getan, war mir aber andrerseits recht, aus dem Grunde, weil ich damals meiner Nerven wegen nicht im Stande war über irgend etwas ernstes zu reden. Das hat sich aber seither bedeutend gebessert, wie meine Nerven überhaupt. Wäre es Ihnen nicht doch möglich, jetzt gleich noch für einige Tage zu kommen? Nach Wien komme ich in nächster Zeit nicht.

Den Zeitungsausschnitt hebe ich auf, ich finde ihn aber mehr schrecklich als lächerlich.

Es freut mich sehr, daß Ihr Fräulein Schwester über mein unverantwortliches Stillschweigen auf den Brief und nachdem ich die herrlichen Photographien bekommen habe, nicht böse ist. Ich danke ihr in den nächsten Tagen bestimmt. Auch Ihnen will ich bald ausführlicher schreiben.

Herzliche Grüße, vielleicht kommen Sie doch!

Ihr
Paul Engelmann

Olmütz, 31. Aug. 1920.

Lieber Herr Wittgenstein! Ihre freundlichen Grüße, die mir Paul übermittelt hat, erwiedere ich herzlichst. Sie haben Ihr Versprechen, uns während der Ferien mit Ihrem lieben Besuch zu erfreun, leider bis jetzt nicht erfüllt, und es wäre sehr hübsch, wenn Sie's jetzt noch täten. Ich freue mich, zu hören, daß Ihre Sommertätigkeit Ihnen gut getan hat, und ich meine, daß ein Aufenthalt in Olmütz als Abschluß der Ferien ganz geeignet wäre. Wir würden uns wirklich herzlichst freun, Sie hier zu sehn und ich bitte uns bald zu verständigen, wann wir Sie erwarten können. Ihrer verehrten Frau Mama und Fräulein Schwester meine besten Empfehlungen, Sie grüßt herzlichst

Ihre
Ernestine Engelmann.

71 AN PAUL ENGELMANN

[Trattenbach]

Lieber Herr Engelmann!

Das merkwürdige Format dieses Briefes erklären Sie sich, bitte, so, daß ich zuerst jemand anderem habe schreiben wollen und diesen Anfang weggerissen habe. Warum ich aber Striche gemacht und nicht gleich auf den vorgedruckten Linien zu schreiben angefangen habe, können Sie sich nicht erklären, und wenn Sie 100 Jahre darüber nachdenken. Mit dieser Einleitung habe ich aber bald die halbe Seite verschmiert und ich hätte sie also auch einfach abreißen können.

Ich bin jetzt endlich Volksschullehrer und zwar in einem sehr schönen & kleinen Nest, es heißt Trattenbach. (bei Kirchberg am Wechsel N. Ö.) Die Arbeit in der Schule macht mir Freude und ich brauche sie notwendig; sonst sind bei mir gleich alle Teufel loß. Wie gerne möchte ich Sie sehen & sprechen!!!!! Vieles ist vorgefallen; ich habe einige Operationen vorgenommen die sehr schmerzhaft waren, aber gut abgelaufen sind. D. h. es fehlt mir zwar jetzt hie & da ein Glied, aber besser ein paar Glieder weniger &, die man hat, gesund. Gestern habe ich im Nathan dem Weisen gelesen; ich finde ihn herrlich. Mir scheint, Sie mögen ihn nicht? — Könnten Sie nicht vielleicht zu Weihnachten nach Wien kommen?? Überlegen Sie Sich's! Schreiben Sie bald wie es Ihnen geht. Empfehlen Sie mich vielmals Ihrer verehrten Frau Mutter, an die ich immer wieder mit größter Dankbarkeit denke.

Herzliche Grüße

Ihr
Ludwig Wittgenstein

11.10.20.

72 AN PAUL ENGELMANN

31.10.20

L. H. E.!

Bitte tun Sie mir folgenden großen Gefallen!: Sein Sie so gut, die beiden Bände Frege, Grundgesetze der Arithmetik, rekommandiert & express an die folgende Adresse zu schicken: Fräulein Anna Knaur p.A. Faber, Heinrichsthal bei Lettowitz, Mähren. Diese Dame wird nicht etwa Logik studieren, sondern mir das Buch ungelesen mitbringen. Da sie schon am 10. abfährt, so hat die Geschichte große Eile. Wenn Sie zu Weihnachten kommen, kriegen Sie den Frege wieder. Vorläufig vielen Dank! Ich freue mich schon sehr mit Ihnen zu reden; ich habe ein großes Bedürfnis danach.

Ihr

L. Wittgenstein

73 AN PAUL ENGELMANN

2.1.21.

Lieber H. E.!

Vielen Dank für Ihren Brief. Es hat mir leid getan, daß ich Sie zu Weihnachten nicht gesehen habe. Daß Sie sich vor <u>mir</u> verstecken wollen, hat mich etwas komisch berührt und zwar aus folgendem Grunde: Ich bin seit mehr als einem Jahr moralisch vollkommen tot! Daraus können Sie nun auch beurteilen, ob es mir gut geht. Ich bin einer von den Fällen, die vielleicht heute nicht so selten sind: Ich hatte eine Aufgabe, habe sie nicht gemacht und gehe jetzt daran zu Grunde. Ich hätte mein Leben zum guten wenden sollen und ein Stern werden. Ich bin aber auf der Erde sitzen geblieben und nun gehe ich nach und nach ein. Mein Leben ist eigentlich sinnlos geworden und darum besteht es jetzt nur mehr aus überflüssigen Episoden. Meine Umgebung merkt das freilich nicht und verstünde es auch nicht; aber ich weiß, daß es mir am Grundlegenden fehlt.

Sein Sie froh, wenn Sie nicht verstehen, was ich da schreibe. —

Auf Wiedersehen Ihr

Ludwig Wittgenstein

74 VON PAUL ENGELMANN

[Olmütz, nach dem 2. 1. 1921]

Lieber Herr Wittgenstein!

Ihren Brief habe ich soeben erhalten. Es tut mir sehr leid, daß ich nicht doch nach Wien gefahren bin. Ich hoffe aber, es wir in den nächsten Monaten möglich sein.

Ich glaube, mein Zustand unterscheidet sich von dem Ihrigen hauptsächlich dadurch, daß ich (wie immer schon) eine durch keine vernünftigen Anhaltspunkte gestützte <u>Hoffnung</u> habe, daß es bei mir doch noch einmal anders werden <u>muß</u>. Ich habe daß so bestimmte Gefühl, daß bei Ihnen durch irgend einen <u>Nebenumstand</u> alles in Unordnung gekommen ist, wie wenn sich in einer Maschinerie eine Feder gespießt hat oder etwas ähnliches. Allerdings kann dadurch die ganze Maschine zum Stehen kommen, aber deshalb ist sie doch nicht <u>nichts wert</u>! Sie schreiben: Ich hatte eine Aufgabe habe sie nicht gemacht usw. Natürlich müßte man da sagen: So machen Sie sie jetzt noch, denn möglich ist es ja immer. Aber es ist gewiß jetzt ungeheuer schwer. Ich glaube es käme bei Ihnen nur alles auf eine richtige <u>Methode</u> sich selbst dazu vorzubereiten an, und deshalb habe ich Ihnen vor einem halben Jahr so ausführlich geschrieben was ich in Wiesenberg gemacht habe, weil ich dort etwas ähnliches versucht habe. Es ist mit Ihnen bestimmt wie mit jemandem, der etwas wichtiges tun will dabei nervös wird, es dadurch verpatzt und je mehr er sich nun anstrengt, immer nervöser wird und sich immer mehr verwickelt. Die einzige Möglichkeit in einem solchen Fall ist, die Sache sein zu lassen und zu warten bis man ganz ruhig ist und dann von neuem anfangen. Zu warten, bis man sich beruhigt hat, das ist das wichtigste und wenn Sie dazu im Stand sind, wird gewiß alles übrige gehn. Aber dieses Warten können gerade in dieser Situation ist eben eine große Leistung; sie wird erleichtert durch die Einsicht, daß das vorläufige Sich=Abwenden von der Aufgabe auch einen unumgänglich nötigen Teil ihrer Erfüllung bildet, daß man daher durch diese Methode nicht etwa die Erfüllung aufschiebt, sondern im Gegenteil damit sofort beginnt, indem man mit dem ersten Stadium, dem Sich=Abwenden von der Aufgabe, beginnt. Das alles ist nicht etwa ein Dreh!

Vielleicht werden Sie darauf erwidern: Das alles hätte früher für mich einen Sinn gehabt, ist aber jetzt bereits sinnlos. Das kann aber keinesfalls richtig sein, denn Ihr jetziger Zustand, und wenn er vollständige Gleichgültigkeit, ja Apathie in moralischen Dingen <u>wäre</u>, (was er aber nach ihrem Brief durchaus nicht ist.) würde sich von dem angedeuteten Sich=Abwenden von der Aufgabe, wobei sie aber das bleibt was sie ist, (nur für später, nicht für jetzt) – vollkommen unterscheiden. Nur eines wundert mich: Sie schreiben: Ich weiß, daß es mir am Grundlegenden fehlt. Wie ist das möglich? Sie wissen doch daß es keinem einzigen Menschen am Grundlegenden fehlt, und daß es niemand so weit verlieren kann, daß er es nicht wiedergewinnen könnte. Wir haben einmal mit Fritz Zweig darüber gesprochen, und beide gesagt: Daß er so etwas von sich behaupten kann, das ist eben seine Krankheit, und so ist es auch jetzt bei Ihnen. Nehmen Sie mir mein Geschwefel über derartige Dinge nicht übel, ich wollte ich könnte Ihnen mehr geben. Erinnern Sie sich doch bitte oft an Zeiten wo es Ihnen besser gegangen ist, wenn diese Erinnerung vielleicht jetzt auch weh tut. Haben Sie dort gar niemandem der Sie gern hat oder der wenigstens etwas von Ihnen hält oder jemanden den Sie gern haben?

Es wird alles noch einmal ganz anders werden, glauben Sie es.

Herzlichst grüßt Sie
Ihr P. E.

75 AN PAUL ENGELMANN

7.2.21.

L. H. E.!

Ich bin jetzt nicht im Stande meinen Zustand brieflich zu analysieren. Ich glaube – nebenbei – nicht, daß Sie ihn ganz verstehen. Zu allem ist mein körperliches Befinden jetzt ziemlich schlecht und keine Hoffnung auf baldige Besserung. Ihr Kommen wäre mir in der nächsten Zeit nicht eigentlich erwünscht. Ich fürchte, wir könnten jetzt nichts Rechtes mit einander anfangen. Verschieben wir's bis zu den großen Ferien. (Wenn <u>Sie</u> dann Lust haben.) Vielleicht leben wir dann schon nicht mehr.

Ihr
Wittgenstein

76 VON PAUL ENGELMANN

Lieber Herr Wittgenstein!

Ihr letzter Brief hat mich traurig gemacht, und zwar sowohl wegen dessen, was ich Sie betreffend herauszulesen glaubte, als auch der Gedanken über mich selbst wegen, die er in mir hervorgerufen hat.

Trotzdem ich so lange nicht mit Ihnen gesprochen habe, hoffe ich doch, daß wir uns verständigen könnten. Vielleicht wäre es für uns beide gut, uns wieder einmal auszusprechen, für mich gewiß, und ich habe auch ein Bedürfnis danach; daher möchte ich, wenn es Ihnen recht ist, gleich zu Beginn der Sommerferien nach Wien kommen. Schreiben Sie mir bitte, wenn möglich, gleich darüber, und auch wie es Ihnen geht.

Ich muß Sie um Entschuldigung bitten, daß ich Ihnen noch immer nicht mitgeteilt habe, warum ich Ihnen damals bloß den 2. Band Frege schickte. Die Sache verhält sich so: Ich habe das Buch niemals besessen, und der Band, den ich Ihnen schickte gehört dem Heini Groag. Von diesem hatte ich mir den 1. Band schon vor langer Zeit ausgeborgt, und er ging, wie weiß ich nicht, verloren, so daß jetzt nur mehr der 2. da ist.

Ich bitte Sie nochmals, mir bald zu schreiben und grüße Sie herzlichst.

Ihr
Paul Engelmann.

Olmütz, 20. April 1921.

77 AN PAUL ENGELMANN

[25.IV.1921]

L. H. E.!

Heute nur wenige Zeilen, weil ich körperlich nicht gut beisammen bin. Es wäre vielleicht gut wenn wir uns wieder träfen, aber lieber nicht zu Beginn der großen Ferien, sondern am Ende, also etwa anfangs September. Es geht mir jetzt nicht so schlecht – innerlich – als damals als ich Ihnen zuletzt schrieb, wenn auch nicht wirklich gut; ja im Wesentlichen schlecht. Mehr kann ich jetzt nicht schreiben. Auf Wiedersehen im September! Bis dahin möge uns Gott helfen!

Ihr
L. Wittgenstein

78 VON PAUL ENGELMANN

Absender:
Paul Engelmann
Olmütz
Masarykpl. 6.

[Poststempel: Olomouc, 15. VI. 21]

Herrn
Ludwig Wittgenstein
Lehrer
Trattenbach
bei Kirchberg a / Wechsel
Nieder-Österreich

Lieber Herr Wittgenstein!

Wie geht es Ihnen? Ich würde mich sehr freuen wieder etwas von Ihnen zu hören;
bitte schreiben Sie einmal, wenn auch nur kurz! Mir geht es im ganzen nicht
schlecht. In den nächsten Tagen bekommen Sie ein Buch, es ist hier nicht zu haben,
deshalb wird es der Verlag bei dem ich es durch die Buchhandlung bestellt habe,
direkt an Sie schicken. Vielleicht macht es auf Sie auch so einen Eindruck wie auf
mich.

Herzliche Grüße von Ihrem
P. E.

79 AN PAUL ENGELMANN

5.8.21.   Skjolden i Sogn   Norwegen
bei Herrn Draegni

L. H. E.!

Nun bin ich wieder in Skjolden, wo ich schon vor dem Krieg ein Jahr lang war. Das
Buch, das Sie mir versprachen, habe ich nicht mehr bekommen (.Hätten Sie mir
wenigstens geschrieben, was es war). In den ersten Tagen des September komme
ich zurück und bleibe bis zum Schulanfang in Wien. Werden Sie zu dieser Zeit auch
nach Wien kommen? Das wäre sehr schön! Es hat sich gewiss viel Gesprächsstoff
angehäuft. Da fällt mir ein: Immer wieder schickt Ficker mir den »Brenner« zu
und immer wieder nehme ich mir vor, ihm zu schreiben, er soll es bleiben lassen,
weil ich den Brenner für einen Unsinn halte (eine christliche Zeitschrift ist eine

Schmockerei) — aber ich komme doch nie dazu, die Absage an Ficker zu schreiben weil ich zu einer längeren Erklärung nicht die Ruhe finde. Daraus sehen Sie übrigens, wie es mir geht.

Auf Wiedersehen

Ihr

Ludwig Wittgenstein

Arvid Sjögren der mit mir hier ist läßt Sie grüßen.

80 VON PAUL ENGELMANN

Herrn
Ludwig Wittgenstein
Lehrer
Wien
IV. Alleegasse 16.
23.VIII.21.

Lieber Herr Wittgenstein! Ich bin hier zum Sommeraufenthalt und es geht mir gut. Ihren Brief habe ich erhalten und mich sehr damit gefreut. Ich habe die Absicht etwa vom 7.-15. Sept. in Wien zu sein, vorausgesetzt, daß ich bis dahin einen Paß bekomme. Ich werde jedenfalls mein möglichstes tun. Herzl. Grüße, auf Wiedersehn! Ihr

Ing. [Leteiners ?]   Paul Engelmann

81 AN PAUL ENGELMANN

9.9.21.

L. H. E.!

Ihre Karte, die ich gestern erhielt, hat mich etwas geärgert. Wir können uns <u>natürlich nicht mehr</u> sehen, da ich schon am 13ten nach Trattenbach fahre. Sie hätten doch wissen müßen, daß Sie wegen einer Wohnung in Wien nicht Verhandlungen mit Bekannten führen brauchten, sondern bei meiner Mutter <u>jederzeit</u> hätten wohnen können! Und daß nicht viel Zeit zu verlieren war, da meine Schule Mitte September beginnt, hätten Sie Sich auch sagen können. Nun, wenn zu Weihnachten nicht wieder irgend welche überflüssige Dummheiten dazwischen kommen, so können wir uns vielleicht dann doch einmal sehen. Es tut mir leid, daß es nicht jetzt gegangen ist.

Ihr

Ludwig Wittgenstein

23.10.21.

L. H. E.! Ich möchte Ihnen gerne ein paar Worte schreiben, weil ich den König der dunklen Kammer jetzt gelesen habe. Das Stück hat auf mich keinen wirklich tiefen Eindruck gemacht, obwohl die Große Weisheit darin offensichtlich ist – oder vielleicht gerade deshalb. Es hat mich nicht erschüttert (vielleicht ist das aber doch meine Schuld.) Es kommt mir so vor, als käme alle diese Weisheit schon aus dem Eiskasten; ich würde mich nicht sehr darüber wundern, zu hören, daß er das alles zusammengelesen und gehört, (wie ja so viele bei uns die christliche Weisheit) aber nicht eigentlich selber gefühlt hat. Vielleicht aber verstehe ich seinen Ton nicht; aber mir scheint er nicht der Ton eines von der Wahrheit ergriffenen Menschen zu sein. (Wie etwa der Ton Ibsens.) Es ist aber auch möglich, daß hier die Übersetzung für mich eine Kluft läßt, die ich nicht überbrücken kann. Ich habe immer mit Interesse gelesen, aber ohne gepackt zu werden. Das scheint mir kein gutes Zeichen zu sein. Denn der Stoff war danach um mich zu packen. Oder bin ich schon so stumpf, daß mich nichts mehr angreift? – auch möglich. – Auch habe ich keinen Augenblick die Empfindung, daß hier ein Drama vor sich geht, sondern ich verstehe nur abstrakt die Allegorie. Schreiben Sie mir doch auch Ihre Gedanken. Sie werden ein wenig gescheiter ausfallen, als wie die meinen. Kein Wunder! — Hier ist alles beim Alten. Ich bin so dumm und so unanständig wie immer. Nichts rührt sich in mir, was auf eine bessere Zukunft hindeuten würde. Vielleicht müsste ich durch einen äußeren Hieb erst ganz zerschlagen werden, damit wieder Leben in diesen Leichnam kommt. Sein Sie bestens gegrüßt. Empfehlen Sie mich vielmals Ihrer lieben Frau Mama.

Ihr
Ludwig Wittgenstein

83 VON PAUL ENGELMANN

Lieber Herr Wittgenstein!

Ich habe Ihren lieben Brief bekommen und danke Ihnen sehr dafür.

Heute habe ich in Grillparzers Selbstbiographie gelesen und eine Stelle aus dem Evangelium gefunden: Dormitat puer et non mortuus est. Ich habe dabei an Sie gedacht. Auch Sie sind nicht tot!

Ich schreibe mit Bleistift, weil ich heute im Bett liege doch geht es mir so gut, wie seit Monaten nicht. –

Können Sie nicht eine Gelegenheit finden sich selbst zu überwinden, wenn es auch nur eine Kleinigkeit ist! Es gibt kein besseres Hilfsmittel. –

Wie schön wäre es wenn wir eine Zeitlang an einem Ort zusammen leben könnten! Sie würden mir sehr viel helfen, wie Sie mir schon so viel geholfen haben, und ich Ihnen vielleicht auch ein bischen.

Vielleicht kommt es noch einmal dazu.

Gott lebt und wird auch uns nicht vergessen!

Herzliche Grüße
Ihr
P. E.

2. Nov. 1921.

84 VON PAUL ENGELMANN AN HERMINE WITTGENSTEIN

Sehr geehrtes gnädiges Fräulein!

Ich bitte im Verzeihung, daß ich Ihren so freundlichen Brief nicht früher beantwortet habe. Doch war es diesmal nicht Faulheit, was mich vom Schreiben abgehalten hat; ich war vielmehr die ganze letzte Zeit über mit den verschiedensten Dingen beschäftigt, die mich sehr in Anspruch genommen haben. Leider wird bei alledem kaum etwas, der aufgewendeten Mühe entsprechendes, herauskommen. Es wäre mir daher auch unmöglich gewesen, zu der Zeit, wo Ihr Herr Bruder vermutlich in Wien war, hinzukommen. Ich hoffe aber, daß ich zu Ostern kommen kann und daß er dann in Wien sein wird.

Daß die Karlskirche als Endpunkt einer Straße gedacht war, ist nicht meine Entdeckung. Ich weiß das vielmehr aus einem Aufsatz von Loos in Nr 300 der »Fakkel«. Es heißt dort:

»..... die Idee Karls VI., der mit der Kirche einer großen, breiten Avenue, die sich vom Schottentor über den Josefsplatz nach der Wieden erstrecken sollte, einen Abschluß geben wollte. Der Bau der Ringstraße hat diese Idee vereitelt. Anlage und Stellung der Kirche, ihre – nicht durch den Grundriß gerechtfertigte – frontale Ausdehnung, die mit dem ernüchternden Innenraum im stärksten Gegensatze steht, zeigt uns deutlich, daß ein Straßenabschluß geschaffen werden sollte, zu dem das Gotteshaus nur als Vorwand diente.«

Auf jedem alten Plan von Wien (z.B. auf denen, die Ihr Herr Bruder Paul besitzt) läßt sich das Gesagte nachprüfen. Ich würde noch mehr über diesen Punkt schreiben, bin aber zu müde, es zu tun und will diesen Brief doch heute endlich absenden.

Ich bin, sehr verehrtes gnädiges Fräulein,

Ihr sehr ergebener

Paul Engelmann

Olmütz, 9. März 1922.

85 VON PAUL ENGELMANN

Lieber Herr Wittgenstein!

Sie werden es sich schon gedacht haben, daß der Grund meines langen Schweigens diesmal mein schlechtes Gewissen Ihnen gegenüber war. Nämlich Ihrer Arbeit wegen, die ich immer noch bei mir habe und auch in nächster Zeit noch nicht wegschicken kann, u. zw. aus folgenden Gründen: Das Exemplar, welches Sie mir gegeben haben, ist, soviel ich weiß, außer dem in England befindlichen das Einzige. Da ich weiß, wie Manuskripte behandelt werden, und daß es sehr wahrscheinlich ist, daß man es nicht mehr zurückbekommt, wenn man es einmal weggeschickt hat, wollte ich es vorher abschreiben lassen, da ich selbst es nicht abschreiben kann. Nachdem ich endlich jemanden gefunden hatte und endlich die Abschrift da war, war sie doch so fehlerhaft, daß ich jetzt schon seit 2 Monaten mit der Korrektur der Abschrift beschäftigt, und damit noch nicht fertig bin. Das kommt daher, daß ich beruflich ziemlich beschäftigt, und nachher meist sehr müde bin, so daß die Arbeit nur in kleinen Absätzen vorwärtsgeht. Ich weiß, daß trotz aller dieser Gründe, die keine Ausreden sind, meine Schlamperei usw., die trotzdem darin liegt, eine so wichtige Sache so hinzuziehn, nicht zu entschuldigen ist. Ich weiß wie wichtig Ihnen die Sache ist, und was Ihnen eine Verzögerung von einem Jahr bedeutet, und tröste mich nur halbwegs damit, daß für das Buch ein Jahr keine Rolle spielt. Ich kann Sie also, da die Sache nicht zu entschuldigen ist, gar nicht bitten, mir die Angelegenheit nicht übel zu nehmen.

Ich möchte Sie sehr gerne im Sommer sehn. Wann und wo wäre das möglich? Eine Fahrt nach Wien würde sich am leichtesten zwischen dem 15. August u. 15. September ausführen lassen.

Ich bin so weit erholt, daß wir doch wieder über verschiedenes sprechen könnten.

Wie geht es Ihnen? Bitte schreiben Sie mir darüber.

Über mich will ich nichts sagen. Ich glaube, daß einzige, was ich noch sagen könnte, ist: Ich bin sehr <u>gealtert</u>.

Herzliche Grüße,

schreiben Sie mir bitte bald.

Ihr

Paul Engelmann

Olmütz, 23. Juni 1922.

86 AN PAUL ENGELMANN

Herrn
Paul Engelmann
Masarykplatz 6
Olmütz
Olomouc
C.S.R.   Mähren

[Poststempel: 5.VIII.22]

L. H. E.! Sie hatten wahrhaftig gar keinen Grund zum schlechten Gewissen und ich habe natürlich auch nie daran gedacht. Die Arbeit ist bereits einmal gedruckt und zwar in den »Annalen der Naturphilosophie« von Ostwald (Heft 14). Diesen Druck betrachte ich aber als Raubdruck, er ist voller Fehlern! In den nächsten Wochen aber erscheint die Geschichte in London und zwar deutsch und Englisch. Wenn möglich werde ich Ihnen ein Exemplar schicken wenn es Ihnen Spaß macht. Es würde mich sehr freuen Sie im Sommer wiederzusehen und vieles zu besprechen. Die Zeit die Sie angeben ist mir sehr recht.

Ihr L. Wittgenstein

87 AN PAUL ENGELMANN

[Innsbruck] 10.8.22

L. H. E.!

Ich möchte Sie nur daran erinnern, daß wir ausgemacht haben, Sie würden mich im August in Wien besuchen. Vor einigen Tagen habe ich Ihnen ein Telegram geschickt, um Sie zu bitten, Sie möchten nicht vor dem 12. kommen, weil ich bis dahin nicht in Wien sein kann, da ich in Innsbruck eine Zusammenkunft mit meinem Bekannten Russell aus England habe, der eigens meinetwegen nach Innsbruck kommt, – so daß ich diese Sache nicht verschieben konnte.

Jetzt aber d.h. von morgen an – denn heute bin ich noch in Innsbruck – bleibe ich in Wien und stehe zu Ihrer Verfügung; hoffentlich machen Sie davon Gebrauch. Hier habe ich auch Ficker besucht der – um mich eines seiner Lieblingswörter zu bedienen – ein sehr fragwürdiger Mensch ist. D.h. Ich weiß wirklich nicht, wieviel an ihm echt und wieviel Charlatan ist. Aber, was geht das mich an! Also ich hoffe sehr, Sie im August zu sehen. Zu meiner großen Schande muß ich gestehen, daß die Zahl der Menschen mit denen ich reden kann sich immer mehr verringert. Mit Ihnen aber, glaube ich, hätte ich noch viel zu reden.

Ihr
Ludwig Wittgenstein

88 AN PAUL ENGELMANN

Herrn
Paul Engelmann
Olmütz
Masarykplatz 6
C.S.R.

[Poststempel: 17.VIII.1922]

Vielen Dank für Ihre Karte. Es ist mir sehr recht, wenn Sie zwischen dem 20ten und 25ten nach Wien kommen. Aber <u>tun</u> Sie's nur auch wirklich!!

Auf Wiedersehen
Ihr

L. Wittgenstein

89 AN PAUL ENGELMANN

Herrn
Paul Engelmann
Olmütz
Masarykplatz 6
C.S.R.

[Poststempel: 24.VIII.22]

L. H. E.!

Wenn Sie nach Wien kommen, wie ich noch immer hoffe, obwohl Sie es versprochen haben, so bitte kommen Sie vor dem 1./9., da ich dann auf die Hochreit fahre. Und oben könnte ich nichts von Ihnen haben. Sonst aber zwischen dem 8./9. und 13./9.; während dieser Tage werde ich wieder in Wien sein. Es ist schade daß man sich so wenig auf Sie verlassen kann, daß man trotz 100 Verabredungen immer gänzlich im ungewissen ist.

Ihr

L. Wittgenstein

90 AN PAUL ENGELMANN

14.9.22

Lieber Herr Engelmann!

Verzeihen Sie, daß ich Ihnen erst heute das Geld schicke. Es ist pure Schlamperei, daß Sie es noch nicht bekommen haben.

Ihr Aufenthalt in Wien war sehr angenehm für mich. Was wir damals von einer eventuellen Flucht nach Russland sprachen, das spukt noch immer in meinem Kopf herum: besonders nämlich darum weil ich vor ein paar Tagen in dem zukünftigen Ort meiner Lehrtätigkeit (Hassbach bei Neunkirchen N.Ö.) war und dort von meiner neuen Umgebung (Lehrer, Pfarrer etc) einen sehr unangenehmen Eindruck bekommen habe. Gott weiß, wie das werden wird!?! Es sind gar keine Menschen, nur ekelhafte Larven. Schreiben Sie mir bald dorthin, Ihre Gedanken, etc..

Seien Sie gegrüßt von

Ihrem alten

Ludwig Wittgenstein

91 VON PAUL ENGELMANN AN MARGARETHE STONBOROUGH

Sehr geehrte gnädige Frau!

Ein Mädchen, das mit 4 Kč aus der Krankenanstalt entlassen wurde, überall abgewiesen usw. usw., hat nachdem sie 2 Tage nichts gegessen hatte, ihr Kind ins Wasser geworfen. Sie wurde zum Tode verurteilt. Ich kann nicht alle Einzelheiten wiederholen. Zu der Zeit wo sie aus dem Krankenhaus kam, funktionierte der Hilfsapparat durch meine Schweinerei nicht.

Die Sache hat mir alles über den Haufen geworfen, ob zum Guten oder zum Bösen weiß ich noch nicht.

Das Mädchen hat noch ein zweites Kind, einen Buben von 2 Jahren, der in Müglitz in Pflege ist. Wenn sich niemand um ihn scheert, wird er wohl auch auf die Seite geschafft werden. Können Sie etwas für das Kind tun? Bitte antworten Sie mir bald.

Das Mädchen hat mir verziehn, nachdem ich ihr alles erklärt hatte. Können Sie sich das vorstellen?

Ich bin, sehr geehrte gn. Frau,

Ihr sehr ergebener

Paul Engelmann.

Olmütz, 29. Febr. 1924.

Bitte zeigen Sie diesen Brief auch Ihrem Frl. Schwester, die ihn dann Ihrem Herrn Bruder schicken soll. Ich bitte ihn mir zu schreiben.

92 VON PAUL ENGELMANN

Lieber Herr Wittgenstein!

Herzlichen Dank für Ihren lieben Brief. Warum <u>Sie</u> sich beschuldigen, verstehe ich nicht, aber darüber kann <u>ich</u> nicht reden. <u>Die</u> Schuld, die ich mir zugeschrieben habe, habe ich nicht; das heißt natürlich nicht, daß ich unschuldig bin. Aber eins weiß ich: die letzten Tage sind ein endgültig letzter Versuch, mir zu helfen, den ich nicht verdient habe. Wenn <u>das</u> nicht hilft, dann hilft mir gar nichts mehr.

Ich möchte Ihnen so gerne noch ein herzliches Wort schreiben, aber ich weiß nichts. Leben Sie wohl, denken Sie an mich, ich denke an Sie, und schreiben Sie mir, wenn Sie können.

Ihr

Paul Engelmann

Olmütz, 8. März 1924.

Durch große Worte lasse ich mich <u>nicht</u> erschrecken. Ich habe eigentlich Hoffnung, (wenn auch die Zweifel stärker sind) daß es mit mir doch noch nicht aus ist. Die ganze letzte Zeit war etwas Gutes!

Etwas Gutes fällt mir doch noch ein. Ich schreibe es Ihnen, es ist <u>bestimmt</u> keine Schmockerei, ich glaube, auch daß ich es aufschreibe ist keine.

In den ersten Tagen wie mir elend war habe auf einem Spaziergang auf dem ich mich vollkommen glücklich war Psalmen Refrain gesagt der auf deutsch heißt Danket dem Herrn denn er ist gut <u>denn</u> ewig währet seine Gnade

Das Aufschreiben ist doch eine. So glauben Sie mir, daß ich Ihnen etwas Gutes sagen <u>möchte</u> und nur nicht kann.

Diesen Brief habe ich 14 Tage in der Tasche herumgetragen, wie Sie daran sehn, daß er so schmutzig ist. Er ist aber teilweise zu einem <u>guten</u> Zweck so schmutzig geworden, also machen Sie sich bitte nichts draus! Was ich vor 14 Tage geschrieben habe, könnte ich heute nicht schreiben. Ich schicke es aber doch. Ich habe Ihnen sehr viel zu sagen. Vielleicht können Sie Samstag-Sonntag den 5.-6. April ohne zu große Schwierigkeiten in Wien sein? Wenn ja, dann teilen Sie mir es bitte gleich mit, ich möchte dann auch hin fahren. (wenn Ihnen das recht ist! wie ich hoffe.)

Herzlichste Grüße von Ihrem

Paul Engelmann

Olmütz, 25. März 1924.
Masarykpl. 6.

93 AN PAUL ENGELMANN

[nach dem 15. November 1924]

L. H. E.!

Hier schicke ich Ihnen die Zeitungsausschnitte, von denen ich Ihnen schon einmal erzählt habe. Ich habe sie wieder aufgefunden und war beim Lesen von neuem überrascht. Es geht mir jetzt aus verschiedenen äußeren Gründen – vielleicht auch aus inneren Gründen – besser als im Sommer. Heben Sie die Ausschnitte auf!

Ihr
L. Wittgenstein

94 VON PAUL ENGELMANN

Lieber Herr Wittgenstein!

Gestern ist die Marie Tögel freigesprochen worden. Ich schreibe es Ihnen, weil Sie sich meinetwegen darüber freuen werden.

Daß ich Ihnen so lange nicht geschrieben habe, werden Sie richtig verstanden haben. Es heißt: Mit mir ist nichts los. In Ihrem letzten Brief haben Sie mir deutlich gesagt, für wie unanständig Sie mich halten. Sie wissen, daß ich vollkommen Ihrer Meinung bin und Ihnen für diese Stelle besonders danke. Trotzdem war sie es, über die ich nicht weggekommen bin und die mich gehindert hat, Ihnen zu antworten. Denn ich hätte wahrheitsgemäß nur mit einer Selbstanklage antworten können, und Selbstanklagen werden, wenn man gar keine Konsequenzen aus ihnen zieht (wie ich es tue) mit der Zeit wertlos und ekelhaft.

Gestern bin ich seit langer Zeit wieder einmal seelisch unter einem Druck gestanden, und das ist bei mir die Vorbedingung für irgendwelche seelischen Regungen. Sonst fühle ich mich ohne diese ziemlich ungestört wohl.

Beruflich habe ich viel zu tun, arbeite aber ohne jede Lust. Ich will im Herbst oder im nächsten Frühjahr nach Palästina gehn, da das die einzige richtige Konsequenz meiner jetzigen Tätigkeit ist. Seelisch erwarte ich nichts davon. Es ist merkwürdig und traurig, <u>wie</u> fade das Salz der Erde geworden ist.

Schreiben Sie mir wenn möglich einmal, ich wäre Ihnen dafür dankbar.

Ihr
Paul Engelmann

Olmütz, 20.II.25.

95 AN PAUL ENGELMANN

24.2.25.

L. H. E.!

Vielen Dank für Ihren Brief. Ich habe manchmal an Sie gedacht, konnte mich aber nicht entschließen, Ihnen zu schreiben, da mir die Verbindung zwischen uns auf irgend eine Weise unterbrochen schien. Gewiß Sie sind nicht anständig, aber Sie sind doch noch <u>viel</u>, <u>viel</u> anständiger als ich. Von mir will ich nicht reden. —

Wohl fühle ich mich nicht: aber nicht weil mir meine Schweinerei zu schaffen machte, sondern innerhalb der Schweinerei. Ich leide sehr unter den Menschen, oder Unmenschen, mit welchen ich lebe, kurz alles wie immer! Daß sie nach Palästina gehen wollen ist das, was mir Ihren Brief erfreulich und hoffnungsvoll macht.

Das ist vielleicht richtig und kann eine seelische Wirkung haben. Vielleicht wollte ich mich ihnen anschließen. Würden Sie mich mitnehmen? Jedenfalls möchte ich ein langes Gespräch mit Ihnen haben. Ich muß über vieles sprechen, was mir <u>wichtig</u> ist und halte das <u>Reden</u> darüber selbst für <u>wichtig</u> und nicht für Geschwätz. Sie würden mir also einen Gefallen tun, wenn Sie, womöglich zu Ostern, nach Wien kämen. Über ernste Dinge ausführlich zu schreiben wäre natürlich Zeitvergeudung.

Seien Sie gegrüßt von Ihrem

Ludw Wittgenstein

Meine Adresse ist jetzt: Otterthal
Post Kirchberg am Wechsel Nieder-Österr.

96 AN PAUL ENGELMANN

[Poststempel: Lewes, 19.VIII.25]

L. H. E.!

Ich habe Ihnen nichts zu verzeihen. Was Sie mir gesagt haben, war zum größten Teil wahr (wenn auch vielleicht manches überflüssig war) und nur in unserem letzten Gespräch haben Sie mich nicht verstanden. Aber wie könnte ich verlangen, daß Sie mich verstehen, wenn ich mich selbst kaum verstehe! Es war gut, daß ich Sie getroffen habe: es hat mir einige gute Stunden verschafft. Ich bin jetzt in England bei Keynes aber noch ebenso unklar wie sonst. Ob ich Sie in Olmütz werde besuchen können, weiß ich nicht sicher. Ich werde noch darüber schreiben. Sie wissen wie viel mir unser Beisammensein gibt. Ich weiß daß Geistreichtum nicht das Gute ist und doch wollte ich jetzt, ich könnte in einem geistreichen Augenblick sterben.

Ihr

L Wittgenstein

Lieber Herr Wittgenstein! Herzlichen Dank für Ihren Brief. Sie haben keine Adresse angegeben, ich schreibe nach dem Ort, der auf dem Poststempel genannt ist, und hoffe, Sie bekommen den Brief. – Mein Zustand hat sich seit meiner Rückkehr aus Wien <u>wesentlich</u> gebessert. Ich glaube, nach verschiedenen Analogien, daß auch für Sie hinter der Wüste wieder Land ist, ich bin sogar davon überzeugt. Alles kommt nur darauf an, ob [wir] die Kraft haben, bis dorthin zu kommen. Ich hoffe es von ganzem Herzen.

Ich habe inzwischen Verschiedenes überlegt, um Ihnen [beim] Finden eines Berufes behilflich sein zu können. Heute habe ich mit Heini Groag darüber gesprochen, der wie Sie wissen, viel praktischer ist als ich. Er hat mir etwas gesagt, was meiner Meinung nach ausgezeichnet wäre. Der Beruf heißt Sollizitator, da Sie wahrscheinlich auch nicht wissen was das ist, muß ich hinzufügen, daß das ein Hilfsorgan in großen Advokaten-Kanzleien ist. Haupterfordernis: Gewissenhaftigkeit, die Sie haben. Sie müssten nur Maschinschreiben lernen, was in einigen Tagen erlernt ist. Der Sollizitator macht Eintragungen, Einkassierungen setzt bei Gericht die Zeit der Tagsatzungen für den Advokaten usw. Heini Groag glaubt, daß er Ihnen in Brünn eine solche Stelle würde verschaffen können. Bezahlung wäre im ersten Jahre etwa Kč 500, im zweiten Kč 1000 monatlich. Da man in Brünn bei bescheidenem Leben 800 Kč braucht, so bliebe für das erste Jahr eine Differenz von 300 Kč monatlich. Sie könnten nun, wie er meint, <u>leicht</u>, eine tägliche englische Stunde bekommen, da Sie ja vollkommen Englisch können. Damit ließe sich der fehlende Betrag verdienen. Ich glaube die Sache ist zu machen. Bitte schreiben Sie mir, was Sie davon halten.

Ich habe mich inzwischen bei H. G. erkundigt, ob Ihre Unkenntnis des Čechischen kein Hindernis ist. Er meint, daß Sie trotzdem eine solche Stelle bekommen könnten, aber im Laufe der Zeit čechisch lernen müssten.

Ich hoffe, daß ich Heini Groag, was meine Vermutung bezüglich seiner Motive in der Militärsache betrifft, Unrecht getan habe. Ich habe jetzt den Eindruck, daß er aus anständigen Motiven handelt.

Ich möchte Sie <u>sehr gerne</u> bei Ihrer Rückkunft sprechen. Ich glaube, daß es jetzt mehr Zweck hätte als in Wien. Ich habe vor einigen Tagen von Ihrer Schwester Frau Stonborough eine Einladung bekommen, sie vom 2. bis 10. September in Gmunden zu besuchen. Ich habe mit großer Freude zugesagt; ich war der Meinung daß Ihre Schwester wegen Nichtbeantworten von Briefen usw. auf mich böse ist, daß ist nicht der Fall. Ich will nach dem 10. noch auf einen Tag nach Gastein fahren und meinen Onkel dort besuchen. Liesse es sich für Sie nicht bequem machen, daß wir uns vor oder nachher irgendwo treffen, oder daß Sie nach Olmütz kommen? Selbstverständlich kann ich auch meinen Aufenthalt in Gmunden abkürzen, wenn Sie nur in diesen Tagen nach Olmütz kommen, oder mich sonst treffen können.

Bitte schreiben Sie mir sobald Sie etwas beschlossen haben.

Herzlichste Grüße und Wünsche von

Ihrem
Paul Engelmann

Olmütz, 23. August 1925.

Meine Mutter wollte dranschreiben, hat aber jetzt keine Zeit. Ich sende den Brief schon ab, damit er Sie womöglich noch in England erreicht. Meine Mutter schreibt Ihnen selbst, um Sie einzuladen.

Von Ihren Gedanken über ägyptische Architektur angeregt, habe ich seit langem wieder Lust zu moderner Architektur. Ich habe Verschiedenes gezeichnet und möchte es Ihnen gern zeigen.

98 VON PAUL ENGELMANN

Lieber Herr Wittgenstein!

Haben Sie meinen nach England gerichteten Brief erhalten?
Zu Ihrer Schwester fahre ich jetzt nicht, da sie mir mitteilt, daß sie krank ist. – Ich würde sehr gerne wissen, wie Sie Sich wegen Ihres Berufes entschlossen haben. Ich bin jetzt für einige Tage bei Bekannten zu Besuch. In den nächsten Tagen fahre ich nach Hause und will dann noch am 19. Sept. mit einem Bekannten für 14 Tage wegfahren. Können Sie nicht in der Zwischenzeit nach Olmütz kommen? Meine Mutter und ich würden uns sehr freuen.

Herzliche Grüße von

Ihrem

Paul Engelmann

Sternberg, 4. Sept. 1925.
Bitte schreiben Sie mir nach Olmütz.

99 AN PAUL ENGELMANN

[Poststempel: Otterthal, 9. September 1925]
L. H. E.!

Besten Dank für beide Briefe, die ich heute hier erhielt. Sie sehen daraus daß ich es noch einmal versuche. Es war mir unmöglich noch nach Olmütz zu kommen, so gerne ich es getan hätte. Praktischen Wert hätte es übrigens bestimmt keinen gehabt. Im Notfalle werde ich wahrscheinlich nach England gehen. Ich kann jetzt nicht mehr schreiben, weil ich in den wichtigsten Dingen noch unentschlossen bin.

Ihr
Wittgenstein

Lieber Herr Wittgenstein!

Heute erst danke ich Ihnen für Ihren letzten Brief und sende Ihnen viele herzliche Grüße.

In letzter Zeit regt sich bei mir wieder etwas. Heute habe ich einen Zustand, den ich seit vielleicht 10 Jahren nicht mehr gekannt habe, nämlich ein leidenschaftliches Denken. Wenn ich sonst in den letzten Jahren einen erregten Moment hatte, so fühlte ich immer eine Forderung, deren Erfüllung der einzige Ausweg aus meiner Situation war. Der Gedanke, daß ich durch Denken vom Fleck kommen könnte, wäre mir unsinnig erschienen. Das Denken war mir eine Art Bauen, bei dem ich aber immer im Vorhinein wußte, daß das Resultat wie immer es auch ausfallen möge, nichts an dem ändern könnte, was ich schon vorher gewußt hatte. In den letzten 2 Jahren habe ich fast keine Forderung mehr gespürt, aber auch fast nie gedacht. Heute ist es mir so erschienen, als ob ich jetzt in einer Situation wäre, wo nur Denken weiterhelfen könnte.

Ich habe mit einem Bekannten gesprochen, wir haben uns aber nicht verständigen können. Ich glaube, daß ich heute mich mit Ihnen hätte verständigen können, vielleicht besser als jemals während ich sonst das Gefühl habe, daß ich das jetzt nie könnte. -

Ich war Anfang November 3 Tage bei Ihrer Schwester Stonborough in Gmunden. Sie beabsichtigt, in Wien ein Stadthaus zu bauen. Wir haben viel darüber gesprochen, ob das heute möglich ist. Ich glaube eher nein als ja, würde aber, wenn ich den Auftrag bekäme, mich trauen den Versuch zu machen. Sehr gern würde ich mit Ihnen über diese Sache und anderes, mir wichtigeres, sprechen.

Ich will aber nichts für Weihnachten verabreden, da ich ja nicht weiß, in welchem Zustand ich bis dahin bin. Ein Zusammensein wie unser letztes möchte ich unter allen Umständen vermeiden.

Ich nehme an, daß Sie auf alle Fälle zu Weihnachten nach Wien kommen wollen. Wenn ich bis dahin in guter Verfassung bin und es Ihnen recht ist, werde ich Ihnen rechtzeitig schreiben, daß ich vom 27. Dez. – Neujahr in Wien sein werde.

Bis dahin herzliche Grüße und aufrichtigste
Wünsche von

Ihrem

Paul Engelmann

Olmütz, 27. Nov. 1925.

101 AN PAUL ENGELMANN

[nach dem 27.11.1925]

L. H. E.!

Ich werde mich freuen sie zu Weihnachten in Wien zu sehen. Der Bau eines Wohn-
hauses würde mich auch sehr interessieren. Ich bleibe vom 24./12 bis zum 2./1. in
Wien.

Ihr

L. Wittgenstein

Ich hätte auch allerlei Persönliches zu besprechen. Ob wir uns diesmal verständigen
können, wird sich ja zeigen.

102 VON PAUL ENGELMANN

Herrn Ludwig Wittgenstein
im Erholungsheim der
Barmherzigen Brüder
Wien
XIII. Linzerstr. 466

Lieber Herr Wittgenstein!

Ich bin für 3 Tage nach Gmunden gefahren, warum, werde ich Ihnen mündlich
erklären. Ich kann Sie also Donnerstag nicht abholen.
Samstag will ich wieder in Wien sein und hoffe Sie dann zu sehn.

Herzliche Grüße von

Ihrem

P. E.

Gmunden, 13. Mai 1926.

103 VON PAUL ENGELMANN

Lieber Herr Wittgenstein!

Für den Fall meines plötzlichen Todes bitte ich Sie, die beifolgenden Papiere, die
mir wichtig sind, zu übernehmen. Ich traue nur Ihnen ein Urteil darüber zu, wie
weit ihre Veröffentlichung nützlich oder schädlich oder gefährlich ist. Sollten Sie
richtig finden, etwas davon zu veröffentlichen, so tun Sie es bitte, ebenso wenn Sie
glauben, daß etwas oder alles zu vernichten ist.

Keinesfalls habe ich den Wunsch »mich zu verewigen«, und ich möchte nicht, daß etwas deswegen veröffentlicht wird. Sondern nur, wenn es Ihnen so gut und nützlich scheint.

Ich hoffe, Sie haben mir alles, was jemals zwischen uns war, verziehen, wie ich Ihnen, aufrichtig.

Ich danke Ihnen für alles Gute!

Ihr
Paul Engelmann

Olmütz, 19. Dez. 1928

104 VON PAUL ENGELMANN

Lieber Herr Wittgenstein!

Herzlichen Dank für Ihren und für die Rücksendung meines Briefes. Ich war überzeugt, daß Sie das Richtige treffen würden. Ich konnte meinen Brief Ihrer Nichte jetzt nicht mehr schicken, sondern habe einen andern geschrieben, in dem ich ihr die ganze Sache auseinandergesetzt habe, und hebe den ersten Brief auf.

In der Sache Paters ärgere ich mich dauernd über mich und mein Verhalten, das eigentlich eine Geschwätzigkeit war. Um so peinlicher, als es in einer Zeit passiert ist, in der ich sonst relativ ernst bin. Ich war eigentlich erstaunt, zu sehn, <u>wie</u> sehr Pater verletzt war, und ich glaube, nicht <u>nur</u> aus Eitelkeit. Sein Benehmen hat eher einen guten Eindruck gemacht. Wenn es Ihnen möglich ist, sich über den (wahrscheinlich dummen) Brief, den er Ihnen schreiben wollte, hinwegzusetzen, und wenn Sie ihm Ihren Standpunkt erklären wollten, würden Sie ihm wahrscheinlich einen Dienst damit leisten.

Mein Bruder war bis vor einigen Tagen hier. Er tut mir sehr leid. Er muß, bei seiner verdrehten inneren Situation, wenn er überhaupt existieren und sich erhalten will[+], eine Haltung einnehmen, die ihm den Zugang zu allem Besseren und Vernünftigen versperrt.

Vielen Dank und herzliche Grüße von
Ihrem
Paul Engelmann

Olmütz, 3.IX.30

[+] Daß er dann noch freiwillig ein Übriges tut und mehr Unsinn begeht, als zu seiner Erhaltung nötig wäre, ist auch verständlich.

105 VON PAUL ENGELMANN AN HERMINE WITTGENSTEIN

Sehr geehrtes gnädiges Fräulein!

Die Ansichten der Zimmer in der Kundmanngasse haben mir eine unglaubliche Freude gemacht und ich danken Ihnen <u>sehr</u> dafür. Sie sind als Bilder ganz außerordentlich schön. Das ist <u>Ihre</u> Leistung. Daneben ist auch die Leistung Ihrer Schwester und Ihres Bruders zu sehn. Trotzdem ich also an diesen Bildern gar keinen Anteil habe, befriedigt mich doch der Gedanke mit der Entstehung so schöner Dinge irgend etwas zu tun gehabt zu haben. Leider mehr negativ als positiv: Ich wollte damals etwas anderes, eigenes. Jetzt, wo die Arbeit Ihres Bruders hier in endgültiger Form zu sehn ist, ist erst sichtbar, um wieviel dieses Eigene hinter diesem, damals von mir nur wenig verstandenen Besseren zurückgeblieben wäre. Leider wird man immer erst später gescheit, und so habe ich damals eher als Hindernis als als Förderung gewirkt. Immerhin war ich dabei, wenn das auch etwas ist.

Über mich möchte ich lieber nichts berichten. Ich bin sehr zufrieden daß es mir bisher gelungen ist, das Erforderliche für meine Familie und mich zu beschaffen, und daß auch für die nächste Zeit die Aussicht dafür besteht. Allerdings erfordert das unausgesetzt angestrengte Aufmerksamkeit, und ein freier Kopf für irgendetwas anderes außer dem Geschäftlichen und Beruflichen ist nicht zu erreichen. Dabei schraubt man ständig die Anforderungen, die man selbst an sein moralisches usw. Minimum stellt, herunter, um sich den von außen her gestellten Forderungen mehr und mehr anzupassen und nicht in dem allgemeinen Wettrennen bei jede[m] Schritt über die eigenen Anforderungen zu stolpern, die doch von allen andern nur als Sonderling-Launen empfunden werden.

In einer solchen Verfassung ist man nicht sehr geneigt, mit Menschen, die einen in einem bessern Zustand gekannt haben, in Verbindung zu sein, und das ist der Grund, warum ich, so gern ich auch manchmal möchte, dann doch wieder lieber nicht schreibe.

Sehr gern würde ich meinen früheren Plan einmal ausführen und Ihnen etwas aus meinen alten Skizzen-Mappen zusammenstellen, weil Ihnen diese Sachen gefallen und weil ich für Ihre jetzige Sendung danken möchte.

Kann ich eines der Originale, das ich im Herbst nicht mehr abholen konnte, auch noch haben? Trotzdem Sie es noch für verbesserungsbedürftig halten, wird es so wie es ist sehr gut sein.

Ich danken Ihnen sehr und bin Ihr

sehr ergebener
Paul Engelmann

Olmütz, 9. I. 32

Tel Aviv, 4.VI.37

Lieber Herr Wittgenstein!

Ich habe heute endlich einen günstigen Moment benützt, das Kuvert Ihres seit vielen Monaten in meinem Besitz befindlichen Briefes erbrochen und den Brief gelesen.
Ich vermute, daß, wenn Sie in mein Inneres sehen könnten, Sie mich kaum unter den Menschen genannt hätten, an die Sie Ihr Geständnis gerichtet haben. Diese sind in Ihren Augen gewiß durchaus mit Fehlern behaftete Menschen, die aber alle nicht aufgehört haben, nach dem Guten zu streben.⁺ Ich glaube nicht, daß man das von mir auch sagen kann.
Der Unterschied zwischen Ihnen und mir wird vielleicht dadurch am besten gekennzeichnet, daß ich sage: Während es Ihnen unendlich schwer gewesen ist, dieses Geständnis abzulegen, würde es mir, nach einiger Überwindung, relativ leicht fallen, ein ähnliches über meine (wie ich glaube, weit ärgeren) verborgen gehaltenen seelischen Stellen abzulegen. Daraus folgt, daß bei Ihnen ein reiner und dem Guten offener seelischer Bezirk gewahrt geblieben ist, daß Sie also, in einem hohen und reinen Sinn, noch eine <u>Ehre</u> haben, die durch die Ablegung dieses Geständnisses und durch die nun zu befürchtende Herabwürdigung Ihres Bildes bei Ihren Freunden schmerzlich verletzt wird – während das bei mir nur in viel, viel geringerem Maße der Fall wäre!
Am besten verstehen Sie meine Situation vielleicht, wenn ich Ihnen sage, daß ich seit Jahren nur noch für andere, nicht mehr aber für mich beten kann. Was meine eigene Seele betrifft, so hoffe ich nichts mehr und wünsche nichts mehr.⁺⁾ Ich möchte noch möglichst lange ruhig, friedlich und von außen ungestört leben, da ich das Leben selbst, ohne jeden äußeren Reiz, mit großer Lust auskoste. Aber ich möchte danach verschwinden und vergessen werden. So traurig das ist, so ist es. Ob Sie aber einem so beschaffenen Menschen Ihr Geständnis gemacht hätten, ist sehr fraglich. Nachdem ich es aber einmal gelesen habe, muß ich Ihnen das Folgende sagen:
Ich glaube die ganze Tragweite Ihrer Selbstbeschuldigungen zu verstehen. Ich bin weit davon entfernt, das Böse als etwas anderes anzusehn als das Böse oder es auch nur in seiner Bedeutung zu verkleinern.
Sie sind der geistig bedeutendste Mensch, dem ich begegnet bin. Und ebenso habe ich bei Ihnen eine Stärke des <u>Strebens</u> nach seelischer Reinheit getroffen wie bei keinem andern mir persönlich bekannten Menschen. Und nun muß ich Ihnen sagen: Die von mir ganz verstandenen Beschuldigungen haben das Bild des moralischen Wesens, das ich seit jeher von Ihnen hatte, zwar in einigen, aber, wie ich glaube, nicht in den wesentlichen Punkten verschoben. Im ganzen doch ähnlich wie Sie sich hier schildern, habe ich Sie mir immer vorgestellt. Das Böse wird dadurch nicht weniger Böse, das Häßliche nicht schöner, aber seien wir uns klar darüber: So sehen wir aus.

Für den Fall, daß Sie auch, nachdem Sie diesen meinen Brief gelesen haben, Ihre Bitte, Ihnen zu verzeihen, an mich wiederholen, antworte ich Ihnen: Ich verzeihe Ihnen aus tiefstem Herzen. Verzeihen auch Sie mir und beten Sie für mich.

Ihr

Paul Engelmann

Ihren Brief sende ich gleichzeitig an Ihre Schwester Hermine zurück. Ich habe von Ihrer Erlaubnis weiteren Personen von seinem Inhalt Kenntnis zu geben keinen Gebrauch gemacht.

+). In vollem Umfang ist das gewiß nicht wahr. Aber es ist eigentlich doch diese Haltung die Grundlage meines Verhaltens.

107 AN PAUL ENGELMANN

Trinity College
Cambridge
21.6.37.

Lieber Herr Engelmann!

Danke für Ihren gütigen Brief. Mein fundamentaler Eindruck von Ihrer Person, kann sich durch das, was Sie sagen nicht ändern & keine Einsicht in Ihr Wesen könnte bewirken, daß es mich gereut Ihnen das Geständnis geschickt zu haben. Ich wollte, wie ich vor kurzem in Wien war, Ihrem Bruder die Sache mündlich erzählen (d. i. den Inhalt jenes Schreibens) bin aber nicht dazugekommen. Aus irgend einem Grund fühle ich ein Widerstreben, ihm den Brief schicken zu lassen, obwohl sein Inhalt für ihn natürlich kein Geheimnis sein soll. Ich habe ihn (Ihren Bruder) gesehen & ihm von dem Brief erzählt & gesagt ich würde ihn wieder besuchen & ihm den Inhalt des Briefes mitteilen, habe es aber dann hinausgeschoben & bin nicht mehr dazugekommen. Vielleicht war es ein Freudisches Hinausschieben. Ich bin jetzt auf kurze Zeit in England; fahre vielleicht nach Russland. Gott weiß, was aus mir werden wird. Ich denke mit guten Gefühlen an Sie. Möge es Ihnen irgendwie gut gehen!!! Danke für alles was Sie in Ihrem Brief geschrieben haben!

Ihr

Ludwig Wittgenstein

Ich schicke dies nach Wien, damit es weiter befördert wird.

PAUL ENGELMANN:

ERINNERUNGEN AN LUDWIG WITTGENSTEIN

I. Wittgenstein in Olmütz

1

Eine Beschreibung der Umgebung, in welcher Wittgenstein im Jahre 1916 einige Monate gelebt hat, scheint mir nicht etwa darum wichtig, weil es ja für ihn selbst eine besondere Bedeutung gehabt hätte, ob er hier oder dort, ob er so oder anderswie wohne. Das gilt natürlich nicht von seiner früheren entscheidenden Arbeitsperiode in Norwegen. Aber später war es ihm, wie ich genau weiß, im allgemeinen gleichgültig, ob er in diesen oder jenen Umständen der äußeren Umgebung, und seien es selbst die primitivsten und gesellschaftlich niedrigsten, sich aufhalte; anderseits war er übertrieben empfindlich und abhängig von der Art der Menschen, mit denen er gerade zusammenkam. Und die hier folgenden Andeutungen über die Stadt, in der er damals lebte, und über ihre besondere Eigenart helfen vielleicht dazu, daß man sich die ein bißchen sonderbare Umgebung vergegenwärtige, welche er im Hause meiner Eltern und in meinem engeren Bekanntenkreis vorfand, eine Umgebung, die ihm nicht nur erträglich war, sondern in der er sich in seiner damaligen Verfassung sogar recht wohl fühlte.

Meine Vaterstadt Olmütz in Mähren war eine Stadt mit einer in ihren Bauten noch erkennbaren kulturellen Vergangenheit. Sie war anders als die anderen Städte in ihrer Umgebung. Sie war zu meiner Zeit noch eine wunderschöne Ruine vergangener Zeiten im Flachland des 20. Jahrhunderts. Wer seine Kindheit zwischen den vernachlässigten Bürgerhäusern rund um zwei riesige Marktplätze oder in einem der in einer ehemaligen Festung mit äußerstem Platzmangel aneinander gedrängten krummen Gäßchen verbracht hat, in Häusern mit gewölbten dunklen Stiegenaufgängen, Wohnungen von wenigen riesigen finsteren Zimmern mit ganz schadhaften Fußböden von lackierten Brettern, bewohnt von den letzten Ausläufern absterbender alter Kleinbürgerfamilien, der hat doch noch eine gewisse Musikalität für das einmal Gewesene mitbekommen, die anderswo Aufgewachsenen so unmittelbar nicht mehr erreichbar sein konnte.[1]

2

Zum Verständnis der damaligen, gleichfalls etwas ungewöhnlichen Verhältnisse im Hause meiner Eltern muß ich erzählen, daß mein Vater ein Kaufmann war, der vor Jahren einen geschäftlichen Schiffbruch erlitten und seither als Vertreter von Versicherungsgesellschaften seiner Familie eine bescheidene, aber ganz auskömmliche

---

1 Vgl.: »Ich vermute, daß alle, oder die meisten Menschen, die in einer geistig gesunkenen Gegenwart etwas zustandegebracht haben, in Städten mit einer noch erkennbaren kulturellen Vergangenheit aufgewachsen sind. Wenn ich also hier andeuten will, wie ein Mensch beschaffen war, bei dem W. in einer gewissen besonders wichtigen Epoche seines Denkens ausnahmsweise Verständnis für seine damals noch allgemein ganz unverständlichen Gedanken vermuten konnte, so kann für den Leser ein kurzer Hinweis auf meine Vaterstadt Olmütz aufschlußreicher sein als ein solcher auf meine Person oder Familie.« (JNUL, Dossier 233)

Existenz geschaffen hatte. Die späteren Verhältnisse der Familie waren natürlich viel bescheidener als ihre früheren. Weit wichtiger aber war es, daß mein Vater selbst, und noch mehr meine Mutter, sich in ihrer bürgerlichen Umgebung dauernd als deklassiert empfanden, und zwar in weit höherem Maß, als es den Tatsachen entsprach. Besonders meine Mutter hat unter diesen Umständen zeitlebens ganz ungewöhnlich gelitten; sie war die Tochter eines damals seit langem verstorbenen, wegen seiner menschlichen und geistigen Qualitäten hochangesehenen Arztes, und über den Umstand, daß Familien, die sie als Emporkömmlinge ansah, inzwischen in der kleinstädtischen Gesellschaft allein den Ton angaben, konnte sie nicht hinwegkommen. Umsomehr als in dieser Gesellschaftsschichte wirklich das Geld und vor allem die allein durch den Besitz und den geschäftlichen Erfolg bestimmte Rangordnung für die Bewertung eines Menschen ausschlaggebend waren. Meiner Mutter und ihrer herzlichen Art war es zu verdanken, daß Gäste sich bei uns ganz ungewöhnlich wohl fühlten; sie litt sehr darunter, daß sie es nicht so gut geben konnte, wie sie es wollte, so daß das, was sie in dieser Hinsicht bot, tatsächlich oft, und wohl auch im ganzen, über unsere Verhältnisse ging.

Meine Eltern waren wirklich kultivierte Leute, zwar ohne akademische Bildung, aber mit einem literarisch weit über ihre Kreise hinausgehenden guten, nämlich menschlichen Urteilsvermögen. (So war mein Vater, der als junger Kaufmannslehrling im Hause reicher Verwandter hatte Schauspieler werden wollen, ein begeisterter Leser des damals in den 70er und 80er Jahren noch ziemlich unbekannten und nirgends nach seiner Bedeutung gewürdigten Gottfried Keller.)

Umsomehr sonderten sich meine Eltern von der parvenühaften Kleinstadtgesellschaft ab, die mit ihrer in solchen Fällen üblichen höflichen Süffisance auf die ärmliche, ihnen aber anmaßend erscheinende Isolierung herabsah.

Die wenigen mit mir befreundeten und bei uns verkehrenden jungen Leute verehrten meine Mutter, die bei unseren abendlichen Zusammenkünften als eine meist nur zuhörende, aber wirklich höchst verständnisvolle Teilnehmerin dabei war, wobei aber alle empfanden, daß sie es war, welcher die ungewöhnliche Behaglichkeit und Wärme dieser Abende zu verdanken war; eben das, was bei Wittgenstein, der ja überall, außer in seinem Wiener Familienkreis, sich so vereinsamt fühlte wie in einer Wüste, und der es natürlich in Olmütz auch gewesen wäre, übermäßige Gefühle der Dankbarkeit erweckte. Unsere Freunde nannten unsere Wohnung mit gutmütiger Selbstironie, aber nicht etwa hinter unserem Rücken, das »Palais am Mauritzplatz«. Der Mauritzplatz lag im Stadtzentrum, unsere Wohnung aber in einem Hinterhause und sah nach der herrlichen uralten Mauritzkirche hinaus; eine Gegend, in der aber keine angesehene Familie wohnte.

Natürlich war das zunächst Auffällige an der Tatsache, daß Wittgenstein »ausgerechnet« diesen Kreis zum Verkehr gewählt hatte, der Umstand, daß er ein junger Mann aus einer großen Wiener Millionärfamilie war. So wenig beachtet die Sache im allgemeinen wurde, so bleibt doch in der Kleinstadt derartiges nicht unbekannt, und die Leute konnten sich nach ihren üblichen Begriffen keinen Reim darauf machen.

Ich will zunächst von meiner ersten Begegnung mit Wittgenstein erzählen.
Eines Nachmittags sagte mir das Mädchen, es sei ein Herr da, der mich sprechen wolle. Ich ging in das Hinterzimmer, ein sogenanntes »Berliner Zimmer«, das,
in einem Winkel der Wohnung gelegen, nur durch ein schmales Fenster vom Hof
her Licht erhielt, wo wir am Abend mit unseren Freunden zusammensaßen. Die
Nachmittagssonne beleuchtete einen jungen Mann in Uniform. Er war damals am
Ende seiner Zwanzigerjahre, sah aber viel jünger aus. Die Uniform war der »Waf-
fenrock«, d.h. die Salontracht eines Artilleristen, die wie die damaligen österreichischen Uniformen von ganz besonderer klassischer Schönheit war: schokoladebraun
mit hohem, zinnoberrotem Stehkragen und ebensolchen Manschetten.
Wittgenstein brachte mir Grüße von meinem damaligen Lehrer, dem bekannten und bedeutenden Wiener Architekten Adolf Loos. Er hatte ihn kurz vorher, ich
glaube auf Empfehlung des Innsbrucker Herausgebers des Brenner, Ludwig von
Ficker, kennengelernt, und Loos hörte von ihm, er werde für einige Zeit zu seiner
militärischen Ausbildung nach Olmütz gehen; ich selbst hatte damals meinen Wiener Aufenthalt und den Besuch von Loosens Bauschule durch einen langdauernden
Krankenurlaub unterbrechen müssen, den ich zu Hause in Olmütz verbrachte; Loos
wies ihn an mich und gab ihm Grüße für mich mit.
Ein Gesicht – außer dem ausdruckslosesten und vollkommen nichtssagenden
– mit Worten so zu beschreiben, daß ein phantasiebegabter Mensch, der es nie gesehen hat, sich bei einer solchen Beschreibung möglicherweise etwas Richtiges vorstellen kann, das ist noch kaum jemandem gelungen. Aus diesen Gründen versuche
ich nicht etwa eine Schilderung von Wittgensteins Aussehen zur Zeit seines Aufenthaltes in Olmütz zu geben, abgesehen von dem wenigen, was ich über seinen ersten
Besuch bereits gesagt habe.[2]

Die häufigeren Teilnehmer unserer abendlichen Zusammenkünfte waren (da mein
Vater abends seinen Stammtisch im Kaffeehaus besuchte und sich nur selten beteiligte) außer meiner Mutter, Wittgenstein und mir nur drei Freunde:
Der Musikstudent Fritz Zweig, der damals gleichfalls eine Artillerie-Ausbildung
durchmachte; ein ganz außerordentlicher Pianist, der Wittgenstein während dessen späteren Urlauben in Olmütz häufig die große Freude und Erbauung herrlicher Klavier- und Orgeldarbietungen verschaffte. Er wurde später, unter anderm,
Erster Kapellmeister an der Berliner Staatsoper und konnte, wie auch andere

---

2 Vgl. Engelmann, JNUL, Dossier 232: »Wir verabschiedeten uns mit der üblichen Aufforderung
meinerseits, uns bald wieder zu besuchen, und mich hätte, wie schon gesagt, eine Fortsetzung
der Bekanntschaft interessiert; ich war aber im Zweifel, ob das auch bei ihm der Fall sei, doch
kam er bald wieder. Schon die ersten folgenden Gespräche mit ihm liessen mich <natürlich>
erkennen, daß es sich wirklich um einen ganz außergewöhnlichen Menschen handle. Doch
davon später.«

begabte Kapellmeister, aber mit ganz besonderer Meisterschaft, Opern und Oratorien mit angedeutetem eigenem Gesang und orchesterartig betontem Klavierspiel aufs lebendigste vorführen; wir genossen dadurch vor allem Mozart, Schumann, Schubert und Brahms (und ich selbst, der ich kein Instrument spiele, verdanke diesen jahrelang genossenen Vorführungen eine für einen Laien relativ umfassende Kenntnis der klassischen Musikliteratur). In unseren Gesprächen gab es immer wieder Verfluchungen des Musik- und Kulturzerstörers Richard Wagner, der damals noch der unangreifbare Musikpapst war. Wittgenstein fluchte nicht, hatte aber auch nicht viel dagegen. Das Höchste waren Fritz Zweigs Wiedergaben von Bach'schen Orgelwerken (in der zur Zeit seines Orgelspiels leeren Synagoge). Auch die regelmäßigen Quartettabende in Zweigs Elternhaus (an denen auch der später bekannt gewordene Geiger der Wiener Philharmoniker namens Gräser mitwirkte) besuchte Wittgenstein, so oft er in Olmütz war, mit großem Genuß.

Max Zweig, ein Cousin von Fritz Zweig, mein Klassengenosse im Gymnasium, der in Wien Jus studierte und damals in einem Militärspital Bürodienst machte, ist dramatischer Dichter. Er widmete sich nach dem Abschluß seines von seinem Vater erzwungenen Studiums ganz seiner Kunstübung und schrieb in den folgenden Jahren eine Reihe von Dramen, von denen eines, das Franziskus von Assisi zum Thema hat,[3] unter anderm auch im Wiener Burgtheater gespielt wurde. – Die Art, wie sich Max Zweig in völliger Ausschließlichkeit und Hintansetzung aller andern Gesichtspunkte, unter Verzicht auf Karriere und materielle Vorteile, die ihm zugänglich gewesen wären, beharrlich seinem künstlerischen Beruf widmete, machte auch auf Wittgenstein, der in diesem Punkt sehr kritisch war, Eindruck. Max Zweig stand später unter dem Einfluß des bedeutenden Literatur- und Kulturtheoretikers Paul Ernst und von dessen in einer chaotischen Zeit richtunggebenden Theorien über die strengen Kunstformen von Drama und Novelle.

Der dritte Teilnehmer war eigentlich das am stärksten belebende Element in unserer Gesellschaft: Heinrich Groag, wie Max Zweig damals Student der Rechte und, wie ich glaube, noch im Zivil, später Artillerist. Er war der zweite Sohn einer Witwe, und der ältere, von ihm hochverehrte Bruder, ein sehr begabter junger Gelehrter (Schüler des Rassenforschers Luschan), ist bald darauf, zur völligen Verzweiflung der Mutter, im Krieg gefallen. Das hat auch auf seinen jüngeren Bruder eine jahrelang anhaltende erschütternde Wirkung ausgeübt.

Heinrich, oder wie wir ihn nannten, Heini Groag, war einer der witzigsten Menschen, die ich gekannt habe. Sein Witz war boshaft, aber unglaublich treffsicher. Er war von ungewöhnlicher schauspielerischer Begabung und hatte als Mittelschüler einmal aus höchster Verehrung einen Brief an den Wiener Schauspieler Josef Kainz geschrieben, den Abgott einer burgtheaterbesuchenden jungen Generation; dieser hatte daraufhin den kleinen Mittelschüler aus der Provinz nach Wien eingeladen und ihm den Genuß verschafft, ihn einige Male spielen zu sehen. Das hatte natürlich seinem weiteren Leben und Streben die Richtung gegeben, doch hatte er sich seiner Mutter zuliebe für das Rechtsstudium entschieden, und er hat sich später auch als Advokat bewährt.

---

3 Vgl. Max Zweig: *Franziskus*, 1945.

Mein Bruder, der nicht lange darauf in Wien unter dem Namen Peter Eng ein sehr bekannter Karikaturist wurde und der ein vielseitig künstlerisch hochbegabter Mensch war, lebte damals gleichfalls in einer halbmilitärischen Stellung in Olmütz, beteiligte sich aber an diesen Abenden nicht oder doch nur sehr selten (er wohnte auch nicht zu Hause). Wittgenstein, der in späteren Jahren in Wien mit ihm freundschaftlich verkehrte, hatte damals in Olmütz, nicht ohne eine gewisse Berechtigung, eine starke Aversion gegen ihn, die gegenseitig war. Wittgenstein hatte auch keine Vorliebe für seine Karikaturen, die überaus boshaft und überaus treffend waren und die er als zeichnerische Leistung nicht schätzte; dagegen fand er die sprachliche Formulierung der kurzen Texte zu seinen Zeichnungen besonders gelungen.

Ich bedaure, im Interesse dieses Buches, nichts so sehr, als daß die oft haarsträubend scharfen Karikaturen, die mein Bruder von Wittgenstein und allen Beteiligten unseres Kreises in unerschöpflicher Fülle machte, in der Hitlerzeit verlorengegangen sind. Ich hätte einige gern als Illustrationen hier beigefügt, da sie bedeutend besser, als ich durch Worte imstande bin, das ganze Milieu, und vor allem Wittgenstein selbst, mit wenigen Strichen vor den Beschauer hingestellt hätten. Die Zeichnungen waren aber meist so zynisch und respektlos, daß ihre bloße Wiedergabe in Worten einen verletzenden Eindruck machen müßte, zumal da sie nur durch ihre zeichnerische Treffsicherheit und durch den Lachreiz, den sie unwiderstehlich hervorriefen, genießbar wurden.[4]

Als Beispiel aus einer späteren Zeit, da Wittgenstein in Wien gerne abends mit meinem Bruder und dessen sehr lieber Frau, einer aus Wien stammenden, in Amerika aufgewachsenen Malerin, zu Gast war und bei denen er sich wohl fühlte, wage ich es nur, eine kurze dramatische Satire zu erwähnen: »Ein Abend im Hause Stonborough«. (Frau Stonborough war Wittgensteins in Wien lebende Schwester Margaret.) Dort wird Tolstoi als eine Art sehenswürdiges Untier unter dem Namen Lew Fux Nikolajewitsch Tollhaus, wie ein Bär an einer Kette, vorgeführt. Das Ärgste

---

4 Vgl.: »Zur Wiedergabe in Worten eignet sich eigentlich nur eine einzige Karikatur: Max Zweig sitzt, in Uniform wie auch Fritz Zweig und Wittgenstein, diesem schweigend und tief versunken zuhörend gegenüber; mit der Unterschrift: ›Ob nicht der Wittgenstein doch ein Engel ist?‹ [Anspielung auf eine von Tolstojs Volkserzählungen, wo ein aus dem Himmel verbannter Engel als Geselle eines russischen Dorfschusters arbeitet.]
Diese durchaus berechtigte, aber für nicht Verstehende grotesk übertriebene Hochschätzung der außer<gewöhnlichen> Bedeutung Wittgensteins hat nicht nur den Spott bei meinem Bruder veranlaßt, sondern auch den von seinem und meinem Freund Fritz Pater, der damals ohne nähere Kenntnis Wittgensteins höchst skeptisch war. Pater (der in späteren Jahren ein philosophisches Buch ›Eins und Alles‹ schrieb, das auch die Anerkennung des bekannten Philosophen Maritain fand, von Wittgenstein aber, als Repräsentant einer Gattung, die ihm suspekt war, strikt abgelehnt wurde) war, wie Max Zweig, mein Schulkollege im Gymnasium und seine Gedanken und seine Literatur waren vorher und auch später noch von Einfluß auf mein eigenes Denken. Er war überaus witzig. Er hielt sich ebenso wie mein Bruder von unseren Abenden fern, was mir nicht unangenehm war, da es sonst bestimmt bald zu unerfreulichen Auseinandersetzungen <gekommen wäre.>« (JNUL, Dossier 233) Vgl. dazu Allan Janiks Artikel: »Paul Engelmann, Friedrich Pater, Johannes Österreicher.« In: *Mährische Deutschsprachige Literatur*. Eine Bestandsaufnahme. Beiträge der internationalen Konferenz. Olmütz, 25.–28.4.1999. Olomouc: Univerzitni nakladatelstvi, 1999. S. 72–81.

in dieser Satire war natürlich die Verhöhnung von Wittgensteins Weltanschauung. Der Tolstoi-Verehrer Wittgenstein ist, als ihm mein Bruder, nur in meiner und der Gegenwart seiner Frau, diesen Sketch unzensuriert vorlas, ganz im Gegensatz zu seinem sonstigen Benehmen, vom Sofa geglitten und hat sich, von Lachkrämpfen geschüttelt, buchstäblich auf dem Teppich gewälzt, ein bei diesem Menschen von außergewöhnlicher Beherrschung ganz grotesker Anblick. Es muß das eine Eruption lange zurückgestauter eigener seelischer Widerstände gewesen sein.

Ein Urteil über den kleinen Kreis, den er in meinem Hause traf, über meine damaligen Kollegen und mich, gab mir Wittgenstein einmal, wie ich glaube, bei seiner Abreise nach diesem ersten längeren Aufenthalt in Olmütz, mit den Worten: »Intelligenz ist da – zum Schweinefüttern«. Dieser österreichische Ausdruck, wie er solche mit Vorliebe gebrauchte, könnte ohne die folgende Bemerkung gründlich mißverstanden werden; er hat zwar etwas leicht Herabsetzendes, aber nur in dem Sinn, wie etwas überreichlich Vorhandenes nicht als besonders wertvoll erscheint; denn er will nur sagen: davon ist so viel da, daß man damit (wie mit einem im Überfluß vorhandenen Lebensmittel) auch noch Schweine füttern könnte; keineswegs aber: es ist etwas da, was zu nichts anderem als zum Schweinefüttern zu verwenden wäre. Es liegt ja eine gewisse, nicht uneingeschränkte Schätzung der so reichlich vorhandenen Intelligenz in diesem Urteil.

5

Wittgenstein, der in Olmütz die Artillerieschule als »Einjähriger«[5] besuchte, suchte für sich ein Zimmer. Sein erster Einfall war (wie er mir bald darauf erzählte), nachdem er vermutlich schon das eine oder andere Zimmer gesehen und gewiß von den Vermietern keinen angenehmen Eindruck bekommen hatte, beim Turmwächter auf dem Rathausturm Wohnung zu suchen. Dieser Turm ist ein 73 Meter hohes, höchst originelles Bauwerk aus der Renaissance-Zeit, ein wirkliches »Wahrzeichen« der Stadt, und der Blick von ihm aus über die Dächer der alten Festungsstadt und die weite Hanna-Ebene muß wirklich besonders schön gewesen sein. Die Galerie des Turmwächters liegt etwa auf 50 Meter Höhe, also ungefähr in der Höhe des 10. Stockwerks eines Zinshauses. Mein Einwand, daß sich das Wohnen dort oben ohne Aufzug als zu strapaziös erweisen würde, machte auf Wittgenstein keinen entscheidenden Eindruck. Er stieg hinauf und bedauerte danach, daß der Turmwächter keinen Mitbewohner aufnehmen wollte.[6]

Wittgenstein mietete ein möbliertes Zimmer in einem mehrstöckigen Zinshaus am Stadtrand in der Richtung gegen den Artillerie-Schießplatz, den er zu besuchen hatte. Bald nach Beginn seiner Militärzeit in Olmütz erkrankte er an einem schweren Darmkatarrh und konnte sein Zimmer nicht verlassen. Meine Mutter kochte ihm

---

5 So hießen die Abiturienten, die Reserveoffiziere werden wollten und nicht wie andere Soldaten drei, sondern bloß ein Jahr Militärdienst zu leisten hatten.

6 Vgl. dazu einen Brief von Hermine Wittgenstein (datiert mit 15. Sept. 1916) an ihren Bruder Ludwig, in dem sie fragt, »ob es mit dem Rathausturm etwas geworden ist«, und daß sie dies nicht glaube. (Kopie im Brenner-Archiv)

öfters Diät-Essen, und als ich ihm dieses, zu seiner Überraschung, zu Mittag brachte, hatte ich einen sehr schäbigen alten Wintermantel an. Auf der Stiege zu seiner Wohnung bekleckerte ich mir diesen schwarzen Mantel aus der übervollen Eßschale von oben bis unten mit dicker Haferflockensuppe. Ich trat ein, Wittgenstein lag im Bett. »... lieber Freund, Sie überschütten mich!«, rief er. »Nein, ich überschütte mich«, konnte ich sagen. Eine Antwort, die ihm den größten Spaß machte.

6

Die folgende Schilderung gebe ich als Kommentar zu einer Briefstelle, die sonst wohl schwer zu erklären wäre (siehe Wittgensteins Brief vom 31.3.1917, hier Brief Nr. 10).

Den Höhepunkt der »Saison« während dieses ersten Aufenthaltes Wittgensteins in Olmütz bildete eine Dilettantenaufführung des Eingebildeten Kranken von Molière im »Palais auf dem Mauritzplatz«, an der er als sehr amüsierter und angeregter Zuschauer teilnahm. Freundinnen meiner Schwester, einer in späterer Zeit hochbegabten Malerin, die zeitlebens schwer melancholisch war und damals zu Hause, in ihr Zimmer zurückgezogen, lebte und an unserer abendlichen Geselligkeit nicht teilnahm, gelang es, diese doch zur Teilnahme an der angeregten Aufführung zu bestimmen, und sie hat dann auch ihre Rolle ausgezeichnet gespielt. Ich selbst hatte immer große Neigung zur Tätigkeit eines Regisseurs gehabt; auch ich überwand meine starken Bedenken und Gewissensskrupel, veranlaßt durch das gleichzeitige schreckliche Kriegsgeschehen. Meine pazifistischen inneren Kämpfe, mit denen es mir bitter ernst war, ließen mich gerade meine Teilnahme, zu der es mich leidenschaftlich hinzog, als unerlaubte Frivolität erscheinen. Ich war selbst damals und auch später ein großer Hypochonder, und die Grenze zwischen meinen tatsächlichen, nicht leichten, und nur eingebildeten Gesundheitsstörungen war, wie gewöhnlich, nicht leicht zu ziehen. Aber mir wurde gerade der Umstand, daß Molière selbst diese unsterbliche Verspottung der Hypochondrie und Medizin mit dem Leben bezahlt hat (er hat den Eingebildeten Kranken gespielt und war unmittelbar nach der Aufführung gestorben), eher ein Grund für meine Beteiligung, und ich bedaure es noch heute nicht, daß die Aufführung zustande kam und ein außerordentliches Erlebnis wurde; für unsere kleinstädtischen Verhältnisse ein wirklich glänzendes Ereignis, und es hat vor allem meine Eltern, die nicht viele Gelegenheiten zu solcher Genugtuung hatten, damals ganz glücklich gemacht.

II. Religiöses

1

»Wenn ich versuche, für die Zeit vor dem ersten Weltkriege, in der ich aufgewachsen bin, eine handliche Formel zu finden, so hoffe ich am prägnantesten
zu sein, wenn ich sage: Es war das goldene Zeitalter der Sicherheit. Alles
in unserer fast tausendjährigen österreichischen Monarchie war auf Dauer
gegründet und der Staat selbst der oberste Garant dieser Beständigkeit.«

(Stefan Zweig: *Die Welt von Gestern*. 1942)

Es erscheint mir heute fast als ein Gegenstück zu Hitlers tausendjähriger Zukunfts-
tollheit – als eine ebenso tausendjährige Vergangenheitsblindheit –, was sich im
Urteil dieses bekannten Schriftstellers ausspricht, der sich hier mit der trügerischen
Sicherheit einer im Fett sitzenden und aufgewachsenen Generation identifiziert.
Sonst müßte er damals schon, in seiner Jugend, die Luft dieser Sicherheit als einen
würgenden Strick um den Hals gespürt haben und als ein Menetekel, daß so ein
Leben für ihn und für die Welt nicht gut enden kann. Daß aber dieser Strick selbst
die Massen, die es nicht ganz so gut hatten, würgte, das beweist mir der Massen-
ausbruch der kurzen Begeisterung beim Kriegsanfang im Sommer 1914, die mitgemacht zu haben ich mich noch heute nicht schäme.

Die jungen Menschen jenes Zeitalters unterschieden sich dadurch voneinander:
ob sie diese Geborgenheit auch als die eigentliche Lösung ihrer inneren Bedräng-
nisse ansahen oder ob sie eine solche Stickluft gerade daher als würgend empfanden, weil sie zu ihrer inneren Lage in einem unerträglichen Kontrast stand.

Bald nach Kriegsausbruch wurde ich bei einer Musterung als zum Kriegsdienst
tauglich befunden, obwohl ich in meinen Entwicklungsjahren schwer tuberkulös
neun Monate in einer Heilanstalt verbracht hatte und mein Zustand kaum irgend-
welchen Strapazen und die Gesundheit gefährdenden Umständen hätte standhal-
ten können. Wir wurden (es war, wie ich glaube, im November 1915) in Baracken
einquartiert, und ich mußte von der ersten Nacht an auf einem Strohsack auf dem
nassen Erdboden schlafen, was den sofortigen Neuausbruch meines Lungenleidens
zur Folge hatte. Ich wurde nach wenigen Tagen vorläufig aus dem Militärdienst
entlassen und nach Hause geschickt.

Ich machte, sobald es mir besser ging, gelegentlich kurze Besuche in Wien,
sprach mit Loos über die Fortsetzung des Studiums in seiner Bauschule und war
allabendlich, wie früher schon in Wien, mit Karl Kraus im Café Pucher auf dem
Kohlmarkt beisammen.

Kraus war einer der wenigen Sehenden im Taumel der allgemeinen Begeisterung bei Kriegsbeginn geblieben. Seine Skepsis konnte mich in meiner Haltung
noch nicht erschüttern. Erst als im Mai 1915 sich die Fronten in Westgalizien sta-
bilisierten und damit die unmittelbare Bedrohung vertagt erschien, wurde ich so
weit objektiv, daß ich seinem Standpunkt einer allgemeinen erbitterten Kriegsgegnerschaft gerecht zu werden begann. Ich begann als Hilfe für seine eigene Arbeit
für ihn Zeitungsausschnitte im Sinne seines späteren Buches *Die letzten Tage der*

Menschheit zu machen, und ich setzte diese Arbeit auch nach den kurzen Besuchen in Wien zu Hause durch Monate fort.

Die täglichen Berichte über die Kriegsgreuel, denen man damals, in einer schon seit Jahrzehnten friedlichen Welt, mit viel größerem Entsetzen gegenüberstand als heute, hatten mich, einen überaus nervösen jungen Menschen, so erregt, daß ich in eine schwere Nervenkrise mit wochenlang anhaltenden schwersten Schlafstörungen verfiel.

Mir war meine eigene Situation moralisch völlig unhaltbar geworden. Während meine Altersgenossen an der Front waren, war ich als unbeschäftigter Zuschauer zu Hause. Es war mir klar, daß meine Kriegsgegnerschaft mich durchaus nicht von meiner moralischen Verpflichtung zum Kriegsdienst befreite. Ich empfand nur, daß mich hier eine noch höhere Forderung zwinge, eine weniger hohe Verpflichtung, die allgemeine patriotische, zu brechen. Aber gleichzeitig erhielt die höhere Forderung den unabweisbaren Befehl zu einer ebenso ernsten Aktivität in ihrem Sinn.

Der landläufige Pazifismus, der damals, 1916, in den Ländern der Mittelmächte seine ersten schüchternen Äußerungen (aber nur vom neutralen Ausland her) wagte, war mir immer in dieser Form unsympathisch. Es war mir klar, daß solche Äußerungen nur dort ernst seien, wo sie sich darauf richteten, der Kriegstätigkeit eine ebenso ernste, persönlich ebenso gefährliche Aktion entgegenzusetzen. Aber für so etwas war damals nirgends eine sinnvolle Gelegenheit zu sehen.

Die inneren Kämpfe, die mich vom zweiten Kriegsjahr an bis ans Kriegsende und in veränderter Form noch jahrelang bewegten und um die sich mein ganzes Seelenleben gruppierte, erzähle ich nicht. Es ist nicht meine Absicht, in dieser literarischen Form dem Leser des Buches eine Beichte über mein eigenes damaliges Leben abzulegen; schon deshalb nicht, weil er es ja aus Interesse für Wittgenstein und nicht für mich liest. Nur das Folgende muß hier über diesen entscheidenden Punkt gesagt werden, weil es von großer Bedeutung für mein damaliges Verhältnis zu ihm war.

Ich war mir in diesen Jahren vor allem einer Sache dauernd bewußt, daß ich zu schwach sei, das, was ich als ernsteste Pflichten empfand, zu erfüllen. Ich habe später von dem einzig richtigen Standpunkt englischer Gerichte gegenüber Kriegsdienstverweigerern gelesen; zu prüfen, ob der Angeklagte schon vorher durch sein ganzes Leben einer Gesinnung Ausdruck gegeben hatte, die ihn berechtigte, die religiöse Verpflichtung über die staatliche zu stellen. Nur in diesem Falle wurde ihm ein (ebenfalls gefährlicher) Dienst ohne Waffe erlaubt.

Ich habe niemals die Ansicht geteilt, daß durch die persönliche pazifistische Gesinnung die allgemeine Verpflichtung gegen den Staat annulliert sei. Ich war nur immer der Meinung, daß es Fälle gebe, wo diese Verpflichtung einer höheren wegen verletzt werden müsse. Ich habe auch nie die Ansicht mancher menschenfreundlicher Philosophen (z.B. Popper-Lynkeus[7]) geteilt, wonach das menschliche Leben

---

7 Josef Popper-Lynkeus (eigentlich J. Popper; Pseudonym: Lynkeus): Geb. 21.2.1838, Kolin (heutige Tschech. Republik); gest. 21.12.1921, Wien. Sozialphilosophischer Schriftsteller, Techniker, Erfinder. Forderte ein Existenzminimum für alle Bürger, das durch eine »Nährarmee« (»allgemeine Nährpflicht« anstelle der Wehrpflicht) gesichert werden sollte. Popper-Lynkeus war in der Friedensbewegung tätig; Hermann Bahr nannte ihn ein »Genie des Wohlwollens«.

unter allen Umständen das höchste aller Güter sei; sondern ich fühlte nur, daß es noch höhere Güter gebe, daß es aber verboten sei, das Leben für etwas zu vernichten, was weniger wert sei als diese höchsten Güter.

Wittgenstein war in diesen Dingen völlig anderer Ansicht. Er empfand seine Verpflichtung, Kriegsdienst zu leisten, als etwas, das unter allen Umständen erfüllt werden müsse. Als er hörte, daß sein Freund Bertrand Russell damals als Kriegsgegner im Gefängnis sitze, empfand er das, bei aller Hochachtung vor dem persönlichen Mut von Russells Überzeugung, als einen hier unangebrachten Heroismus.

Es gab zwischen unseren beiden Standpunkten keinen Kompromiß. Aber ich hatte die Genugtuung, daß er von meinem Ernst in dieser Sache, wie er sich aus meinem ganzen Verhalten in den Kriegsjahren zeigte, überzeugt war. Er hielt nichts von den Folgerungen in bezug auf meine eigenen Aktionen, wie sie sich aus meinen Anschauungen als nötig ergaben. Worin diese bestanden, erzähle ich hier nicht, darf aber sagen, daß ihre Wirkungen nicht ganz so phantastisch geblieben sind, wie es damals auch ihm erschien.

Auf diesem seelischen Boden, auf dieser, trotz allem Versagen meinerseits, für mich durchaus wesentlichen seelischen Haltung entwickelte sich bei mir eine leidenschaftliche innere Gedankentätigkeit. Es war das Erlebnis des eigenen Versagens und der Sündhaftigkeit, das, um so viel stärker und lebendiger als vor dem Krieg, meine Religiosität damals über das Niveau einer bloß literarischen Neu-Religiosität erhob, die ihn abgestoßen hätte.

Für Wittgenstein war sein Leben an der Front, das er meist angesichts der größten Gefahren verbracht haben muß (er erzählte nie ein Wort davon), zweifellos der Nährboden tiefer Gewissenskonflikte. Und dieser mein eigener seelischer Zustand war es, der mich fähig machte, seine für alle andern rätselhaften Aussprüche von innen her zu verstehen. Und eben dieses mein Verständnis machte mich ihm damals unentbehrlich.

2

Wenn Wittgenstein abends bei uns gewesen war, begleitete ich ihn nachher noch nach seinem in einer Vorstadt von Olmütz gelegenen »möblierten« Zimmer. Es kam vor, daß, wenn wir mitten im Gespräch waren, er mich wieder ein Stück oder bis zu unserer Wohnung zurückbegleitete, und daß diese nächtlichen Gespräche mitunter bis gegen zwei Stunden dauerten.

Die Gespräche kamen vom Hundertsten ins Tausendste, bewegten sich aber gewöhnlich um zwei Themenkreise. Der erste waren seine Versuche, mir die philosophischen Auffassungen des Tractatus zu erklären, womit er bei mir einen großen Eindruck hervorrief. Noch wichtiger für mich und, wie ich heute überzeugt bin, für ihn damals auch wesentlich interessanter waren unsere Unterhaltungen über einen zweiten Themenkreis, wo, im Gegensatz zum ersten, auch ich ihm etwas zu sagen hatte.

Das, was ihm vor allem mein Zuhören und meine eigenen Bemerkungen zu dem Gehörten wichtig machte, war der Umstand, daß seelische Erlebnisse, die ich im Zusammenhang mit den gleichzeitigen Kriegsereignissen hatte, meine schon vorher ähnlich gerichteten Gedanken vertieften und eine entscheidend ernste Rolle in meinem damaligen Leben und Verhalten spielten.

»Ich möchte Sie gerne sprechen, denn die Betätigung meines Verstandes, die Sie mir ermöglichen, gibt mir doch eine gewisse Erleichterung«[8], schrieb mir Wittgenstein einmal. Eben dieser Zusammenhang zwischen seinen inneren Vorgängen in dieser Zeit der Fertigstellung des Tractatus und dem, was ihn eigentlich dazu veranlaßte, das Buch zu schreiben, ist das, worüber die Briefe und meine Erinnerungen an unsere damaligen Gespräche Aufschluß geben möchten; zum Verständnis des Buches als eines Werkes der Logik und der logisch orientierten Philosophie ist ja seither übergenug geschrieben worden. Aber vielleicht kann ein solcher Schlüssel zum tieferen Verständnis dessen, warum er das Buch geschrieben hat, von Vorteil sein.

Er begegnete hier unerwartet einem Menschen, der zwar, wie wohl alle oder viele der jüngeren Generation, ernstlich unter dem ständigen Mißverhältnis litt, zwischen dem, was besteht, und dem, was der eigenen Meinung nach sein sollte und müßte; der aber dabei geneigt war, die hauptsächlichsten Gründe dieses Mißverhältnisses eher in sich selbst zu suchen als außer sich. Das war für Wittgenstein damals die sonst nirgends erreichbare Voraussetzung zu jeder Verständigung über seine eigenen seelischen Zustände, da nur unter dieser Voraussetzung eine Möglichkeit bestand, zu verstehen, wovon überhaupt die Rede war.

Es wäre ganz müßig, solche Gespräche aus der Erinnerung zu konstruieren. Es widerspricht auch meiner Art, ein Gespräch, und selbst eines, das den größten Eindruck auf mich gemacht hatte, nachher niederzuschreiben. Dagegen hat sich, wie ich glaube, alles, was sich in diesen Gesprächen zu »Sätzen« kristallisiert hat, mir unvergeßlich eingeprägt, und ich zitiere hier solche Sätze dort, wo sie hingehören. Aber auch alles andere, was ich hier als meine eigenen Gedanken, d.h. ohne Angabe, von wem sie stammen, ausspreche, ist durch solche Gespräche mit Wittgenstein, aus der Zeit seiner Urlaubsbesuche in Olmütz oder aus den wiederholten Besuchen bei ihm in den folgenden Jahren, angeregt und seither die dauernde Grundlage meines eigenen Denkens geblieben. Natürlich kann all das in keiner Weise als eine verläßliche Wiedergabe seines Denkens gelten und soll es auch nicht, obwohl es für mich dazu gehört.

Wenn im folgenden der zweite und wichtigere Gedankenkreis, von dem die Rede war, als »religiös« bezeichnet wird, so ist doch dieser Ausdruck so vieldeutig, daß ich nicht versuchen möchte, ihn hier zu definieren. Vielmehr ist das Gedicht, um dessen Zusendung er mich einmal ersucht hat,[9] viel geeigneter, anzudeuten, worum es sich hier handelt; ich gebe es hier wieder:

---

8 Engelmann bezieht sich auf Wittgensteins Brief vom 29.12.1919 (hier Brief Nr. 55), allerdings heißt es dort: »Denn in der Betätigung meines Verstandes die Sie mir ermöglichen liegt für mich doch eine gewisse Beruhigung.«

9 Vgl. Brief Nr. 14 und Nr. 15.

Seele folgt dem Todesengel
Durch das Dunkel tiefer Grüfte
Und er führt sie vor den Richter.

Durch die Nacht, durch die Verwesung
Ringen strahlend Aug in Auge:
»Sprich, bekennest du dich schuldig?«

»Schuldlos war ich, schuldlos bin ich,
Bin, wie ich geschaffen wurde,
Schuldig ist, der mich geschaffen.«

Nieder stürzt sie in den Abgrund
Und die Flamm' umbrennt sie trotzig
Und in Flammen brennt ihr Trotz.

Seele in den Höllenflammen
Sagt: »Er läßt sichs wohlsein droben
Mit den Engeln und verhöhnt mich.

Könnt' ich sehn Ihn, ich erließ Ihm
Keinen Funken meiner Flammen.
Schuldlos leid' ich, und so leid' ich.«

Sieh, auf Flügeln stieg ein Sturmwind
Nieder in die Höllenflammen,
Sagte zu der Seele: »Komm!«

Führt sie bis in höchsten Himmel,
Wo da standen die verhüllten
Engel um den leeren Thron.

»Sagt, wo ist er, Ihr Verhüllten?
Will er sich vor mir verbergen?«
»Nein, er brennet in der Hölle.«

Da erwachte tief die Seele
Unten in den Höllenflammen
Aus dem Traum, den sie geträumt.

Seele in den Höllenflammen
Sang: »Das ist die Liebe Gottes,
Was mich brennt, denn ich bin sündig.«

Himmel alle da erklangen,
Engel faßten seine Hände,
Schrien auf: »Gott ist allmächtig.«

Er war damals auf einem seiner Urlaube in Olmütz, war am Tage vorher angekommen, und ich ging vormittags, um ungestört sprechen zu können, mit ihm aus, wo ich in einer am Vormittag verlassenen abgelegenen Allee des Stadtparks, auf einer Bank sitzend, ganz gegen meine Gewohnheit, so etwas zu tun, dieses Gedicht vorlas, das kurz vorher entstanden sein muß. Es machte, wie auch der Brief zeigt, einen besonderen Eindruck auf ihn.

Wenn ich ein Mensch bin, der sich unglücklich fühlt und der weiß, daß sein Unglück in einem wesentlichen Mißverhältnis zwischen sich und dem Leben, wie es ist, besteht, so bin ich doch auf einem Irrwege und kann keinen Ausweg aus dem Chaos meiner Gefühle und Gedanken finden, solange mir nicht die allein entscheidende Erkenntnis kommt, daß an diesem Mißverhältnis nicht das Leben, wie es ist, schuld ist, sondern ich selbst, wie ich bin, schuld bin. Jeder Versuch, das Leben zu beschuldigen, weil ich doch »bin, wie ich geschaffen wurde«, ist schon darum verfehlt, weil ich mir nicht einreden kann, daß der Zustand, in dem ich bin, die einseitige Folge äußerer, für mich in jedem Augenblick meines Lebens unabänderlicher Umstände ist, zu denen auch meine eigene »Veranlagung« zu zählen ist. Es ist klar und sollte selbstverständlich sein, daß es nicht so ist.

Der Mensch, dem diese Erkenntnis gekommen ist, der sie festhält und wenigstens zeitlebens immer erneute Versuche macht, nach ihr zu leben, ist religiös. Er »hat den Glauben«, was durchaus nicht bedeutet, daß er sich seine Einsicht in dieses fundamentale Verhältnis zwischen sich und dem Dasein durch selbstgeschaffene oder überlieferte mythologische Begriffe ausmalt und begründet. Daß ihm derartiges als wesentlich und unerläßlich erscheint, um an seinem Glauben festhalten zu können, mag in einer Schwäche dieses Glaubens seine Ursache haben. Er soll daran festhalten können, selbst ohne jede Erklärung und Begründung.

Das heißt aber ganz und gar nicht, daß damit dieses »Religiössein« auf das reduziert wird, was man Moralität nennt.

War Wittgenstein religiös? Wenn man ihn als »Agnostiker« bezeichnen will, so darf man das doch nicht im Sinne des allgemein bekannten polemischen Agnostizismus verstehen, dem es wiederum vor allem darum zu tun wäre und der damit auftrumpft, daß man über solche Dinge nichts wissen könne.

Auch der Gedanke an einen Gott im Sinne der Bibel hat Wittgenstein kaum jemals als das Bild eines Schöpfers der Welt beschäftigt (wie schon im Bericht G.H. von Wrights völlig richtig festgestellt ist) – dagegen hat ihn der Gedanke an ein Jüngstes Gericht immer aufs tiefste berührt. »Wenn wir uns einmal beim Jüngsten Gericht sehen –«, war eine wiederkehrende Redewendung von ihm, die er in besonders ernsten Momenten manchen Gesprächs mit einem unbeschreiblichen, nach innen gekehrten Blick seiner Augen, mit gesenktem Kopf und als das Bild eines Ergriffenen, aussprach.

Der Schlüssel zum Verständnis aller Selbstanklagen Wittgensteins in dieser Zeit wie in der folgenden Lehrerzeit: Er war kein Büßer. Sich selbst auch nur im entferntesten als ein solcher vorzukommen, wäre ihm als der Gipfel der tödlich verhaßten religiösen Heuchelei erschienen; er hatte einfach ein gewiß lange zurückgedrängtes übermächtiges Bedürfnis, endlich alles von sich abzutun, was ihn in seiner Haltung zur Umwelt unerträglich belästigte: sein Vermögen wie seine Krawatte. Diese hatte er früher einmal, wie ich gehört zu haben glaube, als sehr junger Mensch, mit besonderer Sorgfalt und gewiß mit seinem untrüglichen Geschmack gewählt. Nicht um jetzt dafür zu büßen (er hat gewiß ohne jede Spur von Reue an dieses Faktum zurückgedacht). Er mußte seine Lebensweise völlig ändern. Er hatte einfach seit Jahren ein Leben geführt, zu dem all das nicht mehr paßte, und er kam endlich dazu, Großes oder Kleines, das ihm jetzt kleinlich und lächerlich gewesen wäre, von sich abzutun. Und wenn er von da ab immer ohne Krawatte und mit offenem Hemdkragen herumging, so war das alles andere als ein neues Kostüm, etwa jetzt das eines Büßers, sondern das Gegenteil, der (mißlungene) Versuch, von jetzt ab kostümlos herumzugehen.

Ich habe hier wahrheitsgemäß erzählt, was, zumindest in den ersten Jahren unserer Bekanntschaft, für mich das religiöse Moment bedeutet hat; wie ich es damals ganz subjektiv und individuell gefühlt habe und wie es für mich, zunächst während der Kriegsjahre, aber auch lange Zeit danach, neben der Kunst mein geistiges Leben gebildet hat; und wie ich, wenn auch im ganzen vergeblich, so doch ernstlich versucht habe, auch mein tägliches Leben nach diesem Gesichtspunkt zu ändern.

Ich fürchte aber sehr, daß dies mißverstanden werden wird, vor allem im Sinne einer Verfälschung des Bildes von Wittgenstein, von dessen sehr regem und bei ihm tiefgehendem Interesse für das, was ich ihm da erzählte, und mehr noch, was er selbst sah, ich ja hier berichtet habe. Ich habe damit alles andere im Sinn als etwa eine Propaganda für Gefühle und Gedanken, wie sie mich damals bewegt haben. Ich erwähne nur das Allernötigste, um Erklärungen für Briefstellen, die mir wichtig erscheinen, zu geben. Nur muß ich wenigstens, um nächstliegende Irrtümer aufzuklären, noch einige Worte darüber sagen, wie man sich Wittgensteins eigene, ob nun vorhandene oder nicht vorhandene Religiosität nicht vorzustellen hat.

Vor allem war er nie in dem Sinne ein »Mystiker«, daß ihn mystisch-gnostische Phantasien innerlich beschäftigten. Nichts lag ihm so ferne wie eine Ausmalung eines Jenseits (ob vor oder nach dem Tode), von dem man nicht sprechen kann. (Er sagt ja im Tractatus, daß die Tatsache eines Lebens nach dem Tode gar nichts erklären könnte.)

Die Konsequenzen, die Wittgenstein und die ich selbst, jeder aus seinen religiösen Vorstellungen, gezogen haben, waren aber verschieden, entsprechend unseren verschieden großen und verschieden beschaffenen Anlagen und Fähigkeiten. Für ihn war »das Leben eine Aufgabe«, worin ich mit ihm einer Meinung war. Alles aber an der Beschaffenheit des Lebens, alle Fakten also, gehörten für ihn mit zu den Voraussetzungen der gestellten Aufgabe; ebenso wie ein Mensch, dem z.B. als seine Aufgabe gegeben wird, ein bestimmtes mathematisches Problem zu lösen, nicht darauf verfallen darf, sich die Lösung der Aufgabe durch Abänderungen des Problems erleichtern zu wollen. Wie aber, wenn gerade die Abänderung der Daten der Aufgabe für einen Menschen von einer gewissen Veranlagung mit zur Aufgabe gehörte? – Ja, wenn sie ihm nach seinem Gewissen als ein wesentliches Moment dieser Aufgabe selbst erschiene? Wenn einer aber daran festhält, daß der Grund des Mißverhältnisses nur bei ihm selbst zu suchen ist, dann muß er es ablehnen, daß es nötig und geboten sei, auch an den äußeren Fakten etwas zu ändern.

Wittgenstein hat, wenigstens in der Epoche, in der ich ihn gekannt habe, Tolstoi aufs höchste verehrt, und unter Tolstois Schriften neben der Kurzen Darlegung des Evangeliums dessen Volkserzählungen. Unter diesen gibt es eine Erzählung von zwei russischen Bauern, die zur Erfüllung eines früher einmal getanen Gelübdes als alte Leute nach Jerusalem pilgern. Unterwegs zieht der eine seine Schnupftabaksdose heraus und schnupft, worauf ihn sein Begleiter ermahnt, das sei ihrer Situation als Wallfahrer nicht angemessen. »Die Sünde war stärker als ich«, erwiderte der andere.

In dieser Selbsterkenntnis sah Wittgenstein ein Zeichen der Echtheit des religiösen Seelenzustandes: Keine Entschuldigung vor sich selbst und andern, es »sei eigentlich gar keine Sünde«, sondern das Bekenntnis, man sei ihr unterlegen.

Und mit Begeisterung zitierte er öfters die Worte, die der verurteilte Offizier und Lebemann Dimitrij Karamasow im vollen Gefühl, schuldig zu sein, von sich sagt: »Heil dem Höchsten auch in mir!«[10]

In Tolstois Erzählung gelangt nur einer der beiden Wallfahrer, der, welcher den andern ermahnt hat, nach Jerusalem. Der andere aber war, als sie ein Hungergebiet der Ukraine durchwanderten, in einer verfallenen Hütte, in der er die verhungernde Häuslerfamilie im Sterben fand, stecken geblieben. Er konnte sich nicht mehr losreißen, ehe er sie alle mit seiner Pflege und seinem Reisegeld gerettet hatte, und war dann allein nach Hause zurückgekehrt.

Inzwischen ist der andere nach Jerusalem gelangt. Aber im Gedränge der Pilger und von Taschendieben bedroht, kommt er zu keiner Andacht. Am Heiligen Grab sieht er obenan in der Menge seinen Mitwanderer, den er verloren hat, stehen, von einem Glorienschein umgeben. Er kann aber nicht bis zu ihm gelangen.

Wieder zu Hause angekommen, findet er seinen Genossen im Garten bei den Bienenstöcken. Die von der Sonne beschienenen Bienen umschweben sein Haupt wie der Glorienschein in Jerusalem. Als sein Freund aber von diesen Dingen erzählen und ihn nach seinem Aufenthalt bei den Hungernden fragen will, wehrt dieser erschrocken ab: »Es ist Gottes Sache, Gevatter, Gottes Sache. Komm doch ins Zimmer herein, ich will Dich mit Honig bewirten.« –

Gerade vor diese Erzählung aber hat Tolstoi als Motto eine Stelle aus dem Evangelium des Johannes (IV, 19–23) gesetzt. Und ich glaube, daß der Gegenstand, dem diese Betrachtungen gewidmet sind, nicht unwürdig ist, sie damit zu beschließen:

»Das Weib spricht zu ihm: Herr, ich sehe, daß Du ein Prophet bist. Unsere Väter haben auf diesem Berge angebetet und Ihr saget, zu Jerusalem sei die Stätte, da man anbeten solle. Jesus spricht zu ihr: Weib, glaube mir, es kommt die Zeit, daß Ihr weder auf diesem Berge noch zu Jerusalem werdet den Vater anbeten. Ihr wisset nicht, was Ihr anbetet; wir wissen aber, was wir anbeten; denn das Heil kommt von den Juden. Aber es kommt die Zeit, und ist schon jetzt, daß die wahrhaftigen Anbeter werden den Vater anbeten im Geist und in der Wahrheit.«

---

10 Vgl. F.M. Dostojewski: *Die Brüder Karamasoff.* Drittes Buch, III. »Die Beichte eines heißen Herzens. In Versen.« München: R. Piper & Co. Verlag, 1921. S. 198: »Heil dem Höchsten in der Welt, Heil dem Höchsten auch in mir ...«

III. Literatur, Musik, Film

1

Das geistige Gebiet, auf dem ich durch Wittgensteins Einfluß, durch den bleibenden Eindruck, den mir die Gespräche mit ihm gemacht haben, am meisten gefördert worden bin, ist die Literatur. In den religiösen Dingen, von denen schon die Rede war, hatte ich zwar die große Freude, daß ein überlegener Geist das, was ich bisher empfunden hatte, mit wirklichem Verständnis anhörte und aufnahm, es in wichtigen Dingen begrenzte und berichtigte; aber das Denken über diese Dinge war ja nicht seine Sache, seine entscheidende Leistung ist hier die Abgrenzung des Aussprechbaren gegen dieses Gebiet hin.

Umgekehrt ging das Philosophische selbst, die Gedanken des Tractatus, damals noch weit über meine eigene innere Kenntnis und Erfahrung hinaus; ich konnte mir von dem Mitgeteilten, das mir aus erster Hand und in unvergleichlicher Qualität, und noch dazu als Gesprochenes, hier geboten wurde, wie ich selbst vollkommen richtig empfand, bloß einen unersetzlichen Zugang zur Betrachtung der Dinge erwerben. Das ist auch geschehen, und ich habe erst in späteren Jahren den Tractatus als Ganzes wirklich erfaßt. Philosophische Erkenntnis war aber weder damals noch später die Sache, welche mich wirklich tiefer bewegte.

Aus der Zeit der Fertigstellung des Tractatus und vielleicht noch vor der letzten Formulierung seiner mystischen Einsichten geschrieben, stammt die folgende Briefstelle (Nr. 12 vom 9.4.1917). Ich hatte ihm ein Gedicht von Uhland geschickt, das so »klar ist, daß es niemand versteht« (Karl Kraus), und das mir in gewissem Sinn anderes und noch mehr sagte als selbst die damals schon wieder entdeckte Lyrik der großen deutschen Sprachvergangenheit. Er erwiderte:

»Das Uhlandsche Gedicht ist wirklich großartig. Und es ist so: Wenn man sich nicht bemüht, das Unaussprechliche auszusprechen, so geht nichts verloren. Sondern das Unaussprechliche ist, – unaussprechlich – in dem Ausgesprochenen enthalten!«

Die bisher ganz unverstandene »positive« Leistung Wittgensteins ist der Hinweis auf das, was sich an einem Satz zeigt. Und das, was sich am Satze zeigt, kann der Satz nicht auch noch aussprechen. Die Sätze der Dichtung z.B. wirken nicht durch das, was sie sagen, sondern, wie die Musik, die auch nichts sagt, durch das, was sich an ihnen zeigt.

Das Gedicht von Uhland lautet:

Graf Eberhards Weißdorn

Graf Eberhard im Bart
Vom Würtemberger Land,
Er kam auf frommer Fahrt
Zu Palästinas Strand.

Daselbst er einstmals ritt
Durch einen frischen Wald;
Ein grünes Reis er schnitt
Von einem Weißdorn bald.

Er steckt' es mit Bedacht
Auf seinen Eisenhut;
Er trug es in der Schlacht
Und über Meeres Flut.

Und als er war daheim,
Er's in die Erde steckt,
Wo bald manch neuen Keim
Der milde Frühling weckt.

Der Graf, getreu und gut,
Besucht' es jedes Jahr,
Erfreute dran den Mut,
Wie es gewachsen war.

Der Herr war alt und laß,
Das Reislein war ein Baum,
Darunter oftmals saß
Der Greis in tiefem Traum.

Die Wölbung, hoch und breit,
Mit sanftem Rauschen mahnt
Ihn an die alte Zeit
Und an das ferne Land.

Mit diesem Uhlandschen Gedicht ist es mir so gegangen:

Es war mir, als einem Kraus-Leser, an diesem Gedicht zum ersten Mal mit ganzer Klarheit aufgegangen, daß es eine echte große dichterische Wirkung auch jenseits der unmittelbaren Sprachwirkung gebe (allerdings niemals ohne diese) – wenn auch eine solche Wirkung nur in seltenen glücklichen Fällen zustande gekommen ist.

Ich habe damals (1917), wie meine ganze Generation, bereits ein tieferes Verständnis für etwas gehabt, was der vorausgegangenen meist noch gefehlt hat: für echte Dichtung des 19. Jahrhunderts (für mich besonders Eichendorff und Mörike). Von Uhland waren mir einige Gedichte aus dem Lesebuch der Volksschule als besonders rein und liebenswert in Erinnerung geblieben (während mich einige andere, wie etwa Des Sängers Fluch, nicht nur dem Inhalt nach, sondern auch sprachlich abstießen). Ich fand aber einmal unter den für mich bisher nichtssagenden Gedichten zufällig Graf Eberhards Weißdorn und hatte davon einen tiefen Eindruck. Es war etwas ganz Neues: Keine Zeile hatte für sich die Schönheit und sichtbare Tiefe etwa eines Eichendorff-Verses (»Aus der Heimat hinter den Blitzen rot!«[11]) oder aber den unromantischen Sprachzauber Mörikes (»Gelassen stieg die Nacht ans Land«[12]). Jeder dieser Verse Uhlands war für sich einfach, aber auch nicht »schlicht«, sondern sachlich (»Er kam auf frommer Fahrt zu Palästinas Strand«), so daß man von keiner einzigen dieser Zeilen, jede für sich genommen, hätte entzückt sein können. Aber das ganze Gedicht gab in 28 Zeilen das Bild eines Lebens. Der Eindruck war so stark, daß ich verstand, daß hier eine höhere Stufe der Dichtung und der Sprache da sei, für die ich bisher kein Organ besessen hatte.

Wittgensteins Brief hat mir zu meiner großen Freude gezeigt, daß er meinen Eindruck teile. Er hat die Sache natürlich viel tiefer erfaßt als ich, und ich messe der Formulierung, in der er seinen Eindruck wiedergibt, große Bedeutung bei. Denn seine Erkenntnis von dem, was ein Satz nicht aussprechen kann, weil es sich an ihm zeigt, die ich ja für den Kern des Tractatus halte, obwohl sie in diesem Buch nur angedeutet ist, scheint mir in diesem Brief einen bleibenden Ausdruck gefunden zu haben.

2

In einem früheren Brief (vom 31.3.1917, hier Brief Nr. 10) reagiert Wittgenstein auf zwei Schriften des Wiener Lyrikers Albert Ehrenstein. Ich hätte den Brief mit diesem ablehnenden Urteil über einen bereits verstorbenen und menschlich liebenswürdigen Dichter (einem Freund des von mir hochgeschätzten Malers Kokoschka) nicht wiedergegeben, wenn er mir nur eine persönliche Ablehnung zu bedeuten schiene. Aber er enthält ein Urteil über eine ganze Epoche der literarischen Entwicklung, etwa das, was sich damals Expressionismus nannte und unter anderem Namen und unter immer niedrigeren Formen der Verwirklichung bis heute das literarische Leben beherrscht.

Für mich ist es besonders aufschlußreich, was Wittgenstein für Kunstwirkungen wünscht, um den widerlichen Geschmack solcher Verse damit zu übertäuben: gerade die »klassischsten« Verse von Goethe in strengster Form und den ebenso gerichteten Mörike. Es kommt mir vor, wie wenn ein Schwerverwundeter nach einer Erquickung geschrien hätte, das Gefäß an den Mund setzt, in der Erwartung, einen Schluck Cognac zu bekommen, und Spülwasser auf der Zunge spürt. Das soll natürlich nicht dahin mißverstanden werden, daß Wittgenstein es ablehnt, auch die menschliche Misere durch die Kunst dargestellt zu sehen, aber dort, wo ihre Darstellung hingehört und vor allem immer nur, wenn es, nach den Worten des Sokrates, in den »Rhythmen für ein wohl gesittetes und mannhaftes Leben« geschieht.

Wittgensteins höchstes Entzücken war Mörikes unsterbliche Erzählung »Mozart auf der Reise nach Prag«, und hier noch besonders die Stellen, wo musikalische Wirkungen in Worten wiedergegeben sind: »Wie von entlegenen Sternenkreisen

---

11 Vgl. Joseph von Eichendorff: »In der Fremde«. In: *Gedichte*. Leipzig: Reclam, 1919.
12 Vgl. Eduard Mörike: »Um Mitternacht«. In: *Gedichte*. Leipzig: G. I. Göschen'sche Verlagshandlung, 1903.

fallen die Töne aus silbernen Posaunen, eiskalt, Mark und Seele durchschneidend, herunter durch die blaue Nacht«, zitierte er geradezu erschauernd.

Es ist sonst etwas Gewagtes, wenn versucht wird, das, was der Musik gelungen ist, in Worten anzudeuten. Aber wo es ausnahmsweise gelingt, ist es, wie hier, ein selten erreichter Gipfel der dichterischen Sprache und damit des sprachlichen Ausdrucks überhaupt. Hier war eine der großen Stellen der Dichtung, die Wittgensteins innerstes Sprachproblem berührte: das der Grenze zwischen dem Unaussprechbaren und dem doch möglichen Ausdruck.

Und wieder gilt seine Begeisterung hier dem (im hohen Sinne des Wortes) Banalen. Die Bedeutung dieser Banalität, die mit der innersten Problematik des moralisch-ästhetischen Zeitgeschehens, der Grenze zwischen dem seelisch Echten und Falschen aufs engste verbunden ist, wurde von Kraus entdeckt und behandelt. (Es ist das Problem von Loos in der Architektur.) Und es ist immer das Einfachste, das, wenn es gelingt, allein ins Schwarze trifft.

3

Gottfried Keller, einer der wenigen großen Dichter, die Wittgenstein innig, ja leidenschaftlich verehrt hat, wird von Ricarda Huch unübertrefflich und erschöpfend charakterisiert, wenn sie ihm nachsagt: »Seine Wahrhaftigkeit, die den Ton nicht um eine Schwingung lauter werden läßt als sein Empfinden.« Eben diese Wahrhaftigkeit, diese völlige Angemessenheit des Ausdrucks an das Empfinden, ist das, was Wittgenstein in der Kunst gesucht hat, und es scheint mir, daß eben dieses Suchen auch der Motor seines Philosophierens war. Wenn dessen Resultate anscheinend so völlig mißverstanden werden, so offenbar darum, weil seinen bisherigen Lesern dieser Hauptschlüssel zu dessen Verständnis fehlt und weil sie dessen Bedeutung in allem Möglichen suchen, worauf es ihm, wie ich weiß, gar nicht, oder doch nur nebenbei, angekommen ist.

Die geringeren Schriftsteller, von denen sich Keller durch diese restlose Angemessenheit von Gesagtem und echt Empfundenem unterscheidet, bringen den Ton um vieles lauter heraus, als es die richtige Wiedergabe des Empfundenen erlauben würde. Sie übertreiben im Ausdruck ihr Empfinden, und sie bleiben trotz der »ellenhohen Socken und Perücken von Millionen Locken« (wie es Goethe im Faust ausdrückt) dabei die, die sie sind. Diese Übertreibungen und Unterstreichungen aber geschehen durch Worte und Sätze, die sie dem absolut nötigen Minimum des zu Sagenden hinzufügen. Und Wittgenstein sieht in der Philosophie ganze Gebäude von solchen Locken, und er mißt diesen verzweifelten Versuchen, den blauen Vogel der Metaphysik damit einzufangen, nicht mehr Bedeutung bei als dem Salz, das man einem solchen Vogel zu eben diesem Zweck auf den Schwanz streuen möchte.

Was Wittgenstein verbietet, ist mehr als genug verstanden worden; niemand aber will begreifen, daß er – zum Unterschied von den ihn verehrungsvoll mißverstehenden Positivisten – auch etwas erlaubt hat, was man bis dahin in der Philosophie nicht bemerkt hatte, und daß diese zweite seine eigentliche Leistung ist. Denn die Verbote sollen nur den Weg freimachen, der bisher verstopft ist: den Weg zu dem, was im Satz nicht gesagt wird, sondern was sich an ihm zeigt.

Die Dichtung all der hier genannten Dichter war (zumindest auch) Wortmusik; Grillparzer aber, ein echter großer Dichter im alten klassischen Sinn, war kein Wortmusiker. Obwohl seine Lyrik im ganzen nicht zu den bedeutendsten Äußerungen seines Wesens gehört, hat auch sie großartige Strophen (so z.B. in dem langen autobiographischen Gedicht »Erinnerungen im Grünen«); aber diese sind, in ganz klarer Weise, nicht das, was hier unter Wortmusik verstanden wird.

Unter jenen Dramen Grillparzers, die Wittgenstein vor allem hochschätzte, ist besonders »Ein treuer Diener seines Herrn« zu nennen. Hier wird der alte verdiente Paladin Bancbanus zum Stellvertreter des abwesenden Königs von Ungarn eingesetzt und bewährt seine aufopfernde Treue durch schweigenden tatkräftigen Widerstand gegen die »Verachtung, die Unwert schweigendem Verdienst erweist« (Hamlet).

Die Art der Loyalität, eine hohe seelische Haltung, die sich in dieser Gestalt ausspricht, war schon damals (in der Zeit Metternichs, in den zwanziger Jahren des 19. Jahrhunderts) einem gebildeten Theaterpublikum so unverständlich, daß Kaiser Franz (ein bauernschlauer Tyrann, dessen Tante guillotiniert wurde) diesen Punkt in seinem Burgtheater überhaupt nicht berührt haben wollte; so daß er nach der erfolgreichen Premiere den Dichter zu sich beschied und ihm sagte, das Stück habe ihm so gut gefallen, daß er es ganz allein für sich zu besitzen und anzukaufen wünsche – womit es aus der Öffentlichkeit verschwand, genau wie wenn es die Zensur verboten hätte.

Es mag sonderbar erscheinen, daß ein Dichter wie Grillparzer die Auferstehung, welche die deutschen Klassiker am Beginn unseres Jahrhunderts erfuhren, nicht mitgemacht hat und daß er erst in letzter Zeit neuerlich anerkannt zu werden beginnt. Aber der Grund sollte dem klar sein, der verstanden hat, was der Unterschied zwischen Dichtung und Wortmusik ist, und daß jene Auferstehung die alten Klassiker eigentlich nur verständlich gemacht hat, insofern sie auch Wortmusiker gewesen sind; die Volkslieder, Hölderlin, Eichendorff, Mörike konnten wieder entdeckt werden, als man begann, für Gefühlswerte, die sich in der Sprache zeigten, ein tieferes Verständnis aufzubringen, als es bei der Schätzung der alten Dichtung der Fall war. Sie konnten jetzt verstanden werden, weil man begann, auch für Gefühlswerte, die nicht als solche angesprochen wurden, ein Ohr zu haben.

Eine Welle von »Irrationalismus« und Gefühlsverherrlichung, eben das, wogegen die unmittelbare Tendenz des Tractatus sich richtet, war in den ersten Jahrzehnten des 19. Jahrhunderts zu einer neuen Spielart des Unsinns geworden, weil sie wieder von einem Unsinn in den entgegengesetzten verfallen ist. Ihre Losung war: »Also fort mit dem Verstand, der uns ins Unglück geführt hat. Suchen wir unser Heil im Gefühl ohne Verstand!«

Nicht Kopf oder Herz, nicht Verstand oder Gefühl kann die Lösung sein: sondern Verstand mit Gefühl, Kopf mit Herz. Man kann nicht sagen: Das, was uns fehlt, ist Gefühl; sondern viel eher: was unserem Verstand fehlt, ist Gefühl; wir brauchen einen Verstand, der Gefühl hat. Und eben das ist das unausgesprochene, sich am Verstand zeigende Gefühl. Und eben das ist es, was man Herz nennt: ein Gefühl, das nicht einfach frei ausströmt, in Gefühlsseligkeit sich hingibt; sondern das, gehemmt und nach innen zurückgewendet, das ganze Wesen durchströmt und es selbst dort erwärmt, wo es ohne das am kältesten zugeht: im Verstand.

5

Wittgenstein hat bestimmt nie in seinem Leben ein Gedicht gemacht,[13] d.h. es ist ihm sicher nie eines eingefallen, auch nicht im Alter, in dem dies damals so gut wie alle geistig interessierten jungen Leute taten. (Für ihn war »der Einfall« so entscheidend, daß er seinen eigenen philosophischen Satz nur dann anerkannt hat, wenn er ihm in der richtigen sprachlichen Form eingefallen war.) Ich nehme es deshalb als sicher an, weil mir Wittgenstein einmal sagte, es sei ihm in seinem ganzen Leben nur ein einziges Mal eine Melodie eingefallen.[14] Und das bei seiner umfassenden Detailkenntnis der ganzen klassischen deutschen Musikliteratur. Er spielte zur Zeit, da ich ihn kennenlernte, kein Instrument; erst später lernte er Klarinette blasen und blies sie sehr gut; ich erinnere mich, ihn einmal den »Hirten auf dem Felsen« von Schubert mit Klavierbegleitung blasen gehört zu haben.

Bis dahin konnte er wunderbar pfeifen, und wenn einmal die Rede auf die Viola-Stimme im dritten Satz eines Beethoven-Quartettes kam, war er imstande, sie einem durch den ganzen Satz hindurch vorzupfeifen, wobei sein Pfeifen so rein und stark war wie ein Instrument. Das habe ich selbst mehrmals von ihm gehört.

Bei seiner Schwester, Frau Stonborough, die damals in dem großartigen Schönborn-Palais in der Renngasse eine ausgedehnte Wohnung gemietet hatte, war ich einmal Zeuge einer Musikprobe: eines der bekannten Wiener Streichquartette war eingeladen, zu einer späteren Vorführung in diesem Haus ein Musikstück zu proben, und bei einer der ersten Proben war Wittgenstein unter den wenigen Zuhörern. Wie gewöhnlich erst äußerst zurückhaltend, geriet er, nachdem er einmal einige bescheidene Bemerkungen gemacht hatte, schließlich in Feuer, vergaß sich und mischte sich in die Probe ein. Die Musiker reagierten darauf zunächst ein bißchen spöttisch, da sie den unscheinbaren Jüngling in seiner schäbigen Militäruniform (die Jacke trug er auch nach dem Krieg noch längere Zeit) wohl für einen auf seine Musikkenntnisse eingebildeten Dilettanten hielten, gegen den sie, als gegen den Bruder der vornehmen Gastgeberin, nicht so abweisend sein wollten, wie sie es sonst in einem solchen Falle sicher gewesen wären.

Ich war aber auch noch Zeuge einer späteren Probe, bei der er, von allen vieren ganz anerkannt, das Wort führte und dessen Einwände und Ratschläge sie in der Haltung aufnahmen, als wäre es Gustav Mahler selbst, der ihnen da dreinredete.

---

13 Vgl. dazu die neuere Ausgabe der *Vermischten Bemerkungen*, wo ein, angeblich von Wittgenstein verfaßtes, Gedicht publiziert ist. Genauere Angaben wie Zeit der Entstehung usw. fehlen allerdings.

14 Vgl. dazu eine Eintragung Wittgensteins vom 28.4.1930, wo er den Wunsch äußert, »eine Melodie zu komponieren.« Es wundere ihn, daß ihn »bei dem Verlangen danach nie eine eingefallen« sei. Mit der Komposition einer Melodie erhoffte er, sein »Leben quasi zusammenfassen« und »es krystalliert hinstellen« zu können. (*Denkbewegungen*, S. 9f.)
Vgl. auch die »Verstreuten Notizen« aus dem Nachlaß Paul Engelmanns, S. 142.

Ähnliches habe ich auch auf anderen Gebieten erlebt, wo er sich in analoger Weise betätigte; überall ging den Beteiligten nach kurzem auf, daß man so eine Gelegenheit, Wichtiges zu lernen, nicht auslassen dürfe. Wo er aber seiner Sache nicht ganz sicher war, machte er den Mund nicht auf.

6

Norman Malcolm erzählt, daß Wittgenstein eine große Vorliebe für Detektivgeschichten hatte und einmal sagte:»Und wo man so etwas bekommt, gibt es Leute, die den Mind[15] lesen!« Aber die Mehrzahl seiner Leser halten so etwas gewiß für Ironie, zumindest für eine stark ironische Übertreibung einer wirklich bestehenden Antipathie. Wenn sie sich vorstellen könnten, wie echt diese und wie wenig übertrieben ihr Ausdruck in einem solchen Urteil war! Ein Mensch mit einem Unterscheidungsvermögen, wie er es besaß, mußte erfüllt sein von einer unüberwindlichen Abneigung gegen jede nur angemaßte Geistigkeit.

Es war ihm wirklich ein besonderes Vergnügen, Detektivgeschichten (nicht jede!) zu lesen, und es erschien ihm als Zeitvergeudung, mittelmäßige philosophische Betrachtungen zu lesen. Die Vorliebe für Detektivgeschichten gehörte einer späteren Zeit an. Während unserer gemeinsamen Arbeit am Bau in der Kundmanngasse war Wittgenstein aber, aus einem analogen Interesse, ein häufiger Besucher des Kinos, und zwar der Wildwestfilme.

Tolstoi hat in seinem Buch»Was ist Kunst?«, das auch Wittgenstein mit besonderem Interesse und sogar teilweiser Zustimmung gelesen hat, den Gedanken ausgesprochen, daß die europäische Kunst der letzten Jahrhunderte wirkungslos bleiben mußte, weil sie nicht allgemein verständlich war, d.h. weil sie nicht den»Armen im Geiste« ebenso wie den Gebildeten etwas zu geben hatte, und als Beispiel eines wahrhaften und für immer beständigen Kunstwerkes führt er die Geschichte Josephs und seiner Brüder aus dem Alten Testament an, die, wie er meint, auf den russischen Bauern wie auf den russischen Gebildeten, ja wie auf den chinesischen Bauern die gleiche seelische Wirkung ausübe. Und Tolstoi hat in seinen letzten Lebensjahren große Hoffnungen auf den damals in seinem Anfangsstadium befindlichen Film gesetzt und mit Begeisterung auf die Möglichkeiten hingewiesen, die hier, wie er meinte, vorhanden seien, den Massen echte seelische Wirkungen zu vermitteln, wie es ehemals der Kunst möglich gewesen ist. Wir wissen heute, daß vom Film eine ungeheure Massenwirkung ausgeht, die aber sich in ganz anderer Richtung bewegt als in der, welche Tolstoi wünschte.

Auch Wittgenstein sah im Film eine große Möglichkeit und sogar die einer guten seelischen Beeinflussung, die er sich aber realistischer und weniger naiv als Tolstoi vorstellte. In der Zeit, wo ich mit ihm zusammen am Bau in der Kundmanngasse beschäftigt war, gingen wir häufig abends in ein Vorstadtkino, in dem Wildwestfilme gegeben wurden, die dem Publikum der besseren Kinos nicht vornehm genug waren. In diesen Filmen (der weltberühmte Held war damals Tom Mix) war der

---

15 Die führende englische philosophische Zeitschrift, gegründet 1876.

Inhalt immer eine wilde Jagd auf Räuber, mit dem Sieg des Guten, der Befreiung des entführten Mädchens und dem Happy-End. Gerade darin sah Wittgenstein die Ähnlichkeit mit dem echten Märchen als Verkörperung eines Wunschtraumes.

Was er hier fand und, nicht etwa in erzieherischer Absicht, sondern mit größter Befriedigung, als eine seelische Befreiung genoß, wie sie die Kunst heute sonst nicht mehr ähnlich zu bieten hat, war aber auch unlöslich mit dem verknüpft, was das Theater einmal zu bieten hatte, und nach dessen Verschwinden es abgestorben ist: Die Mitwirkung des Publikums, dessen Teilnahme, ja Begeisterung, bei dieser Kollektivkunst eng mit dem zusammenhängt, was auf der Bühne (und hier sogar nur auf der Leinwand!) vor sich geht und was mit ihm zusammen erst die ganze Wirkung ausmacht.

Grillparzer, der als berühmter Dramatiker seine letzten Dramen nicht mehr spielen ließ, weil es »kein Publikum mehr gebe!«, schrieb schon lange vorher, daß es ihm selbst »als dramatischem Dichter der rückhaltlose Ausbruch eines überfüllten Schauspielhauses immer zehnmal interessanter, ja belehrender war, als das zusammengeklügelte Urteil eines an Körper und Geist verkrüppelten literarischen Matadors« (womit der Kritiker Saphir gemeint war, der damals alles Echte und dabei Erfolgreiche besudelte).

Mit dem Tonfilm war Wittgensteins Interesse für diese primitive, aber echte Kunstgattung erschöpft. Die wenigen Jahre, welche im technischen Zeitalter zur Entwicklung neuer großer Kulturfakten übriggeblieben sind, bevor diese durch eine unvermeidliche neue »Verbesserung« überholt und erledigt werden, hatten diesmal genügt, um neue Kunstformen entstehen und sich entwickeln zu lassen.

Wittgenstein hat immer wieder die allgemeine Bedeutung des Happy-End betont. Nicht nur ein Film ohne ein solches schien ihm ein Mißverständnis dieser von ihm sehr geschätzten Kunstform zu sein. Er meinte, es sei überhaupt das Wesen der Kunst, zu einem positiven Schluß zu führen. Der Film besonders erschien ihm als ein verkörperter Wunschtraum, der seinem eigentlichen Sinn gemäß nur mit der Erfüllung des Wunsches, der sich in diesem Traum manifestiere, enden könne.

Das mag für den Film im besonderen zutreffen, es scheint aber auf den ersten Blick als allgemeine Maxime über das Wesen des Kunstwerkes paradox. Man kann das hier aber auch in einem tieferen Sinn verstehen, wenn man an Hölderlins Distichon über den König Ödipus denkt:

Viele versuchen umsonst, das Freudigste freudig zu sagen,
Hier spricht endlich es sich, hier in der Trauer sich aus.

Hier wird selbst der tragische Schluß (scheinbar der gerade Gegensatz zum Happy-End), der innere Sieg des Höheren im Menschen über das Niedrige in ihm, den er nur durch seinen Tod erreicht und besiegelt, »das Freudigste« genannt. In diesem Sinn ist auch der tragische Schluß, allerdings nur für das Empfinden des höheren Menschen oder einer von ihm vorübergehend bewegten Zuschauermenge, sozusagen ein Happy-End.

Der eigentliche Kern dieser Anschauung aber scheint mir zu sein, daß Kunst nur sein kann, was in irgendeinem Sinn zu einer Lösung führt; das Kunstwerk ist gewissermaßen ein Exempel für eine solche Lösung.

IV. Bemerkungen zum Tractatus

1

Besonders in jener frühen Zeit, da er zum ersten Mal in Olmütz war, litt Wittgenstein an einer leichten Sprachstörung, die sich aber später verloren hat. Besonders rang er damals nach Worten, wenn er angestrengt bemüht war, einen »Satz« beim Sprechen zu formulieren. Ich konnte ihm öfter dabei helfen, die richtigen Worte zu finden, indem ich selbst den Satz aussprach, um den er gerade bemüht war. Das war mir möglich, da ich damals wirklich ein feines Verständnis dafür hatte, was er sagen wollte, und er hat in solchen Fällen mehr als einmal sehr erleichtert ausgerufen: »Wenn ich einen Satz nicht herausbringe, kommt der Engelmann mit der Zange (Geburtszange) und reißt ihn mir heraus!« Die Erinnerung an diese Fähigkeit, die ich in meiner Jugend besessen hatte, gab mir den Mut, diese für den Philosophen vielleicht wenig befriedigenden Bemerkungen zu einer Lehre, die mein Denken beeinflußt hatte, hier niederzuschreiben.

Dem gewöhnlichen Leser, auch dem philosophischen, erscheinen Wittgensteins Grundgedanken, die im Tractatus logico-philosophicus enthalten sind, meist darum als unverständlich, weil sie »zu kompliziert« seien. Sie sind es nicht; aber sie sind unverständlich, weil die seelischen Voraussetzungen, aus denen ein solches Denken allein entspringt und die in vermindertem Maß auch beim Leser vorhanden sein müßten, nicht da sind.

Daher werden auch die folgenden Hinweise auf die Bedeutung seines Hauptwerkes vielen Lesern, selbst philosophisch gebildeten, etwas sagen. Es ist mir daher nicht möglich, über den später angedeuteten Inhalt des Buches zu sprechen, wenn ich nicht vorher auf die folgenden Punkte hinweise. Zu verstehen, in welcher Absicht es geschrieben ist, erscheint mir als der einzige Schlüssel zu seinem Verständnis.

Durch seinen, für einen Philosophen ganz abnormen Bildungsgang, dadurch, daß er erst als reifer Denker, der auf anderen Gebieten des Wissens und der Technik ganz unphilosophisch bereits denken gelernt hatte, ehe er mit Theorien der Logik (durch Bertrand Russell[16]) überhaupt in Berührung kam, hatte Wittgenstein einen für einen selbstdenkenden Kopf unschätzbaren Vorteil vor seinen Kollegen. Wittgenstein war schon als Mittelschüler von ganz ungewöhnlich technischer Begabung und baute unter anderem Flugzeugmodelle, die Probleme einer viel späteren Entwicklung zu lösen versuchten.[17] Allem philosophischen Denken stand er aber damals noch fern. Er trat als ein Fremder, der schon denken konnte, in Diskussionen ein, vor denen jeder andere Student so verwirrt steht, wie im Faust der ehrfürchtige junge Student vor den ironischen Schilderungen der akademischen Weisheit durch

---

16 Wittgenstein mag vielleicht Russell als ersten *gelesen* haben, eine persönliche Begegnung fand jedoch anscheinend zuerst mit Frege statt (vgl. G.H. v. Wright, »A Biographical Sketch«, in: N. Malcolm: *Ludwig Wittgenstein. A Memoir*. Oxford: Oxford University Press, 1984. S. 6).

17 Ähnliches erzählt man aus der Zeit, wo Wittgenstein in Manchester lebte (1908–1911). Siehe dazu den Bericht von W. Mays (*Mind*. LXIV. Oxford: Oxford University Press, 1955. S. 247f.).

Mephisto. Goethe, dem es selbst ebenso gegangen ist, hat in dieser Jugenddichtung das Problem der akademischen Bildung ins Zentrum seines autobiographischen Werkes gerückt. Die ganze erste Studierzimmer-Szene ist treffendster und blutigster Hohn eines echten Genies auf die akademische Bildung, in der er selbst, und nach ihm sein Schüler Schopenhauer, eine Hauptquelle der ständig wachsenden geistigen Menschheitsumnachtung (»Der Finsternis unserer Zeit«, wie Wittgenstein es später einmal nannte[18]), gesehen hat. – Ein Hauptgrund des Übels ist, nebenbei gesagt, daß hier vor dem angehenden Studenten der normale Lehrer das Steckenpferd seiner Spezialprobleme reitet, so daß dieser unvorbereitet in eine Verwirrung gerät, aus der es selbst für einen Kopf wie für den Wittgensteins keinen Weg mehr, zum Wesen der Sache vorzudringen, hätte geben können, wäre auch er hier unvorbereitet hineingeraten.

Unter den verschiedenen Voraussetzungen zum Verständnis dieses Autors und seines Buches scheint mir folgende Bemerkung besonders wichtig: Wittgenstein ist zur Abfassung des Tractatus angeregt worden durch das Studium der Werke von Frege und Russell, die man, wie ich glaube, neben dem Physiker Heinrich Hertz als seine hauptsächlichen Lehrer ansehen kann. Die Dissonanzen zwischen seinem aus den tiefsten persönlichen Erlebnissen und Konflikten geborenen Gedankensystem, das in ganz origineller Weise ein philosophisches Weltbild zu geben sucht, und den bei diesen Lehrern, den Neubegründern der Logik, vorgefundenen logischen Systemen haben dazu geführt, daß in der gedanklichen Formulierung dieses mystischen Erlebniskomplexes gerade die Seiten in die stärkste Beleuchtung getreten sind, die zugleich die Korrektur von Irrtümern dieser von ihm hochgeschätzten Lehrer enthalten. (Russell hat nach seinen eigenen Berichten diese Korrekturen, wenigstens zum Teil, akzeptiert.) Man versteht aber Wittgenstein nicht, wenn man nicht erfaßt, daß es ihm dabei um die Philosophie zu tun ist und nicht um die Logik, die ihm hier nur das einzige gebotene Mittel war, sein Weltbild zu entwickeln.

Der Tractatus tut das in großartig überlegener Weise und annulliert das Resultat in strenger Konsequenz, um eben dadurch seine Grundgedanken, oder besser gesagt, seine Grundtendenz, die nach seiner Erkenntnis grundsätzlich nicht direkt vermittelt werden kann, indirekt doch zur Kenntnis zu bringen. Er annulliert zum Schluß dieses von ihm gegebene Weltbild zugleich mit den »Kartenhäusern der Philosophie« (die er wenigstens damals dadurch umgestoßen zu haben meinte), um zu zeigen, »wie wenig damit getan ist, daß diese Probleme gelöst sind«; wodurch er zeigen will, daß diese Versuche menschlichen Denkens, das »Unaussprechliche auszusprechen«, ein hoffnungsloser Versuch sind, den ewigen metaphysischen Drang des Menschen zu befriedigen.

Wie wenig aber der Sinn des Tractatus verstanden wird, zeigt die folgende Bemerkung in einem »Philosophischen Lexikon« (von D. Runes[19]): Wittgenstein sei im letzten Teil seines Buches zu »certain mystical conclusions«, zu gewissen mysti-

---

18 In der Einleitung zu den *Philosophischen Untersuchungen*.
19 Vgl. D. Dagobert D. Runes (ed.): *Dictionary of Philosophy*. New York: Philosophical Library, 1960.

schen Folgerungen aus seinen Ansichten über die Logik gelangt. Man meint hier ein indigniertes Kopfschütteln wahrzunehmen, darüber, daß ein Wittgenstein, nach allem Vorangegangenen doch ein ernstzunehmender Denker, am Ende noch solchen subjektiven Nebelhaftigkeiten zum Opfer gefallen ist. – Was immer der Werdegang dieses Gedankensystems gewesen ist: Logik und Mystik sind hier aus einer und derselben Wurzel gewachsen; und es ist plausibler zu sagen, daß Wittgenstein aus seiner ganzen mystischen Haltung zum Leben und zur Welt auch seine »logical conclusions« gezogen hat. Daß er gerade über diese fünf Sechstel seines Buches geschrieben hat, kommt daher, daß man noch in irgend einem Sinne über sie reden kann.

Eine ganze erste Schülergeneration konnte ihn für einen Positivisten halten, weil er mit diesen wirklich etwas enorm Wichtiges gemein hat: Er zieht die Grenzlinie zwischen dem, worüber man sprechen kann, und dem, worüber man schweigen muß, genauso wie sie. Der Unterschied ist nur, daß die nichts zu verschweigen haben. Der Positivismus meint, daß, worüber man sprechen kann, sei das allein Wichtige im Leben. Das und nichts anderes ist seine Pointe. Während Wittgenstein davon durchdrungen ist, daß es für das Leben des Menschen allein auf das ankommt, worüber man, nach seiner Meinung, schweigen muß. Wenn er trotzdem seine ungeheure Mühe darauf richtet, dieses Unwichtige zu umgrenzen, so ist es ihm dabei nicht darum zu tun, die Küstenlinie dieser Insel, sondern diese Grenze des Ozeans so peinlich genau festzustellen.

Seine »mystical conclusions« aber sind: »Der Sinn der Welt muß außerhalb ihrer liegen« (6.41). (... aber er zweifelt nicht daran, daß sie einen Sinn hat – ein Zweifel, der der Inbegriff der modernen Verlorenheit ist.)

»Es gibt in *ihr* keinen Wert – und wenn es ihn gäbe, hätte er keinen Wert« (6.41). (... aber das, was den Dingen ihren Wert gibt, den sie haben, den sie aufweisen, ist eben nicht in der Welt. – Nur muß man all diesen Kommentaren sein »aber das kann man nicht sagen« hinzufügen.)

»*Wie* die Welt ist, ist für das Höhere vollkommen gleichgültig. Gott offenbart sich nicht *in* der Welt« (6.432). (... aber er offenbart sich an der Welt, dadurch, daß die Welt da ist.)

»Es gibt allerdings Unaussprechliches. Dies *zeigt* sich, es ist das Mystische« (6.522). (... und nicht etwa »ein bläulicher Dunst um die Dinge«, der sie interessant erscheinen läßt. [Mündlich.])

Es ist sein ein und ewiger Gedanke: das Höhere, die Werte, Gott, ist nicht ein Inhalt, etwas in der Welt, und was man in ihr finden kann und nachweisen kann (also nicht etwas, was die Dinge, die Tatsachen, die Welt sagen): Es ist etwas, was sich an der Welt, von außerhalb her zeigt.

Mag der Versuch, den Wittgenstein im Tractatus unternommen hat, geglückt oder mißglückt sein: die entscheidende Bedeutung des Buches wird dadurch, wie ich meine, nicht berührt. Sie besteht in der trotzdem unwiderlegbaren Scheidung des Höheren, das es gibt, von dem problematischen Ausdruck des Höheren, auf dessen fundamentale Problematik hier hingewiesen worden ist.

Und ein wirklich gläubiger Mensch wird aus dem Verständnis dieses Philosophen die Ermutigung schöpfen, sich durch Aufklärung und Wissenschaft selbst dort, wo sie berechtigt sind, nicht beirren zu lassen: Denn sie reichen gar nicht bis dorthin, wo das beginnt, worauf es ihm allein ankommt. Glaubt man denn, daß ein Werk wie der Tractatus von einem ausschließlich für das Logische begabten Menschen hätte geschrieben werden können? Sein Autor ist ein Mensch von außergewöhnlichen Fähigkeiten auf fast allen geistigen Gebieten, »den irrationalen« wie »den rationalen«, gewesen. Wahrscheinlich hätten seine ästhetischen und ethisch-religiösen Einsichten die zeitgenössische »irrationale« Fachliteratur weit übertroffen und wären, in einem philosophischen Werk niedergelegt, für sie so einflußreich gewesen wie der Tractatus für die logisch-philosophische. Er hat aber – und mit Recht – geglaubt, daß das Entscheidende über diese Frage im Tractatus bereits irgendwie mit angedeutet ist.

2

Der Tractatus ist nicht etwa einer Betrachtung dessen, was die menschliche Sprache sei, gewidmet, sondern diese wird hier als Spezialfall der logischen, umfasenderen Kategorie des Abbildens betrachtet. Während z.B. für die kantische Erkenntnislehre die »Vernunft«, die der Gegenstand dieser Kritik ist und die im Tractatus durch »die Sprache« ersetzt wird, als das menschliche Denken erscheint, ist der bereits entscheidende Schritt zur Denkweise des Tractatus der, daß alles hier von der Sprache »Gesagte« für jede mögliche Sprache, sei es auch eine außermenschliche (es mag nun so etwas geben oder nicht), aber nur insofern eine solche Sprache eine Art des Abbildens wäre, Geltung haben müßte.

Nichts ist für mich in dieser Hinsicht so aufschlußreich wie die peinliche Vermeidung jedes psychologistischen Denkens. Diese geht bei ihm zur Zeit der Abfassung des Tractatus (von seinem Standpunkt aus mit vollem Recht) so weit, daß selbst Ausdrücke, die seit jeher das Handwerkszeug der Psychologie bilden, vermieden werden, weil das, um dessen saubere Aufklärung es hier geht, in einem solchen Ausdruck bereits mit all seinem historischen Drum und Dran unabänderlich präjudiziert ist. Im Handexemplar seiner Maschinenschrift des Tractatus[20] ist, als beinahe einzige handschriftliche Korrektur, der dort entscheidende Satz »Die Tatsachen begreifen wir in Bildern.« (2.1) gestrichen und durch »Wir machen uns Bilder der Tatsachen« ersetzt.

Das mag leicht als übertrieben erscheinen, aber es gleicht der peinlichen Sorgfalt des Chirurgen bei der Reinhaltung seiner Instrumente. Wie nur dieser selbst in einem solchen Fall am besten versteht, daß es hier um Leben und Tod des Patienten geht, so weiß Wittgenstein selbst am besten, daß es bereits in der Wahl solcher Ausdrücke um sein ganzes philosophisches Bemühen geht.

Das neuere menschliche Denken ist durch die Psychologie infiziert. Daher ist die nicht nur psychologiefreie, sondern antipsychologistische Denkmethode des Tractatus nötig. Sie ist darum zwar etwas Verwandtes, aber doch durchaus Andersartiges und entscheidend Weitergehendes als bei den Denkern, die auch vor ihm schon gewiß aus ähnlichen Motiven ihre hauptsächliche Hoffnung auf eine logische Denkmethode gesetzt hatten.

---

20 Dieses Manuskript hat Wittgenstein ursprünglich P. Engelmann geschenkt. Dank der Großzügigkeit von P. Engelmanns Freunden befindet es sich nun in der Bodleian Library, Oxford.

Es erscheint mir also als der richtige Weg, um zu einem Verständnis des Tractatus nach meiner Auffassung und dabei gleich in medias res zu gelangen, der zu sein, den Wittgenstein selbst damals, noch voll von diesen Gedanken, wie selbstverständlich, in den Gesprächen zur ersten Zeit unserer Bekanntschaft gegangen ist, und ich will ihn auch hier nach Möglichkeit einschlagen, da er damals in diesem Hauptpunkt, einen noch »Außenstehenden« zu informieren, vollen Erfolg hatte. Denn ich war dadurch imstande, in den folgenden Jahrzehnten, als ich seinen mündlichen Beistand nicht mehr hatte, mir die späteren Abschnitte des Buches, die mir zur Zeit des persönlichen Kontaktes noch verschlossen geblieben waren, zum größten Teil selbständig auf jener Grundlage zum Verständnis zu bringen.

Auf einer Seite steht die Welt, auf der anderen die Sprache.

»Die Welt ist alles was der Fall ist« (1). D.h.: Wenn ich einen Schüler z.B. frage: »Aus welchen Elementen setzt sich die Welt zusammen oder baut sie sich auf?« und wenn er die Frage versteht, wird er wohl antworten: »Die Welt setzt sich aus Gegenständen zusammen, wie Bäume, Häuser, Menschen, Tische; und alle Gegenstände zusammen sind die Welt.« Das ist aber nicht richtig. Es ist das Kennzeichen eines Elementes, eines Bausteines der Welt, daß sich aus solchen Bausteinen die Welt wieder aufbauen läßt, aber eine Sammlung von Gegenständen genügt nicht für diesen Zweck. Denn es fehlt die Kenntnis der Verbindungen, in denen die Gegenstände zueinander stehen, um eine Rekonstruktion auf noch so unvollständige Art herzustellen. In der Wirklichkeit tritt der Tisch nur in Verbindungen auf wie in den Sätzen: »Der Tisch steht im Zimmer.« oder »Der Tischler hat den Tisch gemacht.« usw. Also nicht der Tisch, sondern daß der Tisch im Zimmer steht, ist eines von den Elementen, aus denen sich die Welt zusammensetzt. Ein solches Element ist eine Tatsache.

»Was der Fall ist, die Tatsache, ist das Bestehen von Sachverhalten.« (2). Ein Sachverhalt ist eine Konstellation von Gegenständen. Und ein Sachverhalt, der wirklich besteht (nicht bloß möglich ist), ist eine Tatsache. Daß der Tisch im Zimmer steht (und nicht etwa in der Küche), ist ein Sachverhalt. Wenn er wirklich dort steht, so ist dieser Sachverhalt eine Tatsache.

Soviel hier von der Welt. Und nun von der anderen Seite, von seiten der Sprache: Wie der Sachverhalt ein Element der Welt, so ist der Satz das Element der Sprache. Der Satz ist ein Bild der Tatsache. Der Satz ist die Beschreibung eines Sachverhaltes, ein Bild eines Elementes der Welt.

Der Satz setzt sich aus Worten (Namen) zusammen, wie sich der Sachverhalt (und die Tatsache) aus Gegenständen zusammensetzt. Die Worte des Satzes bilden eine analoge Konstellation wie die Gegenstände der vorliegenden Tatsache, und dadurch geben sie ein Bild dieser Tatsache.

Nicht das Wort, der Name, ist ein Bild des Gegenstandes – es ist das nicht, sondern bloß ein Zeichen, das für einen Gegenstand gesetzt ist, aber der Satz ist ein Bild der abgebildeten Konstellation von Gegenständen.

Ein Bild kann alles darstellen, nur nicht seine eigene abbildende Beziehung zu dem von ihm abgebildeten Inhalt. (Die Projektionsstrahlen vom Vorbild zum Abbild können nicht selbst im Bild erscheinen.) Sind nun die wahren Sätze ein Bild der Welt, so kann in ihnen nicht von ihrem eigenen Verhältnis zur Welt die Rede sein, das sie zu ihrem Bild macht.

Davon aber gerade bemüht sich die Philosophie zu reden, sie will das Verhältnis der Sprache zur Welt darstellen. Gerade über diesen Punkt, der das Thema der Erkenntnistheorie ist, gelang es Wittgenstein, mir während seines ersten Olmützer Aufenthaltes die entscheidende Einsicht zu vermitteln.

Dieses unaussprechbare Verhältnis von Sprache und Welt aber ist die Logik. (»Es gibt keine Sätze der Logik.«[21]) Hier liegt der Grund, warum Wittgensteins philosophische Untersuchung eine logische ist und keine psychologische, wie die erkenntnistheoretischen Versuche der traditionellen Philosophie es im Grunde sind, auch wenn sie es selbst nicht wahrhaben wollen. Denn sie betrachten dieses Verhältnis zwischen Sprache und Welt als Prozesse des menschlichen Denkens, während die Unaussprechlichkeit dieses Verhältnisses in dem logischen Verhältnis von Bild und Abgebildetem liegt, der zwischen Gedanken und Sätzen einerseits und den Tatsachen der Wirklichkeit anderseits besteht.

Ein Satz bildet etwas (nämlich einen Sachverhalt) ab.

Die »grammatische Regel« seiner Anwendung ist, daß er etwas außer sich selbst abbildet. Er wird sinngemäß angewendet als etwas nach außen Gerichtetes.

Nun »kann« man aber auch den Satz auf sich selbst anwenden und versuchen, ihn selbst abzubilden.

Das »kann« man, ebenso wie man auf den Händen gehen und auf dem Kopf stehen kann. Aber man tut damit etwas gleichsam gegen die »Grammatik« der Hände, der Füße und des Kopfes.

Man »kann« natürlich experimentell so etwas tun, um zu sehen, was dabei herauskommt, und das kann ja für ein Spezialgebiet des Wissens interessant sein. Aber man muß sich davor hüten, das Ergebnis zu verallgemeinern und daraus neue grammatische Regeln über die betreffenden Verhaltungsarten abzulesen. Das aber bedeutet der Versuch, ein solches Experiment philosophisch zu verwerten.

Die Art, wie der auf dem Kopf Stehende die Dinge sieht, ist nicht die, wie sie der auf den Füßen Stehende sieht. Und die Resultate solcher Experimente werden, ohne Rektifizierung durch den common sense (d.h. die uralte Menschheitserfahrung) und durch verallgemeinerte, aber nicht so rektifizierte Resultate im Einzelfall zum Nonsens, als Menschheitsverhalten aber zur Geisteskrankheit von eventuell katastrophalen Folgen.

Kennt man die elementaren Tatsachen, so sind dadurch alle möglichen zusammengesetzten Tatsachen gegeben. Die logischen Beziehungen zwischen den Tatsachen werden durch die entsprechenden Beziehungen zwischen den Sätzen abgebildet. Die zusammengesetzten Sätze lassen sich mit Hilfe der sogenannten logischen Konstanten aus den Elementarsätzen herstellen. Diese logischen Konstanten werden durch Worte wie »und«, »oder«, »wenn«, »nicht« bezeichnet; diese stellen nämlich eine prinzipiell andere Art von Worten dar als die übrigen; das sieht man in der gewöhnlichen Sprache nicht, weil sie unter den übrigen im Satz stehen; aber sie

---

21 Nicht zitiert aus dem *Tractatus*. Dort heißt es zwar, daß es keine Sätze der Ethik geben kann (vgl. 6.42), Sätze der Logik werden aber – außer vielleicht in 4.461 – zugelassen. Das Verhältnis zwischen Sprache und Welt wird jedoch als unaussprechlich betrachtet. (Vgl. 2.172, 4.041, 4.12 usw.)

stehen in Wirklichkeit im Satz nur als Zeichen von Operationen, die mit den Sätzen vorgenommen werden. Diese Zeichen dienen dazu, aus den von Wittgenstein sogenannten »Elementarsätzen« komplexe Sätze zu machen. »Es regnet« ist ein Elementarsatz, »es regnet nicht« ein komplexer Satz, der mit Hilfe der logischen Konstante »nicht« aus diesem Elementarsatz entstanden ist.

»Mein Grundgedanke ist, daß die ›logischen Konstanten‹ nicht vertreten. Daß sich die *Logik* der Tatsachen nicht vertreten läßt« (4.0312).

Um diesen Grundgedanken zu vermitteln, war das bis dahin im Tractatus Gesagte nötig. Und Wittgenstein nennt diesen Gedanken gewiß auch darum seinen Grundgedanken, weil er von größter Bedeutung für die ganzen von ihm behandelten Probleme ist.

Stellen wir uns vor, daß bisher unentzifferte Hieroglyphen eines ausgestorbenen Volkes entdeckt würden, man hat aber bereits konstatiert, daß zehn von diesen Zeichen die zehn Ziffern des Dezimalsystems bedeuten. Die Bedeutung von zwei weiteren Zeichen aber hat man noch nicht ermittelt, und man nimmt schließlich an, daß die zwei weiteren Zeichen im Gegensatz zu den zehn anderen nichts anderes sind als das Plus- und das Minuszeichen; daß diese beiden also, im Gegensatz zu den anderen zehn Zeichen, »nicht bezeichnen«; respektive sie »bezeichnen« in ganz anderer Weise etwas, was außerhalb der Reihe der anderen bezeichneten Objekte liegt und nicht unter deren Bezeichnungen gemischt werden darf.

So bezeichnen, nach Wittgensteins Erkenntnis, die logischen Konstanten keine Inhalte der Wirklichkeit; d.h. während den anderen Bezeichnungen ein Gegenstand entspricht, womit sie korrespondieren, entspricht den Zeichen »und«, »nicht« etc. nichts Derartiges; sie bezeichnen logische Tätigkeiten, die man mit dem ganzen übrigen Begriffsmaterial vornimmt, wie das Plus- und das Minuszeichen ähnliche Tätigkeiten andeuten, die man mit den zehn Zahlen und Ziffernzeichen vornimmt.

Was geschieht, wenn ich einen Satz »verneine«? Sprachlich kann ich das nur tun, indem ich eine Darstellung des zu verneinenden Sachverhaltes zunächst genauso »hinzeichne«, als wenn ich ihn bejahen wollte, und dann durch Hinzufügung der logischen Konstante »nicht« die Zeichnung wieder wegradiere (ich kann also den Sachverhalt »das Buch liegt nicht auf dem Tisch« dadurch darstellen, daß ich zunächst einen Tisch mit einem daraufliegenden Buch zeichne und dieses Bild dann durch die logische Konstante »nicht« wegradiere).

Eine ähnliche bedeutungsvolle Rolle wie in der neueren Logik diese logischen Konstanten, spielen in den älteren philosophischen Systemen, die mit ihnen nahe verwandten, nicht rein logischen, sondern transzendental-logischen »Kategorien«. Kant, dessen »Kritik der reinen Vernunft« in der Hauptsache eine Lehre von den Kategorien als den ordnenden Grundprinzipien des menschlichen Denkens (»der Vernunft«) ist, berichtigt die von Aristoteles stammende Kategorienliste und formt sie zu seinen Kategorientafeln um. Sie sind für ihn aber synthetisch-apriorische Grundbegriffe des wissenschaftlichen Denkens, auf die sich alle übrigen apriorischen Begriffe zurückführen und fundieren lassen.

Auch die traditionellen philosophischen Ansichten würden nicht in Abrede stellen, daß der Elementarsatz ein Bild der Tatsache gibt. Aber sie würden darauf bestehen, daß die komplizierteren Satzformen (und die Sprache besteht ja nicht aus den Elementarsätzen selbst) die Fähigkeit haben, überempirische Sachverhalte darzustellen und nicht bloß Sachlagen, die in der Wirklichkeit bestehen oder bestehen können. Und hier ist der Zentralpunkt der Wittgensteinischen Ansichten: Nach seiner Meinung sind auch die komplexen Formen von Sätzen nur Funktionen von einfachen Sätzen, und sie können daher nichts ausdrücken, was nicht schon durch die in ihnen enthaltenen einfacheren Sätze gegeben wäre. Das Bestehen kausaler oder teleologischer Beziehungen zwischen den Tatsachen überschreitet jedoch den Bereich der Tatsachen und kann nicht in sinnvollen Sätzen ausgedrückt werden.

Eben um das zu zeigen, untersucht Wittgenstein die Bildung komplexer Satzformen aus Elementarsätzen.

Es ergibt sich, daß diese Möglichkeiten nach zwei Seiten hin begrenzt sind: Die eine Grenze ist die Kontradiktion, die andere die Tautologie. Zwischen diesen beiden Grenzfällen, die selbst keine sinnvollen Sätze mehr darstellen, erstreckt sich das Gebiet der sinnvollen Sätze. Und nur diese können ein wahres oder falsches, aber in beiden Fällen sinnvolles Bild der Sachverhalte geben.

Eine Tautologie ist kein sinnvoller (d.h. mit Inhalt begabter) Satz; sie kann aber ein unersetzliches geistiges Hilfsmittel sein, nämlich ein Instrument, durch dessen richtige Anwendung bei der Erfassung der Wirklichkeit, d.h. der Erfassung von Fakten, man zu sonst nicht oder schwerer zu erreichenden Einsichten kommen kann.

Die Mathematik ist nach Wittgenstein eine logische Methode. Und ihre Ausdrücke sind, wie alle logischen Sätze, Tautologien. Die Logik ermöglicht sinnvolle Sätze, aber es gibt keine sinnvollen Sätze der Logik selbst. Die Mathematik ist eine Methode, die nicht etwa irgend etwas Neues über den Inhalt von Sätzen lehrt. Sondern sie lehrt uns durch Substitution von Ausdrücken die Struktur anderer Ausdrücke in einer gewünschten Form hervortreten zu lassen, die im sinnvollen Satze versteckt war.

Die Mathematik besteht aus Gleichungen. Eine mathematische Tautologie (»Gleichung«) besteht darin, daß durch sie auf die Gleichwertigkeit verschiedener Ausdrücke (z.B. zwei mal zwei einerseits, vier anderseits) hingewiesen wird; dadurch wird es möglich, beide wechselweise füreinander zu verwenden, d.h. sie in einem Satz ohne Änderung des Wahrheitswertes auszutauschen. Durch Operationen, die aus Reihen solcher Auswechselungen bestehen, wird nun ein einleuchtendes (d.h. unmittelbar anschaulich gewordenes) Endresultat erreicht.

Es ist möglich, durch solche Operationen, durch dieses bloße Auswechseln von Ausdrücken, Endausdrücke zu erhalten, aus denen ein Zusammenhang psychologisch übersichtlicher abgelesen werden kann als aus den ursprünglich gegebenen Ausdrücken; und eben darin besteht der Wert der Mathematik für die Wissenschaft.

3

Wenn es Wittgenstein im Tractatus streng vermieden hat, auf die Geschichte der Philosophie direkt Bezug zu nehmen, ja wenn er selbst die üblichen philosophischen Probleme aus denselben Gründen hier beim Namen zu nennen vermeidet, so verzeihe mir der Leser, wenn ich trotzdem im folgenden auf andere philosophische Richtungen Bezug nehmen werde.

Wittgenstein hatte bekanntlich nur ein sehr begrenztes Interesse an der philosophischen Fachliteratur, nicht nur der zeitgenössischen, sondern auch der klassischen. Bei seiner großen und oft übertriebenen Gewissenhaftigkeit, die ihn zwang, jedes Thema, das ihn beschäftigte, aufs gründlichste zu überblicken, ist dies der Beweis dafür, daß sie ihm, sobald er sie doch gelesen hatte, wenig oder nichts zu geben hatte. Er fühlte sich darum auch in keiner Weise verpflichtet nachzulesen, ob etwas mit seinen eigenen Gedanken Übereinstimmendes oder ihnen Widersprechendes dort zu finden sei. Sehr häufig sagte er, wenn man ihm etwas aus der philosophischen Literatur zitierte oder den Inhalt einer Stelle berichtete, in vollem Ernst und in aller Bescheidenheit: Ich verstehe es nicht. Er hätte dazu erst äußerst mühsam in dem fremden Gedanken Parallelen zu seinen eigenen aufspüren müssen, mit einem Aufwand an geistiger Konzentration, zu dem er für diese ihm hier unwesentlich scheinende Arbeit nicht bereit war.

Seit Jahrhunderten führt die Metaphysik Rückzugsgefechte gegen die vordringende Naturwissenschaft. Eine Position nach der anderen von denen, darin sie sich früher sicher geglaubt hatte, mußte sie räumen; und heute konzentrieren sich die Bemühungen zu ihrer Rettung in der Errichtung einer Maginot-Linie, welche die Geisteswissenschaften und damit die Metaphysik gegen das Eindringen der naturwissenschaftlichen »positivistischen« Angreifer sichern soll. Es ist nichts unversucht geblieben, um die Standpunkte, Methoden etc. der Naturwissenschaften in den Geisteswissenschaften und zu deren Schutz bereits in deren Vorfeld, der Psychologie, ja der Biologie, als unzulässig zu erklären. Ja, sogar die Grundlagenerschütterung der modernen Physik wird von dieser Seite als Hoffnung aufgefaßt, den Angreifer auf seinem eigensten Gebiet weichen zu sehen.

Wittgenstein ist ein Ahner und Schätzer der Werte, die hier mit Recht beschützt werden sollen; aber ein Gegner von Maginot-Linien, von denen er nichts hält. Er sieht die Werte im »Unaussprechbaren«, und das beginnt hinter jedem Satz der Wissenschaft, der Natur- wie der Geisteswissenschaft. (Wenn auch die Gefahr ihrer Zerstörung hier näher liegt als dort.) Er zieht seine Grenze nicht quer durch die Wissenschaft, zur Abriegelung der Geistes- von den Naturwissenschaften, sondern hinter der gesamten Wissenschaft als Grenze des überhaupt Aussprechbaren vom Unaussprechbaren.

Die Bemühungen der neueren Philosophie sind darauf gerichtet, das durch die Entwicklung der Wissenschaft bedrohte »Höhere« (nämlich die auch lebenswichtigen Werte) dadurch in den Bereich des überhaupt Diskutierbaren einzuschmuggeln, daß »höhere« Satzformen (Kants synthetische Urteile a priori und Prinzipien und Postulate der reinen Vernunft) angenommen werden, die prinzipiell anderer, höherer Herkunft sein sollen als die Sätze, die aus dem niederen Reich der Sinnlichkeit, der Empirie, herkommen und daher Höheres nicht ausdrücken können.

Kants Beispiele für solche höheren Sätze sind der Mathematik entnommen. Wittgenstein behauptet, daß diese Sätze Wahrheitsfunktionen empirischer Sätze sind, deren inhaltlose Grenzformen (Tautologien) nichts über die empirische oder transzendente Wirklichkeit aussagen können. Zum anderen Teil beziehen sie sich auf die sogenannten allgemeinen synthetisch-apriorischen Prinzipien der Naturwissenschaft, aber auch diese haben nur den Wert willkürlicher, mehr oder weniger praktischer Regeln und stellen keine sinnvollen, wissenschaftlichen Sätze dar.

Mit der Sinnloserklärung der synthetisch-apriorischen Sätze in der Naturwissenschaft wird auch die letzte schwache Brücke von den Erkenntnissen der theoretischen zu den Prinzipien der praktischen Vernunft niedergerissen: Nach Kant führt zwar auch keine Brücke von jenen zu diesen; aber indem er eine oberste Norm der Ethik wiederum als Satz konzipieren will und eine praktische »Vernunft« gelten läßt, die analog der theoretischen verfährt, hat er sie wohl doch wieder errichtet. Hier wäre sie niedergerissen; wem das »Höhere« als nur auf dieser Brücke zugänglich erschienen ist, der hätte dann allerdings keinen Zutritt mehr dazu.

Das Resultat einer solchen Auffassung der Unaussprechlichkeit der Werte ist wiederum das Entgegengesetzte von dem, was eine oberflächlichere Betrachtung etwa erwarten würde: Gewohnt, daß die zwischen Religion und Wissenschaft vermittelnde Auslegung liberaler Theologen und Philosophen so lange Wasser in den Wein gießt, bis nur noch Wasser übrigbleibt, müßte man wohl als Konsequenz einer solchen Ansicht, nach der von Höherem gar nicht mehr gesprochen werden soll, einen ethisch-religiösen Nihilismus vermuten, nach dem das Ethische auch nicht mehr getan werden soll. Aber es wird hier vorausgesetzt, daß es getan werden soll, und zwar unverwässert und in strengster Konsequenz, auch ohne die Stützung durch unhaltbar gewordene Theorien.

Wie alle großen neuen Systeme in der Philosophie nimmt auch Wittgenstein nur eine einzige, sozusagen »kleine« Änderung vor, aber eine fundamentale. Und aus jeder derartigen Änderung ergeben sich jedesmal weitestgehende Folgen für alle Zweige der Erkenntnis. Er erklärt es als sinnlos: über das Transzendente, das Metaphysische zu reden, und er fundiert dies durch eine starke logische Grundlage. Und während er so einerseits alle Angriffe auf das Transzendente unmöglich macht, durchkreuzt er anderseits auch alle Versuche, es durch Reden zu verteidigen. Aber er deutet einen anderen Weg an, auf dem das trotzdem indirekt möglich wird.

Das Höhere erscheint hier nicht nur rein, sondern sozusagen auch nackt. Wie eine Wolkenschicht das Sonnenlicht nicht nur trübt, sondern auch mildert, so schützt der von unseren Schwächen gewobene Schleier vor dem brennenden Strahl des reinen Lichts. Und manchmal fühlt man sich so nicht nur über die Wolken, sondern in den Raum über die Atmosphäre versetzt, in dem nach einer wissenschaftlichen Annahme eine viel brennendere Sonne am schwarzen Himmel steht.

Das hatte eine Haltung zum Leben zur Folge, die der von Tolstoi versuchten vielleicht am nächsten kommt: einen ethischen Totalitarismus in allen Fragen des Lebens, das unbeirrte schmerzhafte Reinhalten der kompromißlosen ethischen Forderungen, im drückenden Bewußtsein der eigenen dauernden Entferntheit von ihr. Diese Forderung richtet Wittgenstein an sich selbst. Aber schon das Vorbild eines so gelebten Lebens konnte mitunter auf schwächere Menschen verwirrend wirken; was, ethisch gesehen, ihre, nicht seine Schuld ist.

Daß eine solche Ethik als allgemeine Richtlinie des Handelns indiskutabel ist, ist klar. Und Ethik setzt Allgemeingültigkeit voraus. Eine »Höhenethik« einzelner wäre gerade vom Standpunkt Wittgensteins abzulehnen.

Der Standpunkt des Tractatus in dieser Hinsicht läßt sich zusammenfassend so erläutern: Ethische Sätze gibt es nicht; ein ethisches Handeln gibt es. Das, worin ich die Leistung des Tractatus zu sehen glaube, ließe sich so sagen:

Selbst wenn die Sprache nichts anderes wäre als eine Abbildung der sinnlich wahrnehmbaren Wirklichkeit, samt allen aus ihr durch Abstraktion erlangten Aufschlüssen, und man daher in der Sprache nicht von Höherem sprechen könnte (und die Wissenschaft und die mit wissenschaftlichen Mitteln operierende Philosophie kann es tatsächlich nicht) – selbst dann gibt es Höheres, gibt es einen Sinn des Daseins, gibt es das, was den Werten ihren Wert gibt (ihn »von außerhalb der Welt« her ihnen gibt).

Wittgensteins Leiter-Paradox aber ist nicht etwa eine Abschwächung dieses so ausgesprochenen Paradoxes, sondern seine Bestätigung: Selbst sein eigener Erklärungsversuch ist samt der sogenannten Mystik der Schlußsätze des Tractatus, weil notgedrungen in Sätzen, Aussagesätzen, Sätzen von wissenschaftlicher Form gegeben, als Darstellung sinnlos.

Jede Anwendung von »es gibt« in solchen Scheinsätzen wie »es gibt allerdings Höheres« ist inadäquat, meint aber das Richtige vermittels einer (logisch nicht haltbaren) Aussage.

Den Kernpunkt von Wittgensteins Tractatus sehe ich darin:

Einerseits: in der Unmöglichkeit, die Beziehungen zwischen Abbild und Vorbild sowie die zwischen einfachen und komplexen Sätzen mit wiederzugeben; darin, daß der Satz sie daher nicht aussprechen kann; daß sie sich aber an ihm »zeigt«, und daher in der Unmöglichkeit einer Philosophie, welche diese Beziehungen in sinnvollen Sätzen zum Ausdruck bringen will.

Und andererseits: in der analogen Unmöglichkeit, Gefühltes auszusprechen, statt es sich an Aussprechbarem zeigen zu lassen; und in der Kunst dementsprechend: das Gefühlte selbst nicht auszusprechen, sondern nur den Gedanken auszudrücken, an dem es sich zeigt.

Was die Natur dieses tiefsten Zusammenhanges betrifft, so verhält es sich so: Wie einerseits in der Beziehung zwischen Sprache und Welt (»Außenwelt«) das Unaussprechbare liegt, so andererseits in der Beziehung zwischen Sprache und der Welt der gefühlten Werte.

4

Ich glaube, es war bei einer Straßenbahnfahrt vom Olmützer Bahnhof in die Stadt, als Wittgenstein mir sagte, er habe jetzt zum ersten Mal den Bibeltext auf lateinisch, die Vulgata, gelesen. Er sprach mit Begeisterung davon, daß für ihn hier erst der Text seine wahre Gestalt und Größe gezeigt habe. Ich verstand genau, was er damit meinte: Gegenüber Fassungen wie der deutschen und der griechischen (das hebräische Original konnte er ja nicht lesen) Fassungen, welche die Gefühlsbegleitung des Vernunfttextes in viel unmittelbarerer Weise vermitteln, ist ja das Lateinische die Sprache, in der nur die Vernunft zu Wort kommt und alles Gefühlsmäßige sich »unausgesprochen« zeigt. Dadurch erhält in dieser Sprache der Text eine andere, neue Monumentalität, die jener des Ausdrucks verwandt ist, die er im Tractatus angestrebt hat.

(Übrigens, da von Bibelübersetzungen die Rede ist: Ich habe ihm einmal in viel späterer Zeit in Wien probeweise ein Stück der Buber-Rosenzweigschen Übersetzung ins Deutsche vorgelesen. Mir scheint sie das Deutsche mitunter unnötig zu vergewaltigen; ich habe hingegen immer den höchsten Respekt vor der Luther-Übersetzung als Sprachwerk gehabt, das den Geist des Originals nicht weniger getreu im Gewand ihrer eigenen Zeit wiedergibt als Rembrandts Radierungen. Wittgenstein stimmte meiner Ansicht im ganzen zu, wurde aber der Buberschen Version insofern gerechter als ich, als er fand, sie vermittle ihm trotz mancher Vergewaltigungen des Deutschen, oder gerade dadurch einen fremdartigen und »barbarischen« Aspekt des Originaltextes. Das ist eine, wenn auch bedingte Anerkennung des Wertes dieser Übersetzung. Das »Barbarische« war nicht als Werturteil gemeint, sondern weist auf die altorientalische, für uns fremdartige Größe einer archaischen Menschheitsepoche hin. Das 20. Jahrhundert überschätzt ja alles Archaische, was sein eigenes Urteil von dem »viktorianischen« Urteil des 19. Jahrhunderts unterscheidet; so die ja wirklich überragende ägyptische und die babylonische Kunst, neben der heute selbst ein Phidias als beinahe hellenistisch erscheint. Vielleicht wird das 21. Jahrhundert auch darin wieder richtiger urteilen können.)

Man mißverstehe nicht die Haltung, die Wittgenstein in manchen Briefen gegenüber seiner eigenen Produktion einnahm. Schopenhauer sagt, es sei unmöglich, daß ein sechs Fuß großer Mann nicht wisse, daß er größer sei als der Durchschnitt, und das gleiche gelte auch für geistige Bedeutung. So will Wittgenstein durch die Art und durch die äußere Form, in der er sein Buch abfaßte und wie er davon dachte und sprach, nicht etwa den Rang des Buches unter andere Produktionen herabsetzen; seine ehrliche »Bescheidenheit« in dieser Hinsicht stammte daher, daß er einem philosophischen Werke keinen hohen Wert innerhalb der geistigen Produktion überhaupt beilegte. Er wollte es als eine sachliche Mitteilung seiner Gedanken aufgefaßt wissen; dementsprechend strebte er nach größter Einfachheit aller Ausführungen und des Drum und Dran. Wie etwa Kapiteleinteilung, die er ja durch seine viel zweckmäßigere und ein ungleich höheres Ordnungsprinzip darstellende einheitliche Durchnumerierung aller Sätze des Buches mit Dezimalzahlen ersetzte. Dadurch wird jedem einzelnen Satz seine genaue Stellung innerhalb des Ganzen angewiesen, und die folgerichtige Über- und Unterordnung der Sätze stellt ein unübertreffliches Ordnungssystem dar; das aber kaum nachgeahmt werden kann, nicht nur, weil zu seiner Durchführung eine enorme Gedankenarbeit zu leisten ist, sondern da kaum ein Schriftsteller fortdauernd so konsequent zu denken vermag. Er selbst bedauert ja im Vorwort der Investigations, daß er bei Abfassung dieses späteren Werkes nicht mehr imstande gewesen sei, so systematisch geordnete Gedankenfolgen zu schreiben (was übrigens auch der Natur dieses Buches und seiner ganzen Denkweise nicht angemessen gewesen wäre).

Es ist geradezu der Inbegriff des falschen Kunstbemühens, die Banalität zu vermeiden; zum Unterschied von anderm, nicht banal genannt zu werden. Alle Krämpfe, sich seltsam und erlesen auszudrücken, gehen, wie immer, so auch hier, bis zur Verfälschung in der zweiten Potenz, nämlich bis dorthin, wo das gar nicht selbst erlebte, aber bei Vorbildern als etwas Erlesenes bemerkte Banale selbst angewendet wird. Dieses künstlich Banale wird im Deutschen durch den ironisch gebrauchten Ausdruck »schlicht« unvergleichlich gekennzeichnet. Es ist die Fälschung vermittels des Echten.

Es wird auch immer wieder auffallen, daß die Dinge, die im Leben wie in der Literatur seine Aufmerksamkeit erregten und die ihm zu Problemen seines Denkens wurden, gerade die sind, welche dem »gebildeten Menschen« gerade als die banalen und am wenigsten problematischen erscheinen. Das Interesse dieser Menschenart läßt sich am ehesten mit dem Appetit eines unzweckmäßig ernährten Menschen vergleichen, dessen Gaumen nur die Gewürze, nur das Salz und den Zucker unterscheiden kann und daher nur diese interessant findet, während er das Unterscheidungsvermögen für die wirklichen feineren Geschmacksunterschiede des Materials der noch ungewürzten Speisen eingebüßt hat. Alle Problematik, die einen wirklichen Denker ernstlich zu beschäftigen fähig ist, liegt aber, vergleichsweise, gerade auf diesem Gebiet.

Das ist aber auch der Grund, warum die eigentlich entscheidenden Schritte auf geistigen Gebieten meist so spät gemacht werden. Denn wer zu ihnen gelangen will, muß noch die Fähigkeit haben, über das Alltägliche und »Banale«, das jene mittelmäßigen Köpfe für selbstverständlich und gar nicht mehr beachtenswert halten, zu erstaunen; er wird nur dort etwas finden, wo die andern gar nicht mehr suchen.[22]

Die Geschmacksabstumpfung, von der hier die Rede ist, ist von größter Bedeutung für das Kunsturteil. Die Bedeutung der Banalität, die mit der innersten Problematik des moralisch-ästhetischen Zeitgeschehens, mit der Grenze zwischen dem seelisch Echten und dem Falschen, aufs engste verbunden ist, wurde von Kraus entdeckt und behandelt. Es ist zugleich das Problem von Loos in seiner Zeitkritik und deren Folgerung für die Architektur.

5

»Kinder sind die allerbesten Erzieher, denn sie hören williger und aufmerksamer einander zu und reden untereinander eine verständlichere Sprache als wir.«

(Goethe, mündlich, 1824)

So unfruchtbar für Wittgenstein anscheinend auch seine Tätigkeit als Schullehrer gewesen ist,[23] ich möchte ihren Einfluß auf seine Entwicklung vom Autor des Tractatus zu dem der Investigations nicht unterschätzen. Obwohl er selbst wahrscheinlich das nicht zugegeben hätte: Diese Berührung eines bis dahin bei tiefster Einsicht in das Wesen des Daseins und des Menschen erschreckend »weltfremden«, d.h. der menschlichen Gesellschaft mit hoffnungsloser Fremdheit gegenüberstehenden Menschen mit der grausigen Wirklichkeit war dadurch günstig, daß sie mit einem

---

22 Vgl. dazu L. Wittgenstein, PU, § 129: »Die für uns wichtigsten Aspekte der Dinge sind durch ihre Einfachheit und Alltäglichkeit verborgen. (Man kann es nicht bemerken, – weil man es immer vor Augen hat.) Die eigentlichen Grundlagen seiner Forschung fallen dem Menschen gar nicht auf. Es sei denn, daß ihm *dies* einmal aufgefallen ist. – Und das heißt: das, was, einmal gesehen, das Auffallendste und Stärkste ist, fällt uns nicht auf.«
23 Vgl. dazu auch Engelmanns »Verstreute Notizen«, wo er über den »Volksschullehrer« schreibt.

mehrjährigen Kontakt mit Kindern verbunden war. Obzwar auch der Lehrer in der Volksschule von dem, was Kinder untereinander reden, nur ganz gelegentlich etwas zu hören bekommt, und dem Lehrer gegenüber schweigen sie ja, wenn sie nicht etwa eine Antwort auf seine Frage wissen, die sie wieder nicht in ihrer eigenen Sprache, die sie untereinander reden, beantworten.

Aber die Fragen, die er als Lehrer stellen mußte, mußte er einige Jahre lang in eine Sprache zu übersetzen versuchen, von der er wohl annahm, daß sie sich der eigenen Sprache der Kinder (ihrer wirklichen, nicht einer pseudopädagogischen, die er verabscheut hätte) annähere. Sein viel späterer Versuch, die Denkergebnisse des Tractatus, durch spätere neue Einsichten korrigiert, in einer neuen Form zu vermitteln, zeigen, wie ich zu sehen glaube, den Einfluß solcher Umstände. Und dieser Versuch wäre wohl anders und weniger fruchtbar ausgefallen, wenn er gleich nach Beendigung des Tractatus der schon damals erfolgten ersten Aufforderung, nach Cambridge zurückzukehren, gefolgt wäre. Er hätte auch dort aus Dialogen gelernt, aber viel weniger; von Studenten, die ja nur kläglich hätten versuchen können, seine eigene Sprache nachzustammeln, und denen gegenüber er aus den gewohnten Formen wiederum nicht herausgekommen wäre.

Und er hatte praktisch gelernt, daß es auch hier nicht entscheidend sei, wenn es bei der Frage ohne Antwort bleibe, wie es ja gewiß seine Fragen an die Kinder meist geblieben sind. Im Tractatus hielt er, für dessen Form mit Recht, nur Antworten auf Fragen für das, was er mitzuteilen hatte. Später aber machte er von der erlernten Kunst zu fragen großartigen Gebrauch, und die entscheidende Einfachheit, mit der ihm das für tiefste Denkanstrengungen gelungen ist, ist hier seine große neue philosophische Leistung, wie sie dort, trotz allem, was dagegen spricht, gewiß seine positive pädagogische für Denkübungen der Kinder gewesen sein wird.

Seine späteren Versuche, die Denkergebnisse, die er vorher in Denkmonologen des Tractatus formuliert hatte, durch spätere neue Einsichten zu korrigieren, sind im allgemeinen ein Übergang von der kategorischen Satzform zur sokratischen der Frage.

Ich habe einmal den Einwand gehört: Wenn Wittgenstein in den Investigations statt, wie bisher, die ideale philosophische zu untersuchen, die Umgangssprache ins Auge faßt und jene an dieser mißt – hat er da nicht übersehen, daß die Umgangssprache selbst wieder von akademischeren Formen der Sprache »beeinflußt« sei? Das ist wieder das alte fundamentale Mißverständnis: Er beabsichtigt alles andere eher, als etwa nunmehr an der Umgangssprache noch einmal einen analogen Versuch zu machen, ähnlich dem, den er so glücklich an der philosophischen gemacht hat. Niemand hat so gut gefühlt, daß man mit jeder Sprache sozusagen in ihrer eigenen sprechen muß; mit der philosophischen in der dort allein angemessenen Exaktheit, mit der Umgangssprache aber nicht etwa »unexakt«, was ja eine Afferei wäre, aber auch nicht exakt, weil das hier nicht geht, sondern indem man ihr gar nicht antwortet und ihr bloß Fragen stellt. »Das Weitere findet sich.«[24]

---

24 Ein Lieblingszitat Wittgensteins aus *Eduards Traum* von Wilhelm Busch. Im Zusammenhang heißt es dort: »Ich hatte mein Herz wieder und Elisen ihres und dem Emil seins, und, Spaß beiseit, meine Freunde, nur wer ein Herz hat, kann so recht fühlen und sagen, und zwar von Her-

Ich möchte zum Schluß noch einige Bemerkungen machen über Russells Vorwort zum Tractatus und über Wittgensteins Beziehungen zu Moritz Schlick, dem Gründer der »Wiener Schule«.

6

Mein langes Schweigen auf Wittgensteins Brief vom 30. Mai 1920 (Nr. 65) erkläre ich mir so, daß es mir schwer war, in diesem Fall zu antworten, und daß mich das, wie oft in solchen Fällen, lähmte.

Ich selbst war nach meinen eigenen vergeblichen Bemühungen um die Drucklegung des Manuskriptes jedenfalls deprimiert darüber, daß Wittgenstein eine solche nicht wiederkehrende Gelegenheit, aus welchem Grunde immer, nicht ausnützen wollte, und ich nehme noch bis heute an, daß ohne Russells Einleitung der Tractatus nie gedruckt worden wäre.

Ich konnte mir natürlich über die Berechtigung von Wittgensteins Ablehnung kein Urteil bilden, da mir ja der von Wittgenstein negativ beurteilte Text der Einleitung unbekannt war. Aber wenn er ihn mir damals mitgeteilt hätte, ja selbst wenn er mich um Rat befragt hätte, hätte ich natürlich, wie immer, seinem überlegenen Urteil vertraut. Und rückblickend ist es mir heute klar, daß Wittgenstein Grund zu dieser ablehnenden Haltung hatte, aus der er ja später selbst die sich ihm im ersten Moment aufdrängenden Konsequenzen nicht gezogen hat.

Aber Russells Vorwort war wohl ein Hauptgrund dafür, daß das Buch zwar bis heute als ein entscheidend wichtiges Ereignis auf dem Gebiet der Logik erkannt wurde, aber als philosophisches Werk sich nicht verständlich machen konnte. Was Wittgenstein damals offenbar so schwer getroffen hat, muß die Unfähigkeit selbst so hochstehender Menschen und hilfsbereiter Freunde gewesen sein zu verstehen, was er mit dem Buche wollte. Und die tiefe Depression, die sich in den Briefen der nächsten Monate ausspricht und die hier eine Wurzel zu haben scheint, ja, die schließlich mit als ein Motiv zu seiner neuen Berufswahl des Lehrers geführt hat, geht auf den Zweifel zurück, ob er sich als Philosoph je werde verständlich machen können.[25]

---

zen, daß er nichts taugt. Das Weitere findet sich.« (Zit. nach Wilhelm Busch: *Eduards Traum*. Zehnte Auflage. München: Verlag Friedrich Bassermann, 1922. S. 85f.)

25 Wittgensteins Entscheidung, sich als Lehrer ausbilden zu lassen, war freilich schon lange gefaßt worden, bevor er auf Schwierigkeiten, einen Verleger für sein Buch zu finden, stieß und bevor er Russells Einleitung zu Gesicht bekam (vgl. Wittgensteins Brief vom 2.9.1919 an P. Engelmann, hier Brief Nr. 46). Ein Brief an Russell vom 19.8.1919 zeigt, daß Wittgenstein schon damals den Verdacht hatte, Russell habe nicht alles verstanden. Im gleichen Brief erwähnt Wittgenstein, Frege habe angedeutet, nicht ein Wort in diesem Buche zu verstehen. (Vgl. *Ludwig Wittgenstein: Briefe*. Wissenschaftliche Sonderausgabe. Frankfurt: Suhrkamp Verlag, 1980. S. 88ff.). In einem früheren Brief aus der Gefangenschaft, datiert mit 12.6.1919, schreibt Wittgenstein, es sei bitter zu denken, daß sein Werk niemand verstehen würde. (*Briefe*, S. 87) Wittgensteins Entscheidung für den Beruf eines Lehrers ist aber auch vor allem auf das Erlebnis des Krieges zurückzuführen, und auf den Einfluß von Tolstois »Kurze Darlegung des Evangelium«, die Wittgenstein in dieser Zeit zum unentbehrlichen Begleiter geworden war. Diese Schrift hatte in

7

Die sogenannte »Wiener Schule« war bis zum Jahre 1926 ein philosophischer Sektor der Wiener Universität, der sich um Professor Moritz Schlick zusammenfand. Das Zusammentreffen Schlicks mit Wittgenstein, von dem er bis zu dem genannten Datum nichts wußte,[26] und die Kenntnis der Gedanken des Tractatus in der persönlichen Vermittlung durch den Autor war, obwohl sich Schlicks Gedanken bis dahin durchaus nicht in einer entgegengesetzten Richtung bewegt hatten, doch von so klärendem Einfluß auf sein eigenes Denken, daß diese Gedanken, in Schlicks Interpretation, von da an zum zentralen Thema dieses Kreises geworden sind.

Die erste Begegnung Schlicks mit Wittgenstein erfolgte dadurch, daß dessen Schwester, Frau Stonborough, die Bekanntschaft vermittelte, indem sie einmal Schlick (zugleich mit einem Psychologen, Professor Bühler, und dessen Frau) zum Tee einlud. Wittgenstein erzählte mir am Tage darauf: »Wir haben uns gegenseitig für verrückt gehalten.« Diese ironische Formulierung besagt, daß Schlick zunächst durch die abrupten und paradoxen, mit größtem Nachdruck hervorgestoßenen Sätze Wittgensteins einen ähnlichen Eindruck bekommen haben dürfte, wie die früher einmal erwähnten Musiker, nämlich den, daß er es mit einem anmaßenden Dilettanten zu tun habe. Da auch Wittgenstein seinen ersten Eindruck korrigierte und sich veranlaßt fühlte, Schlick seine Gedanken näher zu erklären, kam auch dieser rapid zur richtigen Einsicht, mit wem er es zu tun habe.

Wittgenstein fand in Schlick einen hochstehenden und verständnisvollen Diskussionspartner, wozu auch der Eindruck von dessen hochkultivierter Persönlichkeit beitrug, was hier, wie immer, für einen gedanklichen Kontakt mit einem anderen Menschen für ihn wesentlich war. An der Tätigkeit von Schlicks »Schule«, d.h. an deren Seminaren und Diskussionen, beteiligte sich Wittgenstein nicht (und er soll bloß ausnahmsweise bei solchen dabeigewesen sein). Es muß gesagt werden, daß die vorwiegend positivistisch-philosophische Richtung dieses Kreises, über die fachlich-logischen Themen hinaus, nicht nach seinem Geschmack war und daß er sich im ganzen nicht veranlaßt fühlte, hier korrigierend einzuwirken.

V. Die Familie Ludwig Wittgensteins

In der angelsächsischen Welt, auf die Wittgensteins Wirkung bisher am größten war, kann diese Erscheinung ohne eine intimere Kenntnis seines geistigen Mutterbodens unmöglich richtig verstanden werden. Und erst in die Landschaft des heute ebenfalls längst ausgestorbenen österreichisch-jüdischen Geistes versetzt, gewinnt die rätselhafte moderne Gestalt Leben und wird auf einmal urbekannt.

Ludwig Wittgenstein (1889–1951) stammt aus Wien und ist, obwohl er seine höhere Ausbildung in England erworben hat und in seinen späteren Jahren Profes-

---

ihm den Wunsch nach einem einfachen, arbeitsamen Leben geweckt. (Vgl. die codierten Teile der Tagebücher 1914–1916, insbesondere MS 101)

26 Hier irrt Engelmann. Siehe dazu das Nachwort von Brian McGuinness.

sor der Philosophie in Cambridge war, geistig durchaus nach Wien zuständig; nicht nur als einer der wenigen letzten wirklichen Versteher der großen Geister der alten Wiener Kultur (der große Brahms war mit seinen Eltern befreundet), sondern als der größte Sprößling und Antipode jener späten, wienerisch-jüdischen Kulturepoche, in der sich im ersten Viertel unseres Jahrhunderts ein bisher letztes Aufleuchten des europäischen Geistes kundgegeben hat. Er selbst, wie bereits sein Vater Karl Wittgenstein, im christlichen Glauben aufgewachsen, entstammte einer jüdischen Familie. (Der Name Wittgenstein, ein Ortsname, ist der eines Ortes in Hessen, nach dem berühmten Fürstengeschlecht benannt, mit dem seine Familie gar nichts zu tun hat.) Auch seine Mutter war zur Hälfte jüdischer Herkunft.

Karl Wittgenstein, der 1913 starb, war von Beruf Ingenieur. Er war der Sohn einer seit 1851 in Wien und im übrigen Österreich ansässigen, ursprünglich aus Hessen stammenden, sehr wohlhabenden Familie, und sein Vater war schon, als sein Sohn noch ein Kind war oder noch früher, vom jüdischen zum christlichen Glaubensbekenntnis übergegangen.[27] Er selbst wurde einer der Gründer der österreichischen Eisenindustrie und erwarb sich ein Millionenvermögen.

Seine Zeitungsaufsätze in der führenden Wiener Tageszeitung *Neue Freie Presse* zeigen ihn als einen Volkswirtschaftler von enormer Umsicht und Überlegenheit des Praktikers, der auf Grund dieser Einsichten tatsächlich Großes geschaffen hat, über die Koryphäen der ökonomischen Wissenschaft, von denen nicht viel zu halten gerade er die vollste Berechtigung hatte; obwohl es damals eine wirklich bedeutende volkswirtschaftliche »Wiener Schule« gab, welche den Erkenntnissen ihrer Zeit um Jahrzehnte voraus war.

Ich glaube, in Ludwig Wittgensteins Art zu denken, mit der er im Tractatus die Fragen der Philosophie anging, eine unverkennbare Familienähnlichkeit mit dem ökonomischen Denken seines Vaters zu erkennen. Dessen nach ihrem Erscheinen sehr beachtete und einflußreiche Zeitungsaufsätze sind später in Buchform als Privatdruck erschienen. Solche erlebten Grunderkenntnisse wären auch heute, in einer nach mehr als 50 Jahren von Grund auf veränderten Weltwirtschaft, von Bedeutung. Ich glaube, was ich einmal von einem sehr urteilsfähigen Menschen über ihn gehört habe: Hätte er in Deutschland und nicht in Österreich gewirkt, so wäre Bismarck an so einem Mann nicht vorübergegangen, sondern er hätte ihn wohl an eine entscheidende Stelle der Staatswirtschaft gesetzt.

Die größtenteils jüdische Herkunft der Familie spielte dabei ganz und gar keine Rolle, wie man vielleicht bei Unkenntnis der Verhältnisse irrtümlicherweise vermuten würde. Nicht nur das höhere und höchste Bürgertum, sondern auch große Teile der aristokratischen Familien in Wien und ganz Österreich waren seit Generationen so stark »verjudet«, wie man damals sagte, daß gar keine unsichtbaren Scheidewände vorhanden gewesen wären. Doch hatte Wittgensteins Vater, Karl Wittgenstein, das ihm angebotene »von«, das sonst jüdische Millionäre von weit geringerem Vermögen, als er es hatte, gewöhnlich erstrebten und auch erhielten, abgelehnt, natürlich aus dem Grunde, weil ihm so etwas, obwohl es damals allgemein üblich war, mit Recht als parvenühaft erschien. Noch zu seinen Lebzeiten, als er seiner

---

27 Vgl. das Nachwort von Brian McGuinness.

Stellung gemäß noch einen großen gesellschaftlichen Verkehr in seinem wirklich fürstlichen Haus (erbaut von einem Grafen Nako) in der Alleegasse pflegte, scheint sich die spätere Isolierung der Familie von diesem Leben schon vorbereitet zu haben und bald nach seinem Tode (1913) Tatsache geworden zu sein.

Wittgensteins Großmutter väterlicherseits stammte aus der hochkultivierten Wiener Familie Figdor; seine andere Großmutter, Ludwigs einzige nichtjüdische Ahnin, stammte aus einer in der Südsteiermark begüterten Familie Stallner.

Ludwig Wittgenstein wurde, wie auch seine Geschwister, von seinem Vater, der als Selfmademan die seelischen Behinderungen verstand, die das Aufwachsen in großem Reichtum für junge Menschen mit sich bringen kann, in einer Art erzogen, die, nach heutigen Begriffen, vielleicht als ein bißchen puritanisch erscheinen mag. Das erzeugte aber bei diesem innerlich ungeheuer starken Menschen keinen Widerstand und kein Ressentiment, wie es bei schwächeren Naturen gewöhnlich geschieht, sondern es stärkte offenbar seine Loyalität gegenüber allen legitimen Gewalten religiöser wie gesellschaftlicher Natur; dieses Verhalten gegen alle echte Autorität war so sehr seine »zweite Natur«, daß für ihn zeitlebens jede revolutionäre Gesinnung, welcher Art immer, einfach »Unanständigkeit« bedeutete. Eine solche Haltung, sonst bei einem »Normalmenschen« nicht weiter auffällig, machte aber aus diesem überlegenen und alle unberechtigten Konventionen bis auf den Grund durchschauenden und verabscheuenden Menschen eine für den heutigen »Gebildeten« einfach unerklärliche Erscheinung – für den tiefer Blickenden aber ein unerreichbares Vorbild.

Insbesondere machte aber eine solche Veranlagung und Erziehung aus ihm einen Menschen, der es aufs peinlichste zu vermeiden suchte, sich von irgendeiner menschlichen oder staatlichen Verpflichtung, wie sie in unserer Gesellschaft sonst Geldbesitz häufig erleichtert oder ganz aus dem Wege räumt, auch nur innerlich zu drücken.

VI. Kraus, Loos, Wittgenstein

1

Es ist hier schon wiederholt betont worden, daß Wittgensteins Rolle und Bedeutung einen Sinn hat, der der bisherigen Auffassung davon gerade entgegengesetzt ist. Es gibt Kritiker, die seine Bemühungen ablehnen als eine Gefahr, als eine Tendenz, durch die einem weltzerstörendem Intellektualismus Vorschub geleistet wird; was früher der Religion geschah, soll ihrer Meinung nach nun auch der Philosophie geschehen: auch hier sollen nun durch Wittgenstein die »irrationalen« Stimmen von Gefühl und Glauben zum Verstummen gebracht werden. Es liegt hier eine Auffassung zugrunde, die den Intellektualismus unserer Zeit, den ich auch für ihre Krankheit halte, darin sieht, daß sie sich zu viel und zu einseitig intellektuell betätigt. Das ist wahr und falsch zugleich. Die Sache liegt aber jedenfalls nicht so, daß unsere Zeit etwa zu viel Intellekt hat. Auch eine Köchin, die regelmäßig die Suppe versalzt, tut dies nicht deshalb, weil sie einen zu großen Salztopf im Schrank hat, sondern darum, weil sie nicht mit Salz umgehen kann. Der Intellektuelle (im üblen Sinn des

Wortes) hat nicht zuviel Verstand, sondern vor allem zuwenig Urteilskraft (Mutterwitz, common sense). Grillparzer sagt den Deutschen nach, sie hätten Verstand überall, wo er nicht hingehört. In diesem Sinne läßt sich sagen, daß der Versuch, die Philosophie bewußt einseitig logisch zu betreiben, sich nicht gegen Gefühl, Intuition, Irrationales usw. richtet, sondern nur gegen Gefühl usw. dort, wo es nicht hingehört. Und an einer reinlichen Scheidung wären diese lebenswichtigen Werte beinahe noch mehr interessiert als der reine Intellekt und die Logik, um deren Rettung es hier anscheinend ausschließlich geht. Diejenige Form des Übels, gegen die sich der Tractatus richtet, ist die Vermischung von Wissenschaft und Metaphysik. Er ist nie gegen die Wissenschaft, »wo sie hingehört«. Und ihr allein sei »die Sprache«, als der Platz sinnvoller Sätze, vorbehalten. Er ist nicht gegen den (legitimen) allmenschlichen Drang, Metaphysisches zu ahnen. Aber gegen den Versuch, es in sinnvollen Sätzen auszudrücken. Denn dann ist der metaphysische Drang »wo er nicht hingehört«, als formulierte Frage und als Versuch einer Antwort darauf: als Philosophie.

Wittgensteins Versuch einer entscheidenden Distinktion zwischen Sagbarem und Unsagbarem ist nur einer in einer Reihe von ähnlichen Versuchen. Ein Vergleich mit diesen ist sehr aufschlußreich. Wittgenstein stammt aus Wien, aus einer Epoche, die wir rückblickend als eine geistig äußerst produktive ansehen müssen. Eine Verwandtschaft von Gedanken zweier bedeutender Orts- und Zeitgenossen, Karl Kraus und Adolf Loos, mit den seinigen läßt sich aus übereinstimmenden Grundtendenzen dieser drei Autoren feststellen.

2

Wittgenstein muß damals, als er, um Ruhe für seine konzentrierte Gedankenarbeit zu haben, zum ersten Mal nach Norwegen ging, gewußt haben, daß das, was er in den Argumentationen seiner bisherigen Lehrer, Russells und Freges, die ihm im ganzen als richtig und weit über anderes ihm Bekanntes hervorragend schienen, als noch ungeklärt empfand, sich klarer sagen lasse, und die Absicht seiner damaligen großen Arbeit war ein leidenschaftlicher Versuch, eben das zu tun.

Er erzählte mir, daß er sich *Die Fackel* von Karl Kraus, deren höchst interessierter Leser er demnach vorher in Wien gewesen sein muß, nach Norwegen nachschicken ließ. Der Einfluß der Gedankenrichtung, die er bei Kraus fand, ist, meiner Überzeugung nach, mit von entscheidendem Einfluß auf die Intentionen seines Philosophierens geblieben. Und das in weit höherem Maße als jemand, der nicht verstanden hat, was Kraus eigentlich wollte (und die wenigsten, auch von seinen ständigen Lesern und Anhängern, haben das wirklich erfaßt), abschätzen kann. Andererseits hat das meiste von Krausens Leistung, das von seinen Lesern verehrt wurde, für Wittgenstein weder damals noch später Interesse gehabt. Daß ich in diesem Zusammenhang Kraus und das Verhältnis Wittgensteins zu dessen Gedanken bespreche, ist nötig, um diesen wichtigen Punkt zu klären.

Kraus ist ein Polemiker, der seine unerreichte und durchschlagende Methode der Polemik nach seiner geistigen Eigenart immer nur personenverbunden denken und äußern kann – eine menschlich und auch geistig sonst zweifelhafte und für den Polemiker selbst oft nicht ungefährliche Methode; sie wird aber geistig bei Kraus fast immer gerechtfertigt durch eine Gewissenhaftigkeit, für die jede persönliche Schwäche des Gegners, die sich nicht durch seine sprachliche Äußerung verrät, tabu ist; und mehr noch durch das Selbstbekenntnis dieses Polemikers: »Polemik ist ein Unfug, der nur mitunter durch künstlerischen Zwang zur Notwendigkeit wird.«

Der Einfluß, den Kraus auf Wittgenstein ausgeübt hat, ist nicht ohne weiteres sichtbar, weil Wittgenstein diesen bei Kraus hervorstechendsten Zug einer persönlichen Polemik nicht aufweist. Wittgensteins Polemik ist völlig unpersönlich; der Gegner, gegen den er im Tractatus polemisiert, ist die Philosophie selbst. Das Folgende muß verstanden werden, wenn man das, was Wittgenstein meiner Meinung nach Kraus verdankt, nicht ganz mißverstehen will.

Es ist eine bei Kraus immer wiederkehrende Technik des Polemisierens, den Angegriffenen »beim Wort zu nehmen«, d.h. die Beschuldigung und Entlarvung fadenscheiniger Absichten durch nichts anderes als durch wörtliche Zitierung von dessen eigenen Sätzen zu erreichen. Wittgenstein also nimmt ähnlich wie Kraus literarisch-polemisch einen einzelnen Angreifer und damit nur indirekt eine ganze Zeit, philosophisch-polemisch niemanden anders als »die Sprache« (immer wieder: die Sprache der Philosophie) beim Wort. Der entscheidende Umstand, daß seine Kritik nicht, wie die Kants, »die Vernunft« zum Gegenstand der Kritik macht, sondern die Sprache, ist der Beweis dafür, daß er sie beim Wort oder, wie man hier sagen muß, beim Satz nimmt; denn der Satz ist ein Faktum, das, im Gegensatz zur Vernunft, einem nicht mehr entweichen kann, wenn man es einmal gepackt hat.

Er untersucht, philosophisch, nicht diesen oder jenen Satz, sondern, logisch, den Satz überhaupt; er untersucht, was ein Satz überhaupt sagen kann und was er nicht zu sagen imstande ist. Und, ganz gleich, ob seine beabsichtigten Grenzziehungen gelungen sind oder nicht, ist er schon mit dieser Fragestellung auf den Grund der jahrhundertealten philosophischen Verwirrung gelangt. (Und er kommt, ohne daß dies im Tractatus in dieser Terminologie erwähnt wird, zur negativen Beantwortung der Frage, welche positiv zu beantworten die Absicht der Kritik der reinen Vernunft war: gibt es »synthetische Sätze a priori«?)

Ich vermute, daß der Satz des Tractatus: »Ethik und Ästhetik sind eins« zu den am meisten mißverstandenen Sätzen des Buches gehört. Man kann doch bei einem so umfassenden und tiefen Denker nicht vermuten, er hätte damit sagen wollen, es bestehe überhaupt kein Unterschied zwischen Ethik und Ästhetik. Der Satz steht ja in Klammern, wird also nur apropos gesagt als etwas an jener Stelle nicht Auszusprechendes, das aber nur dort nicht stillschweigend übergangen werden soll; jedoch geschieht es als eine nötige Erinnerung an eine beim verstehenden Leser vorausgesetzte Erkenntnis. Die Einsicht in den wesentlichen Zusammenhang zwischen dem Ästhetischen (offenbar auch dem Logischen) und dem Ethischen liegt, wenn auch unter einem anderen Aspekt, auch Krausens Kritik der dichterischen Sprache zugrunde.

Kraus war (nach Weininger) der erste ernste Mahner, der in einer Epoche einseitig ästhetischer Kunst- und Lebensbewertung die entscheidende Bedeutung der Moralität eines Künstlers für sein Werk betont hat; am klarsten in seiner Schrift »Heine und die Folgen«.

Aber was immer wieder mißverstanden wird und was Anlaß zu unentwirrbaren ästhetischen Fehlurteilen geworden ist, ist: Der moralische Gesichtspunkt kommt bei der Kunstbetrachtung nur so weit in Betracht, als sich ein seelischer Defekt am Werk des Künstlers zeigt. Und hier ist es die entscheidende Leistung von Kraus, nachgewiesen zu haben, daß dies, sprachlich, so gut wie immer der Fall ist. »Ich komme nicht darüber hinweg, daß ein ganzer Satz von einem halben Menschen sein kann.« Und daraus sieht man, daß Kraus, wie es einzig sinnvoll ist, nicht die Moralität einer einzelnen Handlung, sondern die des Menschen, dem die Handlung entspringt, beurteilt. Diese ist es, die sich für Kraus in der Sprache unverfälschbar offenbart.

Der Unterschied zwischen Heine und seinem größeren Zeit- und Ortsgenossen Baudelaire war, nach Kraus, Heines moralischer Leichtsinn gegenüber Baudelaires leidenschaftlichem Bekenntnis zu seiner eigenen, ebenso leidenschaftlich und selbstzerstörerisch gefühlten und ausgesprochenen Sündhaftigkeit. So ist es auch »nichts als« dieser moralische Leichtsinn Heines, der identisch ist mit seinem Leichtsinn der Sprache gegenüber, und besonders seiner lyrischen Sprache; von dorther war er für Kraus zunächst feststellbar, so daß er heute schon vielen sichtbar ist. Ebenso wie es bei Matthias Claudius seine tiefe und unpathetische Frömmigkeit ist, die sich in den Versen des Liedes »Der Mond ist aufgegangen« ausspricht.

In einer Situation, in der das öffentliche Leben durch die Vermengung von Tatsachenbericht und Meinungsäußerung in der Presse, durch die Verfälschung wirklicher Gedanken durch Phrasen, geistig und schließlich auch physisch zugrunde geht, will Karl Kraus die Reinheit der aus dem dichterischen Erlebnis geborenen Sprache wahren, deren Kraft aber auch in dem einfachen Sprachausdruck unverdorbener Menschen vorhanden ist. Die Sprache des Dichters ist eben jene Form der Aussage, auf deren Ausschließung in der Philosophie Wittgensteins Bemühung gerichtet ist.

Karl Kraus ist in seiner Sprachkritik unermüdlich »um den Beistrich« bemüht; das bedeutet aber nicht etwa eine Sorge selbst um das Unwichtigste, sondern um das Wichtigste, wenn auch Unscheinbarste. Der Beistrich ist wesentlich; es geht hier um den Satz, um das »Logische« an der Sprache. Und er hat entdeckt, daß in den Sätzen, die heute in Literatur und Presse gedruckt werden, wie auch in denen der Umgangssprache, Fundamentales in Unordnung geraten ist; daß die Verletzungen der sprachlichen Grammatik solche der logischen verraten – und daß sich in den Verletzungen des Gedachten moralische Defekte des Denkenden enthüllen. Daß sich damit der allgemeine Geisteszustand des heutigen Menschen enthüllt, das ist sein »Weltuntergang – der Untergang des Geistes«. Nicht was die Sprache des heutigen Menschen sagt – sondern was sich an ihr, ohne seinen Willen, »zeigt« – das ist auch ihm das allein Entscheidende.

3

Und Adolf Loos (der einmal zu Wittgenstein gesagt hat: »Sie sind ich!«) setzt den immer erneuten Versuchen der Architekten seiner Zeit, entweder alte Formen wiederzubeleben oder aber neue, angeblich zeitgemäße zu erfinden, seine Forderung entgegen, zu schweigen, wo man nicht reden kann: nichts zu tun, als in richtiger menschlicher Haltung einen Bau technisch richtig zu konstruieren, woraus sich die richtige, allein wirklich zeitgemäße Form von selbst ergeben muß: sie soll vom Architekten nicht am Gebrauchsgegenstand und am Bauwerk absichtsvoll ausgesprochen werden, sondern sich selbst an ihm zeigen.

»Der Weg ist: Gott schuf den Künstler, der Künstler schafft die Zeit, die Zeit schafft den Handwerker, der Handwerker schafft den Knopf.« Das ist die grundlegende Erkenntnis von Loos über den Zusammenhang von Handwerk und Kunst; sie richtet sich vor allem gegen das von etwa 1895 bis 1930 in Mitteleuropa herrschende Ideal eines »Kunstgewerbes«, das im Wohnungsbau und in der Gütererzeugung zu bekämpfen Loos als seine Lebensaufgabe ansah. Die Absicht des Kunstgewerbes war es, die rationalisierte, einseitig technische Form der industriellen Gütererzeugung zu überwinden; und zwar durch eine idealere, aber grundsätzlich unmögliche »Neubelebung« einer Gütererzeugung, welche technische Notwendigkeiten der Formgebung durch abgelebte und wieder ausgegrabene oder neuerfundene alte Gebrauchsformen vergeistigen soll.

Hier spricht Loos bereits eine Erkenntnis aus, welche der Kern-Tendenz des Tractatus nahe verwandt ist. Auf dessen Gebiet übersetzt lautet die Loosische Erkenntnis: Das »Kunstgewerbe«, durch welches seit der Renaissance die wissenschaftliche (technisch-handwerkliche) Weltansicht idealer gestaltet werden soll, ist hier die Philosophie. Der »Philosoph« versucht immer wieder eine neue, höhere Formgebung durch Einschmuggeln von ausgesprochenem Unaussprechbaren (= das, wogegen der Tractatus und die spätere akademische Lehrtätigkeit Wittgensteins im einzelnen gerichtet war).

»Neue Formen? Wie uninteressant! Auf den neuen Geist kommt es an. Der macht selbst aus den alten Formen das, was wir neue Menschen brauchen« (Adolf Loos). Nicht neue Gegenstandsformen, nicht neue philosophische Systeme sind nötig, um einen wirklich neuen Geist, der zu wirklich neuen Lebensformen führen könnte, auszudrücken.

Loos war von der Erkenntnis durchdrungen, daß der wahre Künstler seiner Zeit weit voraus sei und daher von seinen Zeitgenossen zunächst nicht verstanden werden könne. Aber er hätte sich bestimmt mit ganzer Kraft dagegen gewehrt, daß aus dieser Erkenntnis ein Freibrief gemacht werde für alle Nullität und Anmaßung von grundsätzlich Unfähigen, die unter diesem Vorwand sich heute das Recht sichern möchten, wenigstens eine Zeitlang im allgemeinen Strom des noch Unverstandenen mitzuschwimmen. Von seiner zitierten Grundeinstellung aus, daß es keinen direkten Weg von der Kunst zum Handwerk geben könne, da zwischen beiden trennend die Zeit, wie sie heute ist, stehe, hat er seine Hauptabsicht, die geistig saubere Scheidung zwischen Kunst und Handwerk, durchgeführt. Aber von dieser Erkenntnis aus, die er für das Handwerk und für den von ihm dem Handwerk zugerechneten Wohnhausbau ausgesprochen hat, führt auch ein Weg zur Bekämpfung aller falschen Tendenzen innerhalb der Kunst, die immer wieder auf eine fälschlich sogenannte »moderne« Kunst gerichtet sind, die sich um jeden Preis vom Alten unterscheiden müsse. »Ich habe mehr Verbindung mit der Wahrheit, und wäre sie Jahrhunderte alt, als mit der Lüge, die neben mir schreitet« (Adolf Loos).

Nach den geist- und gedankenlosen Vorstellungen neuer Kunstschöpfer, welche die Trennung von Kunst und Handwerk nicht begriffen hatten, ließe sich ein ästhetischer Weg von der Kunst her bahnen, der schließlich zu neuen Lebensformen des einzelnen und der Gesellschaft führen sollte. Seit Ruskin und Emerson hatten Generationen von Künstlern versucht, einem industriell verödeten Leben durch ästhetisch gehobenere Formen neuen Atem einzuhauchen. Der Effekt war, von Dekade zu Dekade in seinen Mitteln und Versuchen wechselnd, immer derselbe katastrophal negative: Die Entstehung sonderbarer Einsiedlerzentren, die, abseits vom Strom des Geschehens entstanden, sich in prinzipiell ohnmächtigen Versuchen erschöpften, am Bestehenden auch nur das Geringste dauernd zu ändern.

Es ist dasselbe Mißverständnis, wenn man Loos für einen Vertreter der »neuen Sachlichkeit« ansieht, wie wenn man Wittgenstein für einen Positivisten hält. Gemeinsam hat Loos mit der »neuen Sachlichkeit« den Haß gegen das überflüssige, welches das Wesentliche überwuchert. Entgegengesetzt sind aber die Motive dieses Hasses bei der »neuen Sachlichkeit«, wie sie von Loosens Hauptgegnern und Hauptimitatoren, den Architekten des Bauhauses in Dessau, propagiert und praktiziert wurde. Diese sehen in der Sache eine vorwiegend ästhetische Angelegenheit, und sie machen nun die Einfachheit zu einem Fetisch; sie schmücken sich nunmehr mit dem Schmucklosen und Ungeschmückten selbst und machen es damit unwesentlich und überflüssiger als das Überflüssige, um dessen Entfernung es hier zu tun war.

»Adolf Loos und ich, er sachlich und ich wörtlich, haben nie etwas anderes ausdrücken wollen, als daß ein Unterschied besteht zwischen einer Urne und einem Nachttopf. Die heutigen Menschen aber teilen sich in solche, welche den Nachttopf als Urne, und solche, welche die Urne als Nachttopf benützen« (Karl Kraus).

Diese Scheidung erscheint auch bei Kraus in der für seine Zeit vielleicht paradoxen Bewertung des Problems »Wien-Berlin« ausgesprochen. Daß für Kraus, wie für jeden geistig nicht Blinden, die Werte, die Wien ehemals repräsentiert hat (von Haydn bis Schubert und Raimund), in eine Höhe reichen, mit der die je in Berlin zu Tage getretenen Werte unmöglich verglichen werden können, braucht keine Bekräftigung. Daß aber diese Werte, die im wesentlichen zu Krausens Zeiten seit einem halben Jahrhundert abgestorben waren, uns sich nur noch in der edlen Mumie des teilweise noch unzerstörten Stadtbildes äußerten, vom noch lebenden Wien als seine eigene Wertmarke in Anspruch genommen und täglich von Unbefugten gegen eine Höherbewertung Berlins zum Zeugnis angerufen wurden, empörte Kraus. Eine Stadt ohne Geist wie Berlin, die aber (summa summarum) auch keinen Geist für sich in Anspruch nimmt, ist, für Kraus, bei aller ihrer Niedrigkeit, immer noch jenem angemaßten und verfälschten, ins Gegenteil verkehrten und als Ornament und Maske verwendeten Geist des heutigen Wien vorzuziehen. Das Leben ist in solcher Umgebung noch immer erträglicher.

Das ist bereits das völlige Paradigma zur Tendenz des Tractatus: Das Höhere, dessen Existenz in einer Zeit, die es leugnet, verteidigt werden soll, wird durch fadenscheinige Wahrheiten und Beweise, denen diese Retterrolle nicht zukommt, nur noch tiefer kompromittiert.

Das Motiv von Kraus und Loos ist also ebenfalls, sich zu der verlorengegangenen und unverständlich gewordenen Unterscheidung des Höheren vom Niedereren zu bekennen. Alle menschliche Kultur war und ist basiert auf dem Glauben, daß es Höheres gibt. Die Tendenz der Aufklärung vom 18. Jahrhundert an war es, zu »beweisen«, daß es das Höhere nicht gebe, daß es eine Illusion sei. Diese zu zerstören war ihr Ziel. Ihre Methode war dabei eine möglichst lückenlose Darstellung des Entwicklungsprinzips: Alles, was wir für Höheres halten, hat sich aus dem Niederem »entwickelt«. Und damit, meint sie, sei das Höhere als ein Entwicklungsprodukt und somit als ein Niederes »entlarvt«.

Die Methode von Loos und Kraus ist es, dieses Höhere, das in der Kunst vorhanden ist, neuerlich darzustellen; das ist ihr Beweis dafür, daß es Höheres gibt (»Bilde, Künstler, rede nicht!« – Goethe). Kraus versucht dies durch dichterische Sprachschöpfungen (die er natürlich nicht als Beweismaterial für eine These, sondern abgesehen davon produziert hat und nun als »Beweismaterial« vorweist).

Das Gemeinsame von Kraus, Loos und Wittgenstein ist ihr Bemühen, richtig zu separieren und zu trennen. Sie sind schöpferische Separatoren. Und es ist begreiflich, daß sie dadurch die heftigsten Widerstände hervorrufen, da sie mit einem solchen Streben gegen den tiefsten (und berechtigten) Instinkt ihrer Zeit vorstoßen, der auf allen Gebieten auf Überwindung von Separationen gerichtet ist. Aber überwinden kann man diese nur durch eine von Grund auf neue Einheit, nicht aber durch Vermischen der vorhandenen, bis zur Unkenntlichkeit verunreinigten und deformierten Trümmer und Reste ehemals lebendiger Kulturwerte. Bemühungen wirklich ernster Metaphysiker sind auf Überwindung von Separationen durch Gewinnung eines solchen neuen Standpunktes gerichtet. Das kann man versuchen. Aber mir scheint, daß ein solches Neubeginnen nur eine zukünftige Aufgabe sein kann und im ganzen noch nicht die Aufgabe unserer Zeit ist. Diese drängt dazu; aber man sollte sich eher zurückzuhalten suchen; denn die Separationsversuche, die erst einige Bestandteile rein darstellen wollen, müssen vorangehen und können nicht übersprungen werden.

Und zu betonen ist, daß über der ersten Aufgabe »die Keime einer neuen Kultur nicht zu leugnen, sie zu suchen oder schaffen zu helfen«, die andere, »minderwertige Tendenzen, die sich für die wahren Erben ausgeben«, zu bekämpfen, nicht vernachlässigt werden sollte. Gegen sie richtet sich die Arbeit solcher Separatoren.

Damit, daß Seher etwas gesehen und Denker etwas gedacht haben, ist noch nichts getan. Jetzt fehlt noch die Arbeit einer Generation, um diese Gedanken auf allen Gebieten des Lebens fruchtbar zu machen. Leute, wie Wittgenstein, Kraus, Loos, haben die Möglichkeit geschaffen; diese Möglichkeiten in die Tat umzusetzen, ist das Programm einer positiven geistigen Arbeit. Nicht die Haltung:»Das ist ja schon gesagt worden; gehen wir zum nächsten Programmpunkt über; was gibt's denn Neues?« ist die richtige. Sondern: Es ist bloß erst gesagt worden, jetzt kommt die Arbeit, es bis in seine Konsequenzen zu verstehen und anzuwenden.

Der gemeinsame Kern, die Wahrheits- und Klarheitsforderung dieser drei Denker, scheint mir das zu sein, was mehr als alles andere den Kulturbemühungen unserer Zeit fehlt und das zu betonen daher heute die erste und wichtigste Aufgabe kulturbeflissener Menschen auf allen Gebieten geistiger Tätigkeit zu sein hätte.

VII. Der wortlose Glaube

Die »Umwertung aller Werte«, in der Nietzsche die einzige Hoffnung auf ein Fortbestehen der menschlichen Kultur sah, kann in Wirklichkeit in nichts anderem bestehen als in einer Entgiftung des Geisteslebens von der leeren Phrase.

Die idealen Bestrebungen der menschlichen Gesellschaft, und als deren gesellschaftlicher Gipfel der Sozialismus einerseits und der Nationalismus andererseits, müssen in Zukunft getan und nicht geredet werden.

Es ist nicht wahr, daß zu ihrer Verwirklichung zuerst ein Reden und Schreiben, im heutigen Sinn und vor allem im heutigen Umfang, erforderlich ist. Das, was dazu mitzuteilen zunächst unumgänglich ist, bildet einen verschwindenden Bruchteil dessen, was heute zu diesen Zwecken an Worten produziert wird. Das notwendige Reden, welches eine Verwirklichung des Geistes und nicht sein Surrogat sein soll und kann, erstickt heute im überflüssigen Gerede oder in der Phrase.

Vor allem sind »die Ideale« selbst, soweit ernstlich an ihre Verwirklichung gedacht wird, nicht in Worten mitteilbar. Sie sind der Geist, und diese Ideale können in unzerstörbarer Form nur an ihrer Verwirklichung gezeigt werden. Was nachher noch als Hinweis auf das Getane, als Erklärung, didaktisch erforderlich sein wird, kann mit relativ wenigen Worten geschehen. Nur dadurch kann »das Wort« wieder Gewicht, wieder den Wert erlangen, der ihm gebührt.

Wenn Theodor Häcker, der Übersetzer Kierkegaards, eine Hauptschuld am noch tieferen Niedergang des Geistes im Gesellschaftsleben dem Film zuschreibt (damals dem stummen Film, und beim Tonfilm ist ja das Wort nur ein kaum noch beachtetes Nebengeräusch), und wenn er darin, daß sich das allgemeine Interesse hier vom gedruckten Wort auf das Bild verschoben hat, ein Hauptsymptom der geistigen Zerstörung sieht, so hat er recht. Aber diese allgemeine Abwendung vom Wort ist eine Abwendung vom entwerteten Wort, nicht vom lebendigen!

Das Hauptmittel zur Verbreitung gesellschaftlicher Ideale, die Propaganda, ist fast durchwegs Phrase. Aber dem kann man nicht durch eine »Abschaffung« der Propaganda begegnen, sondern durch eine phrasenlose, d.h. von den Idealen nur im Notfall und in beschränktestem Umfang redenden Propaganda. Propaganda ist heute ein Synonym für Lüge und Phrase. Warum aber sollte nach einer Abtötung der Phrase nicht eine Propaganda auch für das Gute prinzipiell denkbar sein? Und wenn heute die Menschheit gelernt hat, maschinell zu lügen, warum sollte es in Zukunft nicht möglich werden, auch maschinell die Wahrheit zu verbreiten? Nur wenn das Wort wieder wie eine Kostbarkeit behandelt wird, als die Kostbarkeit, die es ist, und nicht wie ein Schuhfetzen, kann es seine weltbewegende Kraft wiedergewinnen.

Der Schreibende sollte dahin erzogen werden, jedes Wort, ehe er es niederschreibt, nach seinem wahren Gewicht abzuwägen und immer den Ausdruck zu wählen, der kein größeres Gewicht hat, als es dem zu Sagenden zukommt. Und der Lesende muß geschult werden, das Gewicht der Worte auch dort richtig zu fühlen, wo es nicht vom Schreibenden faustdick unterstrichen ist, und gerade dort.

Der notwendige Erkenntnisschritt ist die Einsicht, daß es möglich ist (und heute das einzig Denkbare ist), daß in einer Epoche heillos und unentwirrbar verworrener Weltanschauungen neue Lebensformen nicht auch, sondern nur ohne vorher ausgesprochene und vermittelte neue Weltanschauung entstehen können. Sie werden, wenn sie sich als haltbar erweisen, aus sich jene neue Weltanschauung offenbaren, die ihnen – unausgesprochen – schon zugrunde gelegen hat, denn sonst hätten sie selbst nicht in Erscheinung treten können.

Denn durch die Verschiebung metaphysischer Inhalte auf das Gebiet des Nichtaussprechbaren ist zum ersten Mal die Möglichkeit einer allgemein menschlichen Lebensform ohne Verleugnung metaphysischer Glaubensinhalte gegeben.

Während heute noch z.B. die östliche Welt mit der westlichen um die Verwirklichung ihrer Weltanschauungen kämpft, könnten die beiden Weltanschauungen eine gemeinsame Basis finden und ein großes Stück Weges gemeinsam zurücklegen, ehe sich ihre Wege scheiden müßten. Und vielleicht müßten sie sich, an diesem Kreuzweg angelangt, überhaupt nicht mehr scheiden.

Die geistige Aufgabe besteht also heute darin, die neutrale Lebensform zu finden, welche ohne Verleugnung der Weltanschauung von einer der beiden Seiten möglich wäre; und die den notwendigerweise erst nur provisorischen Notbau ermöglicht, der die menschliche Gesellschaft so lange beherbergt, bis ein echter, auf Generationen hinaus haltbarer Bau zustande kommen kann.

Wittgenstein selbst hätte zweifellos einen solchen Bericht über seine vermuteten Intentionen als eine psychologisierende Verfälschung seiner Gedanken abgelehnt; er hätte gesagt, daß das, was davon in seinen Sätzen zum Ausdruck komme, allein das sei, was er zu sagen habe; und komme es nicht darin zum Ausdruck, dann sei eben der Ausdruck falsch und die betreffenden Sätze seien nichts wert.

Das, was das Leben und das Werk Wittgensteins zeigt, ist die Möglichkeit einer neuen geistigen Haltung des Menschen. Es ist »eine neue Lebensform«, in der er gelebt hat und wegen der er bisher nicht verstanden wird. Denn eine neue Lebensform bedingt eine neue Sprache. Seine Lebensform ist dieselbe wie die mancher großer Menschen der Vergangenheit, aber ihre besondere Bedeutung liegt darin, daß sie erst in unserer Epoche das geworden ist, was auf eine allgemeine neue Lebensform hinweist.

Wittgensteins Sprache ist die Sprache des wortlosen Glaubens. Aus einer solchen Haltung dazu geneigter Menschen werden neue Gesellschaftsformen entstehen. Diese werden keiner Mitteilung durch Worte bedürfen, sondern sie werden von diesen Menschen gelebt und dadurch gezeigt werden. Ideale werden in Zukunft nicht durch die sie verfälschenden Versuche ihrer Beschreibung, sondern nur durch Modelle einer angemessenen Lebensführung vermittelt werden.

Und solche vorbildlichen Lebensführungen werden von erzieherisch unvergleichlichem Wert sein: etwas, was durch keine in Worten ausgesprochene Lehre zu ersetzen ist. Denn selbst wenn eine solche so weit geglückt sein sollte, daß der, der sie durch eigenes Erleben versteht, sie in der Art, wie sie gemeint ist, verwenden und in seinem eigenen Leben verwirklichen kann – so bleibt doch, wie es sich im Verlaufe der Geschichte immer wieder gezeigt hat, die in Worten ausgesprochene Lehre die Quelle ihres eigenen Mißverständnisses durch Verehrer, Schüler und Anhänger. Und solche sind es, die bisher ausnahmslos alle in Worten ausgesprochenen Lehren um ihre Wirkung brachten und die immer in Gefahr sind, den Segen in Fluch zu verwandeln. Mag es beim wortlosen Glauben andere Gefahren geben (die sich erst in Zukunft zeigen mögen und von denen keine menschlichen Dinge frei sind): Von dieser Grundgefahr wird er frei sein.

VERSTREUTE NOTIZEN
AUS DEM NACHLASS PAUL ENGELMANNS

Allgemeines zur Beziehung Engelmann–Wittgenstein

Persönliche Vorbemerkungen

Es gibt sicher nur wenige Menschen, welche das Buch[1], über das ich hier berichte, gründlich gelesen und die verstanden haben, was sein Verfasser damit wollte. Aber sein Name ist berühmt, und im Englischen, aber auch schon im Deutschen, erscheint heute kaum ein philosophisches Buch, in dem er nicht mindestens erwähnt wird.

Wenn nun gerade ich Inhalt und Wert dieses Buches erklären möchte, so vermute ich, daß zu dieser Aufgabe, die eigentlich mehr Fachwissen in der Logik und teilweise auch in der Mathematik (in der ich ganz ungebildet bin) voraussetzt, als ich es besitze, andere, in dieser Hinsicht, bestimmt geeigneter wären als ich. Aber meine besondere Eignung zu solchen Erklärungen ist meine nahe persönliche Bekanntschaft des verstorbenen Verfassers. Im Verlauf von ungefähr 15 Jahren, zwischen meinem 25. und 40. Jahre, (W. war etwa vier Jahre älter als ich[2]), bin ich in ständigem nahen Kontakt mit ihm gestanden. Er war während einiger Monate täglicher Gast im Hause meiner Eltern, und danach war ich, ein bis zweimal in jedem Jahr, auch öfter, ein bis zwei Wochen sein Gast in den Häusern seiner Familie in Wien und in der Umgebung von Wien. Jedesmal genoß ich lange, unvergeßliche Unterhaltungen mit ihm, und was ich mir von diesen Reden voll wahrer Weisheit, die ich <damals> von ihm gehört habe, bewahrt habe, über Philosophie, Kultur, Kunst und die verschiedensten Verhältnisse des Lebens, ist mir zu einem geistigen Besitz von unvergleichlichem Wert geworden. Gewiß habe ich mich im Laufe der Jahre von manchen dieser Grundlagen entfernt, und doch ist das Gebäude meiner Gedanken dauernd auf jenen Einsichten fundiert, die ich von ihm bekommen habe. Und gerade in diesem Fall ist ein solcher persönlicher Zugang besonders wichtig zum Verständnis des Buches und seiner Absichten. Denn, aus verschiedenen Gründen, sind diese nicht leicht zu verstehen. Und der große Einfluß seiner Gedanken auf die jüngste Generation, zuerst in Wien auf den sogenannten Wiener Kreis von Schlick und von dessen Schülern, und danach in England auf eine ganze Schule, fast auf die ganze jüngere Generation, während der dreißiger Jahre und später – dieser Einfluß hat nach meiner Meinung in einer Richtung gewirkt, die sich außerordentlich weit von den Intentionen W.s entfernt; was er selbst, nicht nur wiederholt mündlich, sondern auch in seinem zweiten, nach seinem Tod erschienenen Buch angedeutet hat. (JNUL, Dossier 222)

Der Wert, ja die Daseinsberechtigung meiner Darstellung, wie ich sie allein zu geben vermag, hängt davon ab, ob es mir gelungen ist, W. durch mich, und nicht (bloß) mich durch W. zu beleuchten. (JNUL, Dossier 233)

---

1 Damit ist der *Tractatus* gemeint.
2 Tatsächlich war Wittgenstein nur zwei Jahre älter als Engelmann.

Es ist aufschlußreich, das Bild einer komplizierten Persönlichkeit durch Aufnahmen aus verschiedenen Perspektiven zu gewinnen. Und da ich, ich hoffe, beim Schreiben nicht vergessen habe, mich bestrebt habe, nicht um mich durch ihn, sondern um ihn durch mich zu beleuchten, kann <ich darum> das, was ich zu sagen habe, sein Bild durch eine Perspektive ergänzen, die in keiner andern Erinnerung mehr aufbewahrt ist. (JNUL, Dossier 233)

Und ich habe hier Mörikes Worte über Mozart an einem lebendigen Beispiel erlebt: »... daß dieser Mann sich schnell und unaufhaltsam in seiner eigenen Glut verzehre, daß er nur eine flüchtige Erscheinung auf der Erde sein könne, weil sie den Überfluß, den er verströmen würde, in Wahrheit nicht ertrüge.«[3] (JNUL, Dossier 233)

Ich bin also in der Lage, ein Bild seiner Persönlichkeit zu geben, das sich aus einem Mosaik von Banalitäten (das Wort im genannten Sinne gebraucht) zusammensetzt, die ich während eines, durch zehn Jahre fortgesetzten persönlichen Verkehrs, von ihm gehört habe. Und die sich mir so fest eingeprägt haben, dass ich sie heute, weitere dreissig Jahre später, getreu wiedergeben kann. Wenn ich mir dabei ein Verdienst zuschreibe, so besteht es darin, dass sie so auf mich gewirkt haben und dass ich ein geeignetes Organ zu ihrer Bewahrung und Wiedergabe besitze. (JNUL, Dossier 129)

Es wäre ganz müßig, diese Gespräche aus der Erinnerung rekonstruieren zu wollen. Soweit sie sich in Ws lapidaren mündlichen »Sätzen« kristallisiert haben, werden diese hier an Stellen, wo sie hingehören zitiert. Alles andere aber wird, (in der einzig richtigen Weise) indirekt wiedergegeben durch meine eigenen Ansichten, die von jenen, von mir richtig oder falsch verstandenen Gesprächen angeregt und die durch mehr als 40 J<ahre> dauernde Grundlage meines eigenen Denkens geblieben sind. (EB)

Vielleicht gelingt es mir so, den Sätzen, die W. geschrieben hat, und die für mich <eine Überfülle von Leben> ausströmen – weil ich solche Sätze von ihm selbst ausgesprochen gehört habe –, die aber vielen, die ihn nicht selbst sprechen gehört haben, unlebendig erscheinen, aus dieser Überfülle (des Gehörten) lebendig zu machen. (JNUL, Dossier 233)

---

3 Vgl. Eduard Mörike: *Mozart auf der Reise nach Prag*: »Es ward ihr [Eugenien] so gewiß, so ganz gewiß, daß dieser Mann [Mozart] sich schnell und unaufhaltsam in seiner eigenen Glut verzehre, daß er nur eine flüchtige Erscheinung auf der Erde sein könne, weil sie den Überfluß, den er verströmen würde, in Wahrheit nicht ertrüge.« Zit. nach Eduard Mörike: *Sämtliche Werke*. Hrsg. von Dr. Gustav Keyßner. Stuttgart und Leipzig: Deutsche Verlags-Anstalt, [1906]. S. 490.

W. lebte unter Menschen im allgemeinen wie ein Einsiedler in der Wüste: keineswegs aus Hochmut, der ihm ja ganz fernlag. (JNUL, Dossier 233)

Unter diesen Umständen wurde ihm die menschliche Oase, auf die er in Olmütz völlig unerwartet traf, wenigstens vorübergehend zu größerer Bedeutung, als es ihrer eigentlichen Beschaffenheit entsprach. Und wenn das Wasser ihrer Quelle gewiß kein klares Gebirgswasser war, so konnte doch selbst das <Brackwasser>, das es dort gab, für einen Durstenden eine wichtige Erfrischung sein. (JNUL, Dossier 233)

W. hat einmal gesagt, daß er Menschen wie Medikamente brauche, die ihm seine gegenwärtige seelische Lage erleichtern; [...] (JNUL, Dossier 233)

Andrerseits war seine lebenslange Sehnsucht nach einem »menschlichen Wesen«, wie er einen relativ natürlichen Menschen nannte, unerfüllbar, da solche in unserer heutigen Gesellschaft überhaupt nur so seltene Ausnahmen bilden wie ein Haupttreffer unter den Lotterielosen. (JNUL, Dossier 233)

W. hatte ein übertrieben feines Empfinden für <wirklichen/menschlichen> Wert u. Unwert auch im Humor. Einen Witz, der nur entfernteste Spuren einer niedrigen Gesinnung enthielt, wies er immer mit Indignation zurück. Aber in diesem Fall, als ihm mein Bruder diesen <Sketch> vorlas, bekam er einen Lachanfall, bei dem er von seinem niedrigen Sitz neben dem Sofa herab rutschte und sich buchstäblich vor Lachen auf dem Teppich krümmte – etwas, was ich nie von ihm erwartet hätte und weder vorher noch nachher je gesehen habe. Es war offenbar eine Art psychischer <Aderlaß>, eine Entladung, bei der offenbar lang unterdrückte eigene Regungen sich einmal Luft machten – etwas, <das> eine für den Betroffenen überaus wohltuende Erleichterung sein kann. (JNUL, Dossier 211) Vgl. Erinnerungen, S. 90.

»Banalität«
Es macht mir ein diebisches Vergnügen, mir vorzustellen, wie meine Leser von den Aussprüchen von L.W. die ich anführe, wie sie sich mir vor 40 Jahren unverlöschlich eingeprägt haben, als von entsetzlichen Banalitäten enttäuscht sein werden. (JNUL, Dossier 147)

Ein kleines Foto aus etwas späterer Zeit, das mir auf unerklärliche Weise verloren gegangen ist, hätte hier den ausgezeichneten Dienst getan, den ich einer Wortbeschreibung nicht zutraue. Er hatte die Aufnahme nach eigenen Angaben vollständig en face und vor einem glatten weißen Hintergrund machen lassen. Er hielt für Fotos die als Erinnerung an einen Menschen gemacht werden, einzig das kleine

Format des Passbildes für ange<messen> – eine Beobachtung, die von weit tieferer Bedeutung ist als es scheint: das viel zu große Format, in dem heute z.b. in illustrierten Zeitschrift<en> die leersten Gesichter wiedergegeben werden, ist selbst bei ausdrucksvollen Gesichtern <eine dem beabsichtigten> Eindruck schädigende Übertreibung (JNUL, Dossier 232)

Briefe von L.W.

Die folgende Auswahl aus Briefen Ludwig Wittgensteins ist nicht nur darum von allgemeinem Interesse, weil sozusagen jeder Satz, den dieser bedeutende Mensch niedergeschrieben hat, durch die ungewöhnliche Gewissenhaftigkeit des Schreibers ein starkes persönliches Gepräge trägt und einen Zug seines Wesens deutlich darstellt, sondern vor allem darum, weil diese Briefe aus den Jahren 1916–1925 stammen, in denen ich ohne Erfolg bemüht war, das Manuskript des »Tr. L. Ph.« das in dieser Zeit fertiggestellt wurde (noch bevor Bertrand Russell dies besorgte) bei deutschen Verlegern zum Druck zu bringen. Gerade über diese Zeit ist in der ausgezeichneten Biographie von Malcolm fast gar nichts enthalten. (JNUL, Dossier 143) Vgl. die Einleitung von Paul Engelmann, S. 14.

Sie enthalten nichts, was ich nicht auch andern hätte mitteilen können. Trotzdem sind sie aber Mitteilungen, die nur an einen, ihn damals wirklich verstehenden Menschen gerichtet waren, nicht in der Absicht geschrieben, außer diesem auch andern diese Mitteilungen zu machen, die sonst zweifellos in anderer Form erfolgt wären... (JNUL, Dossier 233)

Es muß aber trotzdem hier noch wenigstens ein Wort über die Gründe gesagt werden, warum in den fast 40 Jahren, seitdem der letzte dieser Briefe geschrieben worden ist, kein oder doch fast kein Kontakt mehr zwischen uns stattgefunden hat; ich beschränke mich in diesem Buch darauf, festzustellen, daß niemals ein Konflikt stattgefunden hat oder Bruch zwischen uns erfolgt ist. Einer der Gründe mag wohl darin liegen, daß keine persönliche Begegnung mehr stattgefunden hat; wäre das geschehen, so hätte ich vermutlich schon nach der ersten Begegnung mir ungefähr ein Bild darüber machen können, wo W. sich jetzt innerlich befinde; und daraus hätte sich möglicherweise ein neuer Kontakt ergeben. Aber ohne eine solche Kenntnis Briefe ins Blaue abzuschicken, ist überhaupt nicht meine Art, und wäre es am allerwenigsten in diesem Falle gewesen. (JNUL, Dossier 233)

Gedanken über Religion und Kunst

»Zum Glauben«
Wenn das Religiöse von einem heutigen Menschen überhaupt wirklich erreicht u. gelebt werden kann, so kann es nur vom Ästhetischen u. von der Kunst her auch im Leben erreicht werden. Denn alle psychologischen Voraussetzungen dazu, vor allem Phantasie u. Begeisterungsfähigkeit, sind nur bei diesem vorhanden. Nur er hat die seelische Voraussetzung dazu, im Glücksfall wirklich religiös zu werden. Der Assessor dagegen, der das Bürgerliche mit einem Glorienschein umgibt, existiert nicht.

Menschen, die die Welt und das Leben richtiger verstehen als andere, sind seither die Einzigen gewesen, die dadurch zu einer fruchtbaren Tätigkeit in der Welt befugt waren. Das Malheur dabei aber ist, dass sie sich zuerst zu allem weiteren legitimieren müssen; dadurch, dass sie über das, was sie selber besser verstehen als die Anderen, berichten müssen. Wenn es erlaubt ist eine von Wittgenstein nicht anerkannte Redeweise hier zu gebrauchen: Alle Kultur ist von »jenseitigen« Gesichtspunkten aus organisiert worden; aber von solchen etwas erzählen zu müssen, führt nur sie und andere in die Irre und kann sie an jenem Leben und Tun, das einzig ihre Sache wäre, nur hindern. (EB; vgl. auch S. 4 in Engelmanns Aufsatz »Wer war Ludwig Wittgenstein?« vom VI., 1963, nun in der JNUL, Dossier 142)

»Zu schön für die Welt!« – Ws Ausruf höchsten Entzückens über einen Kunst Eindruck. ... von dem ein Amerikaner sagte: »Out of this world!« (Vielleicht eine engl. Redewendung?) (EB)

Die erschütterndste Wirkung der Musik ging für ihn, (wie für mich), von Mozarts Requiem aus; und die Worte »... Abrahae«[4], wo der sterbende, verzweifelte Mensch an Abrahams Opfer erinnert, waren ihm das Tiefste von religiöser Kunstwirkung, das es gibt. (EB)

Ich bin überzeugt, dass L.W. nie ein Gedicht geschrieben hat. Er war von höchster musikalischer Begabung und wäre ein ganz großer Dirigent geworden, hat mir aber einmal gesagt, daß ihm ein einziges mal in seinem Leben eine Melodie eingefallen sei. Er hätte nie einen Vers geschrieben, der ihm nicht »eingefallen« wäre, wie er (wenig<stens> zur Zeit des Tr.) wohl nie einen philosophischen Satz geschrieben hat, der ihm nicht eingefallen war.[5] (EB) Vgl. Erinnerungen, S. 105.

---

4   Vgl. Mozart: *Requiem in d-Moll* (KV 626). III. Offertorium. Hostias: »[...] quam olim Abrahae promisisti, et semini ejus.«
5   Vgl. dazu die neuere Ausgabe der *Vermischten Bemerkungen*, wo ein, angeblich von Wittgenstein verfaßtes, Gedicht publiziert ist. Genauere Angaben wie Zeit der Entstehung usw. fehlen allerdings.

Hätte er in diesem Lebensabschnitt aber künstlerische Einfälle gehabt, so wären es zweifellos musikalische gewesen (Er lernte erst in späteren Jahren als erstes Instrument Klarinette blasen, konnte aber auch vorher, z.b. eine Mittelstimme aus einem klassischen Werk der Musikliteratur, auch einen ganzen Satz hindurch, pfeifen.) Trotz dieser Musikalität, (so erzählte er mir einmal,) seien ihm aber nur ein einziges Mal in seinem Leben eine Melodie (oder: »der Teil einer Melodie«) eingefallen.[6]

Für ihn war aber der Einfall alles, der Beweis de<s Unterschieds> zwischen einem echten und einem unechten Gedanken (was natürlich nichts gegen die nachherige »Arbeit« an einem echten, eingefallenen Gedanken sagt). Das ist auch der Grund, warum er solchen Wert legte auf den Druck des deutschen Originals neben der englischen Übersetzung. (EB) Vgl. Erinnerungen, S. 105.

So unsympathisch mir Wagners Musikdramen sind, so muß ich doch gestehen, daß mir in seinen Motiven geniale Erkenntnisse über das Wesen des Mythos niedergelegt zu sein scheinen. Das war die Meinung L.W.s. Es ist ein <künstlerischer> Irrtum, aus Motiven ein ganzes Drama bauen zu wollen; dieser Irrtum hat zu Monstrositäten geführt. Aber genial scheint mir die Erkenntnis, daß der Mythos nur durch ein musikalisches Motiv darzustellen wäre: denn er ist selbst ein Motiv und keine Melodie, eine Anekdote und keine Erzählung. Das war die Meinung L.W.s. (JNUL, Dossier 76)

Zu Religiosität   zu L.W.
Wer sich über die Frage der »Existenz Gottes« den Kopf zerbricht, ja wer nur die Annahme der Existenz Gottes für eine Hypothese hält, befindet sich schon auf dem Holzweg, der zur Theologie, statt auf dem richtigem Weg, der zur Religiosität führt. (EB)

Der einzige wirkliche Zugang zur »Religiosität«, den der Mensch hat, ist nicht von der Vernunft aus, sondern vom Gewissen aus. (JNUL, Dossier 232)

Philosophie ist die Religion der Wissenschaft. Und der Gedanke des Tractatus ist, daß eine Religion der Wissenschaft nicht möglich ist. (EB)

Das wird von den Positivisten dahin mißverstanden, daß im Zeitalter der Wissenschaft keine Religion mehr möglich sei; gemeint ist, daß ein Zeitalter folgen sollte,

---

6 Vgl. dazu eine Eintragung Wittgensteins vom 28.4.1930, wo er den Wunsch äußert, »eine Melodie zu komponieren.« Es wundere ihn, daß ihm »bei dem Verlangen danach nie eine eingefallen« sei. Mit der Komposition einer Melodie erhoffte er, sein »Leben quasi zusammenfassen« und »es kristallisiert hinstellen« zu können. (*Denkbewegungen*, S. 9f.)

in dem die Wissenschaft ihren unberechtigten Anspruch, die Religion ersetzen zu wollen, radikal aufgegeben hat. (EB)

Das »Religiöse« – das sind die Gußformen, in welche seit Jahrzehntausenden die flüssige feurige Masse des menschlichen Geistes eingeströmt ist. Was nützte es uns heutzutage, wenn die neueren Gußformen der Wissenschaft selbst umso wirklichkeitsgerechter wären als es ihr selbst erscheint, und wie sie es doch gewiß nicht sind? (JNUL, Dossier 147)

Meine Gottesidee

Die Gottesidee hat bei mir in den letzten 30 Jahren einige Wandlungen erfahren. So war ich bis 1916 Atheist. Ohne mir viel den Kopf darüber zu zerbrechen, – wußte ich –, daß alles, was wir sehen, ein Werk der Natur ist. Was aber die Natur ist und woher sie stammt, wer machte sich darüber Gedanken. Gott war für einen sogenannten aufgeklärten Menschen meines Kreises jener Zeit höchst unmodern, und viele hüteten sich, über dieses Problem zu sprechen, um sich nicht lächerlich zu machen.

Im Jahre 1916 (im Kriege), als ich mich auf dem Kriegsschauplatz befand und die Kriegsgreuel mit angesehen habe, versuchte ich die Ursachen des Krieges zu erforschen, welche diese Greuel und die vielen andern schweren Leiden der Bevölkerung rechtfertigen könnten (wenn dafür überhaupt eine Rechtfertigung gefunden werden kann). Ich dachte über Verschiedenes nach, und so gewann ich langsam die Überzeugung, daß das Weltgeschehen nicht gerade vom reinen blinden Zufall gelenkt wird, und daß auch die sinnlosesten Kriege ihre, wenn auch indirekten, so doch nicht unvermeidlichen Ursachen haben; die jedoch bei einigem Nachdenken über das Wesen des Lebens und des Weltgeschehens hätten vermieden werden können. Ich erkannte, daß es natürliche Notwendigkeiten gibt, die in einer gewissen »Ordnung der Dinge« bedingt sind, und Ereignisse, die keine natürlichen Notwendigkeiten, sondern vielmehr naturwidrig sind; wozu auch die Kriege gehören. Ich erkannte, daß es einen Gott geben muß, der alles geschaffen hat, der keinen einzigen Teil seiner Schöpfung bevorzugt oder zurücksetzt. Ich erkannte, daß es einen göttlichen Schöpfungsprozess gibt, und eine gewisse »Ordnung der Dinge«: über das »wie« und »was« hatte ich noch keine Vorstellung. Nach Kriegsschluß ging ich meinen Geschäften nach, genoß das Leben und befaßte mich mit diesem Problem nicht weiter. Als ich im Jahre 1922 von einer Dame in eine philosophische Diskussion gezogen worden bin, und diese mich fragte: was ich von der »Seele« denke, antwortete ich: Individuelle Seelen gibt es nicht! Der Mensch ist nur eine entsprechend konstituierte materielle Form, die, solange sie nicht durch irgend eine materielle Ursache defekt wird, ihre Lebenskraft von einer zentralen Kraft-, beziehungsweise lebenspendenden Quelle – etwa der Sonne ähnlich – bezieht; so, daß beim Ableben eines Menschen sich eigentlich nichts ändert, und keinerlei Kräfteverschiebung eintritt. Ich verglich dabei den Menschen, beziehungsweise seine vermeintliche sogenannte »Seele« mit einer entsprechend konstruierten elektrischen

Birne, die an einen vorhandenen allgemeinen elektrischen Strom angeschlossen wird, und von diesem ihre Kraft, ihr Licht beziehungsweise ihr Leben erhält, und aufhört zu leuchten, sobald sie defekt geworden ist; ohne daß man sagen könnte, daß irgend ein leuchtendes Wesen zerstört worden sei und dass sich an der wahren Kraftquelle etwas geändert hätte. Die Lichtquelle ist immanent, gleichviel ob und wieviele Birnen ihr angeschlossen werden.

Diese Erklärung gab ich spontan ab, ohne über sie vorher nachgedacht zu haben, und ich hielt sie dann lange Zeit hindurch für glücklich.

Es war dies eine unbewußte Wandlung zu einer pantheistischen Ideologie, wenn es mir auch noch nicht klar war, was ich unter dieser zentralen lebenspendenden Kraft sehen soll: eine direkte Wirkung der göttlichen Weisheit, oder die eines göttlichen Organs.

Als ich mich vor einigen Jahren der Betrachtung der Gottesidee zu widmen begonnen habe, kam mir diese Definition der Seele, von vor etwa 20 Jahren, nicht mehr als richtiger Ausdruck für das vor, worin ich die eigentliche Quelle für alles Leben sehen will. Ich behielt wohl das Prinzip der oben definierten Universalseele, doch bezeichnete ich deren Wirksamkeit, beziehungsweise deren Wert, nur noch als sozusagen rein technische Antriebskraft, nicht aber zugleich als Bewußtsein, d.h. als intellektuelle Kraft, die auf die Handlungen des Menschen Einfluß nimmt. Die Quelle des intellektuellen Bewußtseins sehe ich nur in einem unmittelbaren Einfluß einer »alles umfassenden göttlichen Weisheit«.

Nichts ist absolut und ewig, was menschlichen Begriffen und menschlichen Beurteilungen zugänglich ist. Was absolut und ewig ist – in der Idee, doch nicht in der Form – ist unseren Sinnen unzugänglich; wir brauchen uns daher auch nicht zu bemühen, es zu erforschen. Gewiß ist! Es gibt eine absolute ewige Wahrheit: Gott! Ursprung alles Daseins und Ursache alles Geschehens, aller Zeiten, auf Erden wie im gesamten Kosmos; doch sind wir Menschen nicht fähig, uns darüber eine richtige Vorstellung zu machen.

Für uns Menschen gibt es keine absoluten Wahrheiten, außer dem Bewußtsein: dass alles göttlichen Ursprungs ist.

Wie man mit fleischlichen Fingern keinen elektrischen Strom, keinen Lichtstrahl oder den Äther fassen kann, ebensowenig werden wir mit unserm materiellen Gehirn einmal in der Lage sein, behaupten zu können: wir hätten ins göttliche Geheimnis geschaut.

Es gibt zwar auch eine leise Möglichkeit, sich über das Materielle im Menschen zu erheben, und vom Schein der reinsten Wahrheit bespült zu werden (die Verbindung zwischen der erhabenen geistigen und der verkörperten Materie im Menschen hört nie ganz auf: über allem fliesst der unendliche Strom der reinen, formlosen Weisheit, der alles umfaßt, alles berührt und alles beeinflußt), dann aber ist man eben göttergleich; in dem Strom des reinsten göttlichen Urwesens aufgegangen (wir vereinigen uns mit dem unendlichen Strom der göttlichen Weisheit, der alles umspült, alles berührt, und alles beeinflußt), und kein Mensch mehr: auch wenn die fleischliche Hülle – sichtbar – noch nicht abgelegt ist.

Wir befinden uns alle der göttlichen Weisheit ebenso nahe, als wir uns von ihr fern glauben. (JNUL, Dossier 73)

»Großinquisitor«

Für eine Religion, die sich seit Jahrhunderten auf das Kommen des Messias eingerichtet hat, und deren Sinn das Warten auf den Messias geworden ist, ist sein
wirkliches Kommen die ärgste denkbare Störung und Verlegenheit.

Die Frage, wenn einer behauptet, er sei der Messias, ist dann weniger, ob das wahr
sei, als daß das unter keinen Umständen wahr sein dürfe. (JNUL, Dossier 147)

Der Mystiker

ist wie einer, der ein Lied singen hört, das auf ihn einen unglaublichen Eindruck
macht; er hat sich jedes Wort des Textes gemerkt, und versucht jetzt immer wieder,
andern seinen unvergleichlichen Eindruck mitzuteilen, aber, zu seiner Verzweiflung,
ganz umsonst: es macht auf niemanden den geringsten Eindruck. Der gute Mann
ahnt nicht, daß es die Melodie war, die er nicht behalten hat, die – allerdings als
Begleitung gerade dieses Textes – bei ihm den Eindruck hervorgerufen hat. (JNUL,
Dossier 233)

W. hat damals (um 1920) einmal gesagt: im 19. Jh. hat man noch an die Wissenschaft geglaubt; heute glaubt man nicht mehr an sie.

Das konnte ich damals nicht verstehen, weil ich damals noch selbst an die Wissenschaft geglaubt habe. Und deshalb begreife ich auch, warum so gelehrte Männer
wie z.B. Bertrand Russell, es auch heute nicht verstehen können und es nie verstehen werden. Sie werden in dem Glauben sterben, daß das Weltbild der Wissenschaft
zwar äußerst unvollkommen, aber im Wesen wahr sei. Während daß die Religion
falsch, veraltet u. längst durch die Wissenschaft widerlegt sei. (EB)

Ästhetik

Ich selbst bilde mir ein, daß ich ein verstehender Schüler der so oft genannten drei
großen Lehrer bin, und ein sicheres Urteil über Kunst und Literatur besitze.

Aber ich habe z.B. auf meinem eigenen Arbeitsgebiet der Architektur beinahe
kein Buch gelesen, das im üblichen Sinn eine Abhandlung speziell über Ästhetik
gibt. Besonders die neueren Schriften über Kunst, seit dem Ende des 19. Jhdts. habe
ich im Ganzen zu lesen vermieden und zwar ganz gleichgültig ob die dort ausgesprochenen Meinungen u. Behauptungen des Verfassers über Kunstwerke mir als
richtig oder falsch erscheinen.

Dagegen bildet Jakob Burkhardt, dessen Schriften ich leider viel zu wenig
kenne, eine großartige Ausnahme. Die Methode seines Cicerone[7], in dem er mit

---

7 Vgl. Jacob Burckhardt: *Der Cicerone: eine Anleitung zum Genuß der Kunstwerke Italiens.*
   Leipzig: Kröner, 1924. Erstveröffentlichung 1855.

ungeheurer Sachkenntnis in bewundernswerten Aufsätzen die Werke der italienischen Renaissance beschreibt, und nicht über sie meditiert, ist für die Zukunft allein richtunggebend.

Und wenn ein 7jähriges Kind eine Bibelszene, etwa die Opferung Isaaks, so zeichnet, daß die Betrachter der Zeichnung in der Verbeugung, die Abraham vor dem Altar macht, ob mit Recht oder Unrecht zu sehen glauben, daß hier die Beugung von Abrahams Rücken eine Geste seines Glaubens wiedergebe, die gebildete Maler nicht so treffend wiedergeben könnten, so mag das sehr wohl stimmen; <aber durch Zufalls; denn> der Fundamental Irrtum der Modernen über den Primitiven ist, daß das Kind diese Geste in seiner Phantasie gesehen habe, und daß es daher wisse, was es da mit seinen unbeholfenen Strichen zeichne.

Das was die Kunstübungen der Kinder u. Primitiven geben, ist das, was sie wissen, und nicht das, was sie sehen; sie sehen, im Sinne des Hölderlin Zitats überhaupt noch nichts. Die Tatsache, daß meine Mutter wußte, daß der Boden des Glases ein Kreis sei, verhinderte sie, ihn als Ellipse zu zeichnen. Das Gewußte, der Sinneseindruck bereits verschmolzen mit dem Wissen über das sinnlich-bekommene, ist das künstlerisch entscheidende Hindernis, etwas naturgetreu, d.h. dem optischen Vorbild entsprechend, zu »sehen«. Der Unterricht Kokoschkas ist/bestrebt sich, den Schüler »sehen«[8], d.h. von seinem Wissen über den Gegenstand absehen zu lehren.

Das soll wiederum nicht etwa heißen, daß der Ästhetiker über Kunstwerke nicht reden soll. Aber er soll so reden, daß sein Reden ein Zeigen, ein Hinweis, ein Vorweisen der vorbildlichen Werke sei, nicht ein Anlaß, an sie noch so wichtige Regeln zu knüpfen.

In den modernen Schriften über bildende Kunst wird, so weit ich selbst sehen kann, (und das ist bei meiner schwachen Kenntnis nicht viel) immer wieder vom Sehen gesprochen. Und es wird, soviel ich verstehen kann, angenommen, daß z.B. das Kind oder der primitive Mensch, der sich als Künstler betätigt, und den die moderne Ästhetik übermäßig und <so tief> bewundert, »anders sehe« als der intellektuell höher entwickelte. [...]

Der blamable Grundirrtum der modernen Pseudo-Ästhetik ist aber die völlige Verdrängung (des Faktums), daß der Zeichner das zu Papier bringt, was er zeichnen kann nicht was er sieht; ich habe die modernen Kunstschrift<steller> im dringenden Verdacht, daß sie alle nicht zeichnen können.

Was da herauskommt, hängt fast nur von d. Fingern und nicht von den Augen des Zeichners ab. [...] (EB)

---

8   In diesem Zusammenhang sei darauf hingewiesen, daß Engelmann immer wieder den auf Karl Kraus bezogenen, von Karel Čapek geäußerten Satz »Er lehrte uns Lesen« zitierte. Wie ernst ihm dabei war, davon zeugt seine Anthologie, die den konkreten Leseeinfluß Kraus' »breiter nahm und weiter ausdehnte als sonst Schüler tun.« (Vgl. Elazar Benyoëtz: »Paul Engelmann, Der Andere«. In: *Wittgenstein-Jahrbuch 2001/2002*. Hrsg. von W. Lütterfelds, A. Roser und Richard Raatzsch. Frankfurt am Main: Peter Lang, 2003. S. 392.

Notizen zur »Anständigkeit« bzw.
zur »praktischen Ethik«

Es war mir klar, daß ich von jetzt ab mein ganzes Leben in den Dienst einer einzigen Sache zu stellen habe = Versuchen, die Dauer des Massenmordens abzukürzen. Über diese Versuche selbst werde ich hier nicht berichten, da dies eine Beichte über meine tiefsten seelischen Erlebnisse in den Jahren bis zum Ausgang des Krieges, und darüber hinaus für mein ganzes weiteres Leben, voraussehn würde. Ich bin nicht bereit, eine solche Beichte abzulegen; insbesondere nicht in literarischer Form und vor den Lesern eines von mir geschriebenen Buches.

Hier, wo es sich ausschließlich um mein Verhältnis zu Wittgenstein in diesen Jahren handelt, ein Verhältnis, für das diese Angelegenheit entscheidend war, kann ich darüber nur Folgendes nicht <verschweigen>: Er war von mir in großen Zügen über meine innere Haltung unterrichtet, und lehnte mein Vorgehen grundsätzlich ab; für die näheren Umstände meiner Gedanken darüber interessierte er sich nicht, und ich hätte <außerdem> auch gar kein Bedürfnis gehabt, ihn darüber näher zu unterrichten, da mir, bei all meinem unbegrenzten Respekt für sein überlegenes Urteil in allen Dingen, hier meine eigenen Gedanken und das, was ich damals als unabweisbare Gewissensforderungen empfand, ganz und gar unangreifbar von jedem Urteil eines andern Menschen, selbst von seinem, erschienen. Das, worauf es hier allein ankam, war, daß ihm meine Haltung »nicht als unanständig« erschien; ja, im ganzen wohl, ob mit Recht oder mit Unrecht, als »anständiger«, obwohl auch nicht als »sinnvoller«, als die eines militanten Pazifismus oder als wohl mit Recht Märtyrertums eines Kriegsverweigerers. Sein berühmter Freund und Lehrer Bertrand Russell saß damals in England als Pazifist im Gefängnis, was er als aktives Bekenntnis zu einer ernsten Überzeugung »anständig«, aber mit Hinblick [...][9] (EB)

Die Aktivität, die wohl von meinen ganz phantastisch scheinenden Gedanken tatsächlich zur Folge hatte, hat zwar leider gänzlich andere Folgen als die von mir beabsichtigten, welche auf Abkürzung der Massenmorde gerichtet waren, gehabt, und hat doch ihr Ziel leider <in keiner Weise> nicht erreicht; dagegen haben sich sowohl Wittgensteins Annahmen, daß es sich hier bloß um sinnlose Versuche eines ganz einflußlosen Studenten handle, auf den Ablauf geschichtlicher Ereignisse irgendwie Einfluß zu nehmen (Annahmen, die übrigens auch, natürlich ganz unabhängig davon, Karl Kraus teilte) als falsch erwiesen. (Ich habe veranlaßt, daß

---

9   Russell war zu der Zeit nicht ein ausgesprochener Pazifist, wenn auch gegen die Teilnahme der Briten am Ersten Weltkrieg. Nach dem Krieg ging er jedoch zu einem Treffen für »Frieden und Freiheit«, was Wittgensteins Mißbilligung erregte. Als er zu diesem sagte, »Ich denke, Dir wäre eine Liga für Krieg und Knechtschaft lieber«, antwortete Wittgenstein: »Eher noch, eher noch!« Der Krausche Punkt dabei ist, daß Wittgenstein nicht den Krieg für besser als den Frieden hielt, sondern daß das Predigen vom Frieden unehrlicher sei als das vom Krieg. (Mitteilung von Heinrich Groag an Brian McGuinness)

Dokumente, welche diese Behauptung belegen, nach meinem Tode veröffentlicht werden.)[10]

Wittgensteins Überschätzung meiner damaligen moralischen Qualitäten <geht> gewiß zum Teil auf mein Verhalten in Bezug auf diese Angelegenheit zurück; er war durch Jahre Zeuge d. Tatsache daß diese Sache mein ganzes Leben während der Kriegsjahre vollständig erfüllte und wird deshalb den Ernst meines Verhaltens richtiger beurteilt haben als Kraus, der mich später durch eine <...> literarische Verwertung meiner damaligen Haltung, die bei aller Problematik eine solche negative Einschätzung durch nichts verdiente, vorübergehend verletzt hat. Was aber, wie man <sehr wohl sieht> auf mein eigenes Urteil über ihn u. seine Bedeutung ganz u. gar keinen Einfluß hat. (EB)

Es ist doch klar, daß ein Mensch, der sein Gewissen auffordert, »die Welt, d.h. etwas an der Welt zu ändern, das nicht versucht, um damit zu beweisen, daß die Schuld an der Welt und nicht an ihm selbst liegt – sondern im Gegenteil, weil er glaubt, seine Schuld zu vergrößern, wenn er, der, wie er meint, es könnte, es doch nicht täte. (JNUL, Dossier 232)

(in Olmütz) Im Krieg

Aus seinen Andeutungen war mir nur eines sicher: er ist immer wieder von der Gesellschaft der Offiziere zu der Mannschaft, von der Misere des realen Krieges in die heroische Umgebung des traditionellen, in den »Kampf«, geflüchtet.[11]

Es war in seinen Andeutungen wiederholt vom Aufgeben einer automatisch und ohne sein Zutun begonnenen Carriere mit Avancement die Rede. Wie oft er tatsächlich – seine Charge abgelegt hat (ein Flieger <usw>) – ja von unten her neu angefangen hat, um der ihm unerträglichen heutigen moralisch-ästhetischen Unmenschen-Atmosphäre »höherer« Stände zu entgehn, weiß ich nicht

Daß es immer wieder seine Absicht und sein äußeres Hauptanliegen war, ist mir gewiß; ebenso, daß es durchaus nicht in sozialistisch-romantischer Illusion von einem menschlich reinerem »Proletariat« entsprang; sondern daß er wie immer so auch hier genau wußte, daß es unten wie oben nur einzelne weiße Raben gebe, die Menschen geblieben seien. »Ein menschliches Wesen« war (wie auch Malcolm berichtet[12]) sein Lob, mit dem er einen erwähnte, mit dem man, ganz unerwarteter Weise, menschlich verkehren konnte, ohne sofort mißverstanden und abgestoßen zu werden; was allerdings oben noch häufiger war als unten. (EB)

---

10 Näheres über eine Veröffentlichung dieser Dokumente ist nicht bekannt.
11 Die Darstellung Engelmanns entspricht nicht ganz den Tatsachen: Wie aus Wittgensteins Kriegstagebüchern hervorgeht, fühlte er sich von der Roheit des Großteils der Mannschaft abgestoßen, während er einige von den Offizieren sehr schätzte. Näheres über Wittgensteins Erfahrung im Krieg findet sich im Nachwort von Brian McGuinness.
12 Vgl. Norman Malcolm: *Ludwig Wittgenstein. A Memoir and a Biographical Sketch by G.H. von Wright.* Oxford: Oxford University Press, 1984. S. 116: Dort schreibt Wittgenstein in einem Brief vom 18.2.1949 u.a.: »[...] what warms my heart most is human kindness.«

Es gibt zwei Arten von Mitleid, gutes u. schlechtes, und nur das erste verdient diesen Namen. Es ist die Liebe, ohne die der Mensch eine klingende Schelle ist.[13] Das andere aber, das in unserer gewöhnlichen Umwelt allein sichtbare, ist nur das <Unkraut, das der Teufel zwischen den göttlichen Weizen gesät hat. Das erste> aber ist das, was die wenigen u. einzig nur wahren teils unsers Zeitalters, eine Florence Nightingale[14], Henry Dunant[15] und Fridtjof Nansen[16], zu ihren Taten bewegt hat – den einzigen Taten, die in die Richtung weisen, wo ein fernes Licht in die Finsternis der Zeit/Gegenwart hin<einleuchtet.>

Aber zum Helden muß man geboren sein, und W. wußte, daß er nicht <u>dazu</u> geboren war (siehe Briefstelle)[17] sondern daß ihm nur ein geistiges Heldentum vorbehalten u. allein möglich war, das in Zukunft dazu dienen sollte, <solchen echten Helden> der Tat auf ihrem Weg zu leuchten

Und man muß ein heilloser Dummkopf <auch> ein hoffnungsloser Selbsttäuscher sein, um in sozialistischen oder kommunistischen Gesellschaftsformeln eine mögliche Heilung <u>dieses</u> Übels zu suchen. W. war keins von beiden. (...). Seine politische Weltformel Schweinerei von oben, Schweinerei von unten.[18] (EB)

Eine Psychoanalytikerin, der ich einmal die hier (S...) Anekdote erzählte »Ich bin ein Schwein«, sagte darauf spontan: »Er wird gewiß eines gewesen sein.« Das zeigt den ganzen seelischen Kontrast zwischen der Psychoanalyse und der Religion: diese weiß, daß jemand, der das von sich im Ernst sagt, keines ist. (JNUL, Dossier 232)

---

13 Vgl. den 1. Brief an die Korinther, Kapitel 13.

14 Florence Nightingale (1820–1910): Britische Krankenschwester, die im Krimkrieg in der Türkei und auf der Krim eine Verwundeten- und Krankenpflege organisierte. Nach ihrer Rückkehr nach London entwarf sie einen Organisationsplan für die militärische und die zivile Krankenpflege.

15 Henry Dunant (1828–1910): Schweizer Philanthrop, der in seiner Schrift »Un souvenir de Solferino« das Elend der Kriegsverletzten, das er gesehen hatte, schilderte. Auf seine Initiative hin wurde auf der ersten internationalen Konferenz von 1863 in Genf das Rote Kreuz gegründet.

16 Laut Berichten von Elazar Benyoëtz hörte Engelmann nicht auf, sein Ziel mit einem Wort Fridtjof Nansens jahrzehntelang hindurch zu verfolgen: »Ich sehe keine andere Rettung als eine Auferstehung der Nächstenliebe.« (E. Benyoëtz: »Engelmann, Der Andere«. S. 425). Als Engelmann daran dachte, eine Auswahl seiner Schriften als Buch zu veröffentlichen, hatte er die Absicht, diesen Ausspruch Nansens als Motto zu nehmen. (Vgl. einen Brief Engelmanns vom 5.VIII.64 an Elazar Benyoëtz)

17 Wahrscheinlich meinte Engelmann Wittgensteins Brief vom 2.1.1921 (hier Nr. 73), wo Wittgenstein u.a. schreibt: »Ich hatte eine Aufgabe, habe sie nicht gemacht und gehe jetzt daran zu Grunde. Ich hätte mein Leben zum guten wenden sollen und ein Stern werden. Ich bin aber auf der Erde sitzen geblieben und nun gehe ich nach und nach ein.«

18 Diese Worte soll Wittgenstein einmal, anläßlich eines Streiks der Arbeiter einer ehemaligen Fabrik seines Vaters – doch ohne Anspielung auf seinen Vater –, gesagt haben. (Mitteilung von Arvid Sjögren an Brian McGuinness)

Persönliches

Der Volkschullehrer

Wittgensteins fundamentaler Irrtum: Volksschullehrer zu werden, Bauernkinder zu lehren, um etwas wirkliches zu leisten, d.h. es nicht als Professor der Philosophie (wozu ihm damals die Möglichkeit geboten war), sagen zu müssen.

Sein Irrtum war: je primitiver der Mensch, desto eher wird er, unmittelbar gegeb. Seelisches verstehen können. Das Gegenteil ist der Fall: der Primitive nimmt alles wörtlich, d.h. er versteht höchstens das, was man ihm sagt; das was wenn dadurch seel<isch> unmittelbar verständlich werden kann schrittweise verstehen zu lernen, ist erst das Resultat echter geistiger Entwicklung.

Aber: der Primitive versteht doch das Märchen, Mythisches? Er versteht sie nicht, denn er versteht sie bloß wörtlich, die Bilder nur als Bilder, nur was sie darstellen, und nie, was sich an ihnen bloß zeigt.

Der Mythos stammt zwar aus primitiven Epochen, aber die Primitiven, die ihn gedichtet haben, waren, auf primitiver Stufe, geistig höchst entwickelte Menschen; Menschen, die das, was sich zeigt, nicht bloß erfassen, sondern an Bildern darstellen, durch Bilder andeuten konnten.

Es ist wieder wie mit den Zeichnungen d. Kinder: die Erwachsenen bewundern sie heute, weil sich in ihnen das zeigt, was sich nicht sagen läßt, was sie, wenn sie Künstler sind, selbst trotz aller Krämpfe und wegen dieser Krämpfe nicht zeigen können; aber die Kinder sind keine Genies, ein Genie wäre erst, wer auf seiner höheren Entwicklungsstufe doch in echter Weise noch so zeichnen könnte, wie ein Kind. (EB)

Leidenschaft   L.W.

W. war der leidenschaftlichste Mensch, den ich gekannt habe. und durch die persönliche Kenntnis dieses Menschen habe ich die Wahrheit der Worte von Bettina v. Arnim, von der ich auch vorher schon überzeugt war, auch erlebt: Die Leidenschaft ist ja der einzige Schlüssel zur Welt.[19] Ich habe immer die ewig wiederholten Angriffe der älteren Philosophie (vor der Romantik) gegen die Leidenschaft für pedantischen Unsinn gehalten. Sieht man näher zu, so entpuppt sich jeder dieser Angriffe als eine Regel eines philiströsen Verstandes gegen Störungen des Nützlichkeitsstrebens durch unüberlegte Ausbrüche »unvernünftiger« Triebregungen.

Spricht man aber einmal demgegenüber von der wirklichen Leidenschaft, von der Kierkegaard so dachte wie Bettina, daß sie nämlich der einzige Schlüssel zur

---

19 In einem Brief an Goethes Mutter – geschrieben nach dem 25. Mai 1808 – schrieb Bettina von Arnim: »Die Leidenschaft ist ja der einzige Schlüssel zur Welt, durch die lernt der Geist alles kennen und fühlen, wie soll er denn sonst in sie hineinkommen? [...]« Vgl. Bettina von Arnim: *Goethes Briefwechsel mit einem Kinde.* Mit einer Einleitung von Franz Brümmer. Leipzig: Reclam, [1920].

Welt sei, dann wird in der Regel alles zurückgezogen durch die Erklärung, das, wovon man eben rede, sei ja gar nicht die Leidenschaft, sondern etwas anderes, wesentlich Höheres. Aber was ist die Begeisterung, die echte Begeisterung [...]

Das Höchste, was sich meiner Meinung nach vom Tract. (schon in sehr eingeschränktem Maß von den Inv.) sagen läßt, ist, daß er beinahe das einzige große philosoph. Werk zu sein scheint, das mit Leidenschaft gedacht ist.

Zwar hat auch Nietzsche mit Leidenschaft gedacht, und das ist ja die Ähnlichkeit zwischen den beiden Philosophen; aber beim späteren Nietzsche ist es allzudurchsichtig, die Leidenschaft des zu Unrecht und tragisch verkannten Genies, das vor tauben Ohren das sagt, wonach die Zeit hungert. Seine Leidenschaft ist die Leidenschaft Dickhäuter, welche zu Hütern des Geistes bestimmt sind, aus ihrer Lethargie aufzustacheln durch das, was sie am meisten verletzen mußte; aber sie haben es nicht verstanden u. waren zu dumm, um sich durch diese Leidenschaft jemals verletzt fühlen zu können. (EB)

»Heiraten«

Die unvermeidliche erste Frage, wenn ich später jemandem (selbst hochstehenden Menschen) von Wittgenstein erzählt habe, war: Wollte er jemals heiraten? Ich verstand, daß das die versteckte Frage nach einer etwaigen homosexuellen Veranlagung bei ihm verbarg. Ich erinnere mich, daß ich ihm ein einziges mal, als ich selbst sehr unglücklich in ein wunderhübsches, sehr jugendliches Mädchen verliebt war, von meinem Seelenzustand erzählt habe. Seine Antwort war: Ich wünsche Ihnen, daß Sie nur einmal wenigstens zwei Monate glücklich wären, dann wäre alles in Ordnung! (oder so ähnlich). Er selbst hat mir nie von eigenen analogen Wünschen oder Erlebnissen gesprochen, und ganz selbstverständlicher Weise habe ich ihn auch nicht danach gefragt. Es hat mich übrigens, merkwürdigerweise äußerst wenig interessiert. (JNUL, Dossier 233)

[...] Wo er [der Begriff der Homosexualität] überhaupt möglich ist, ist eine Verständigungsmöglichkeit über die unendlichen Abwandlungen dessen, was man noch im 18. Jahrhundert »Freundschaft« genannt hat, ausgeschlossen. Nur soviel muß ich hier sagen, daß mir bei näherer Kenntnis seiner fundamentalen Unfähigkeit, mit einem Mitmenschen in ein anderes als im höchsten Sinn des Wortes »menschliches« Verhältnis zu treten, auch die Vorstellung, daß ihn irgend etwas, bestimmt <haben könnte>, was unter die Schablone der genannten Bezeichnung fällt, höchst unwahrscheinlich ist; aus derselben Kenntnis dieser seiner allgemeinen Unfähigkeit aber verstehe ich auch, daß er die gesuchten menschlichen Voraussetzungen bei Frauen nicht häufiger gefunden haben wird als bei Männern. [...] (JNUL, Dossier 233)

Die Ehe eines geistigen Menschen

Die Katholische Kirche hat ihre überlegene Einsicht in das Wesen des geistigen Menschen und in das der bürgerlichen Gesellschaft durch ihre Forderung des Zölibats
der Priester bewiesen. Denn die Ehe eines bedeutenden und wahrhaft geistig<en>
Menschen hat, auch im besten Fall, etwas von der Lächerlichkeit, jenem Schatten,
den hier das Erhabene in diese Gesellschaft wirft. [...] (JNUL, Dossier 233)

Wenn ich mir in Bezug auf meine eigene geistige Tätigkeit ein Verdienst zuschreibe,
so das/diesem, daß ich die Begünstigung des Schicksals, die besten Lehrer gehabt
zu haben, die man in dieser Generation haben konnte, wirklich ausgenützt und von
ihnen etwas gelernt habe: von Kraus, nicht zu schreiben; von Wittgenstein, nicht zu
reden; von Loos, nicht zu bauen. Habe ich trotzdem mitunter geschrieben, geredet
und gebaut, so deshalb, weil ich mitunter die Schule geschwänzt hatte; und weil,
wie manchmal auch Homer schläft, ja auch diese Lehrer selbst mitunter nicht nach
ihren eigenen Lehren gehandelt haben. (JNUL, Dossier 143, Haifa III.54)

Notizen über Philosophisches

W. hat, nicht nur beim Schreiben, sondern schon beim Sprechen, den Gebrauch
eingebürgerter philosophischer Termini fast immer vermieden; warum, das wird
jedem, der seine Meinung über das Philosophieren versteht, ohne weiteres klar sein.
Nur einen Ausdruck Spinozas hat er auch in den (ernsten) Konversatien häufig und
mit Nachdruck verwendet: Spinozas »sub specie aeterni«[20]. (EB)

Darum hat zum phil. Gehalt des Tr. ein rein wissenschaftlich denkender Mensch
überhaupt keinen, der selbständig denkende religiöse Mensch aber einen unmittelbaren Zugang (und von hier aus ist auch die Entzifferung seines logischen Haupt-
teils ein technisches Problem.) (JNUL, Dossier 233)

»Der Traum des Verdammten«

Der Abscheu für W. war jede Anerkennung von Gnosis in der Philosophie: die Vermischung zweier Sprachen, von der, nach dem »Tr.«, die zweite keine Sprache ist.
(JNUL, Dossier 233)

---

20 Vgl. Benedictus Spinoza: *Die Ethik.* Hrsg. von Jakob Stern. Leipzig: Reclam, 1909. Im Kapitel
   »Von der Natur und dem Ursprunge des Geistes« schreibt Spinoza, daß es in der Natur der
   Vernunft liege, »die Dinge unter einem Gesichtspunkt der Ewigkeit [Allnotwendigkeit] (sub
   aeternitatis specie) zu fassen«. Diese Notwendigkeit der Dinge sei die Notwendigkeit der ewigen Gottesnatur selbst.

Zu L.W. – Kierkegaard.
Philosophie kann geradezu beschrieben werden als die Kunstfertigkeit, in jeder Lebenslage eine moralische Ausrede zu finden. (JNUL, Dossier 147)

L.W. zur Philosophie
Viele Philosophen, und gerade manche bedeutenderen, machen keinen Hehl aus ihren Ansichten von der Begrenztheit und Unzulänglichkeit philosophischer Erkenntnisse, gerade in den Fragen, zu deren Beantwortung philosophiert wird.
    So: Pascal (zit). Kierkegaard (Zit)[21]...
    Aber der Einwand des Tract. gegen das Philosophieren ist etwas anderes. Es ist ein grundsätzlicher Einwand gegen den philosophischen Weg des menschlichen Denkens überhaupt. Und gerade hierin berührt er sich mit seinem Antipoden R St[22]; dieser scheint mir der Einzige zu sein, der, aus einer ganz andersartigen geistigen Haltung heraus, aber mit der gleichen Unbedingtheit, diesen Weg ablehnt. Und er scheint mir der Einzige zu sein, der so etwas, außer W. u. ohne Kenntnis des Tr., getan hat.
    Beide halten es für möglich, sich mit der bestehenden Philosophie auseinander-zusetzen; Steiner hat es in seiner Philosophie der Freiheit, in un<problematischem Sinn> getan, Wittgenstein kann es nach seiner Auffassung nur tun, wenn er auch diese Auseinandersetzung selbst in die Problematik der Philosophie einbezieht und sie dadurch selbst wieder problematisch macht.
    Was scheinbar immer wieder übersehen wird, ist, daß W. nie gesagt hat, das <u>Wort</u> sei ein <u>Bild</u> des Gegenstandes, den es bezeichnet; sondern vielmehr, der <u>Satz</u> sei ein Bild der Sachlage bzw. der Tatsache, die er bezeichnet; das, was hier abgebildet, d.h. durch eine analoge Konstellation in der Darstellung wiedergegeben wird, ist eine Konstellation, ein gegenseitiges Verhältnis von Gegenständen zu einander. Die Worte, welche den Gegenständen, deren Eigenschaften, Tätigkeiten usw. entsprechen, <u>bilden diese nicht ab</u>, sondern sind Zeichen oder Symbole, die sie vertreten. Ein Zeichen aber ist etwas, was mit dem Bezeichneten durch eine Konvention (irgend einer Art) aber mehr oder weniger willkürlich verbunden ist – nicht aber, wie das Bild, [...]

Es ist, um Whiteheads Ausdruck der zitierten Stelle auch hier zu gebrauchen, die »Tragödie«, oder richtiger gekennzeichnet: der <u>Skandal</u> der Philosophie der letzten Jahrhunderte, daß damit die Erkenntnistheorie den zentralen Platz in der Philosophie eingenommen hat und noch immer einnimmt. Und zwar eine, mit der Psychologie, mit einer dadurch selbst gelähmten und impotent gewordenen Psychologie,

---

21 Wie des öfteren, hat Engelmann die Zitate, die er dabei angeben wollte, nicht ausgeführt.

22 Rudolf Steiner (1861–1925): Pädagoge und Naturwissenschaftler, Begründer der Anthroposo-phie. Werke u.a.: *Die Philosophie der Freiheit* (1894), *Die Rätsel der Philosophie* (1914), *Von Seelenrätseln* (1917), *Die Geheimwissenschaft im Umriß* (1910), *Die Kernpunkte der sozialen Frage* (1919), *Mein Lebensgang* (1925).

zu einem unauflöslichen Knoten verschlungenen und verworrenen Erkenntnistheorie. Dieser gordische Knoten muß durchhauen werden, aufzulösen ist er nicht.

Eine Weltansicht, die in ihrer »Konsequenz« bis zur Tollheit des Solipsismus geführt hat (ist als Denk-Experiment, aber nicht als Glaubensartikel diskutabel), verdient auch nicht den Bruchteil jener Denkanstrengung, der, zum Schaden aller wahren Probleme, auf sie verwendet worden ist. (s. Josef Markus: »Mut zum Denken«)[23] (EB)

»Es zeigt sich«

Ich nenne hier das, was ein Satz sagt, seine <u>direkte</u>, das, was sich an ihm zeigt, seine <u>indirekte</u> Mitteilung. (EB)

<u>Es zeigt sich</u>
Man darf vielleicht, mit allem Vorbehalt, das, was ein Satz ausspricht, vergleichsweise seinen Text, das, was sich an ihm zeigt, seine nicht mit Noten geschriebene und ungesungene Melodie nennen. Ein philosophisches Werk gleicht daher, für Ohren wie die von W., einem Text, der <vergehen> wird, wobei aber, sagen wir, jeder dritte Satz gesungen wird. Denn es wird in solchen Sätzen versucht, das, was nur eine Melodie u. musikalische Begleitung <u>ausdrücken</u> können, und was sich hier ohne solchen Ausdruck am bloß [...] (EB)

»... um endlich mal zu erfahren, was eine Sache ist, abgesehn davon, wie sie uns vorkommt, ...« – so ironisiert und erledigt der von Wittgenstein als Philosoph höchstverehrte Wilhelm Busch das erkenntnistheoretische Problem, an dessen Lösung sich Jahrhunderte die Zähne ausgebissen haben: es käme uns dann eben wieder irgendwie vor, wäre also nicht unabhängig von ihrem Vorkommen. (JNUL, Dossier 233, 107)

---

23 In den Vierziger- und Fünfzigerjahren initiierte Joseph Markus, Arzt und Philosoph (gest. 14.12.1949), »philosophische Abende« in Tel Aviv, von denen Beiträge veröffentlicht wurden. Die Abende fanden in der Regel bei J. Markus statt und er selbst hielt die meisten Vorträge. Außerdem war er einer der Herausgeber bzw. Mitarbeiter der Hefte *Gedanken* und *Im Nebel*. Der Aufsatz »Mut zum Denken« befindet sich in der Schriftenreihe *Gedanken*, hrsg. in Tel Aviv, am 1.VIII.1944. In derselben Nummer ist ein Aufsatz Paul Engelmanns »Geist und Gesellschaft« publiziert. In einem Brief an Paul Schick vom 5.10.1952 schrieb Engelmann über Joseph Markus: »Daß die schwerverständlichen Gedanken von Markus an Ihnen einen interessierten Leser finden, freut mich, es müßte doch für die Schriften dieses außerordentlichen Denkers einmal eine Möglichkeit geben, einem weiteren Kreis mitgeteilt zu werden.« (Zit. nach E. Benyoëtz: »Paul Engelmann, Der Andere«, S. 372.)

»Ich weiß, daß ich nichts weiß«:
diese Behauptung leugnet nicht etwa die Möglichkeit von Einsichten, sondern den
Wert dieser Einsichten: Ich weiß, daß meine Einsichten in Bezug auf das, wozu
ich mich letzten Endes zu denken anstrenge, wertlos sind. Und eben dieses Wissen betrachte ich als die einzige wertvolle unter meinen Einsichten. Es ist aber ein
Mißbrauch dieses Satzes, wenn, wie es manchmal geschieht, daraus gefolgert wird,
daß es unmöglich ist, durch Denkbemühungen überhaupt Einsichten zu erlangen.
(JNUL, Dossier 69)

Erkenntnis Theorie »Solipsismus« L.W.
Die Frage, deren richtige Beantwortung mir viel für ein richtiges Verständnis dessen, was W. meint, zu sagen scheint, lautet: Was versteht W. im Tr. unter dem Wort
»Welt«? Er beginnt ja sein Buch mit dem Satz: »Die Welt ist alles, was der Fall
ist.« Und er hat in der Zeit, wo der Titel des Buches endgültig feststand, mir einmal
gesagt, daß er das Buch ursprünglich: »Die Welt, wie ich sie vorfand«, betiteln
wollte.
    Nun ist das Wort »Welt«, wie alle Worte dieser Art, vieldeutig. Hier sind vor
allem zwei dieser Bedeutungen in Betracht zu ziehen: einmal die philosophische,
erkenntniskritische, der Begriff einer »Erscheinungswelt«, (hinter der sich etwa ein
»Ding an sich« verbirgt, usw.) Zweitens der psychologische Aspekt dieses Wortes,
das, als was die Welt nicht »erscheint«, sondern »mir erscheint«. Mir scheint das
Aufschlußreichste über diesen Punkt der Satz des Tr. zu sein: Die Welt des Glücklichen ist eine andere als die des Unglücklichen.[24]
    Hier ist die Welt ein Inbegriff dessen, was ich erlebe, oder, mit einem wenig
belas<teten> Ausdruck dessen, was mir widerfährt. (Und man beachte die Beziehung, die im Deutschen das Verbum wider-fahren zu dem Substantiv Gegen-Stand
hat.)

Über Wittgenstein: Die Sprache ist ein Spiel
Die Annahme der Investigations, die Sprache sei ein Spiel, ist wie das Meiste, das
ein Philosoph sagt und besonders was Wittgenstein sagt, in Gefahr, gründlich mißverstanden zu werden. Der Hörer hört da heraus, was er zu hören wünscht; und hier
wird vor allem ein Zerbrechen gewisser Fesseln des Tractatus herausgehört, eine
Neigung zu einem Übergang von Gesetzlichkeit zu Willkür, vom objektiven Charakter der Welt zur Subjektivität des Menschen, von den festen Überzeugungen des
Tractatus zum Zweifel. Aber ich bin nicht überzeugt, daß diese Annahme begründet, und vor allem nicht, daß sie so begründet sei wie es geschehen ist. Etwas daran
widerspricht dem Bilde, das ich von Wittgenstein habe, auch wenn dieses früheren
Jahren angehört als denen, in denen die Investigations geschrieben wurden.
    Der Begriff des »Spieles« wurde schon zur Zeit des Tractatus von ihm mit Vor-
liebe für Beispiele verwendet. Damals dachte er dabei an das Schachspiel. (Er

---

24 Vgl. TLP, 6.43.

spielte selbst nicht Schach, weil er sagte, dass das Schachspiel, dessen Gefüge er bewunderte, für ein Spiel »zu ernst sei«.) Aber Spiel war und ist für ein Spiel nach Regeln nie etwas bloß Willkürliches.

»Spiel« ist nach den Investigations ein Begriff, der eine ganze Familie von Dingen umfaßt, für die es, wie dort erörtert wird, keine gemeinsame Definition geben kann, da der Begriff alle mit umfaßt, aber andererseits kein einzelnes dieser Dinge alle Merkmale des Begriffes aufweist.

Um in die Richtung zu weisen, wo hier »Spiel« vor allem mißverstanden werden kann, sei hier auf »Spiel« im Gegensatz zu streng zweckbedingter, konzentrierter Arbeit hingewiesen; man denke an das Adjektivum »spielerisch«; in gewissem Sinn kann selbst die künstlerische Tätigkeit eines Michelangelo ein Spiel genannt werden. Im äußersten Gegensatz etwa zur Maschinen- und Fabriksarbeit, weil jene zu den seelischen Betätigungen gehört, die ihre Wurzeln im Spielen der Kinder haben, jene aber ganz woanders hin gehören. (Solche Betrachtungen gehen, als psychologische, sein Thema nichts an, ihn beschäftigt das Wesen und die Regeln der Spiele und gar nicht deren Herkunft.)

Es war von der »Abbildungstheorie« des Tractatus die Rede; ich glaube nicht, daß diese Annahme durch die Spieltheorie der Investigations erschüttert sei: Wenn hier die Sprache ein Spiel genannt wird, so sehe ich darin einen Hinweis darauf, daß sie zwar nicht eine vom Sachverhalt dem Sprechenden aufgezwungene Abbildung sei, sondern daß auch der abbildende Satz ein Versuch sei, die Sachlage abzubilden; und daß verschiedene Versuche solcher Art möglich seien. Die Sprache wird hier in umfassenderem Sinne betrachtet als im Tractatus und als eine Sammlung solcher Versuche aufgefaßt. (JNUL, Dossier 129)

Gewissen und Psychologie:
Ich glaube, daß ein Leser, wie er allein für Dinge wie diese Briefe erwünscht wäre – ein Leser, der in keiner Weise ein literarisches, sondern ein menschliches Interesse an der Sache hat, nicht fragen wird, was »die Ursache« seiner ewigen Gewissenskonflikte gewesen ist.

Ich selbst habe nie danach gefragt, ja, ich kann ehrlich sagen, daß ich gerade darauf nie neugierig war. Unser geistiger Kontakt in diesen Jahren kam zustande und war, so lange er dauerte, darauf gerichtet, was das Gemeinsame unserer verschiedenen beiderseitigen inneren Schwierigkeiten war; ganz und gar nicht auf das, wodurch sie sich voneinander unterschieden. Über die Ursachen der meinigen habe ich die zum Verständnis nötigsten Andeutungen gemacht; von den seinigen war mir <sicher>, daß sie wesentlich andere Ursachen haben müßten; welche, schien mir irrelevant.

Wenn er in den Investigations seinen Hauptangriff gegen den Begriff der »Tiefe« und die Annahme eines »in der Tiefe liegenden Wesens der Dinge«, also auch der Seele, richtet, so ist das, wie immer bei ihm, eine Ablehnung dieses psychologischen Grundbegriffs dort, wo er nicht hingehört.

Wittgensteins ganze gedankliche Bemühung war ja eine rein geistige; d. h. daß er jede psychologische Erklärung als eine Verfälschung und Vernebelung des geistigen Standpunkts durchschaut hatte. In dieser Perspektive mußte ihm vor allem jede psychoanalytische Betrachtungsweise innerer Schwierigkeiten als solche erscheinen.

Und dies nicht etwa aus Unkenntnis, sondern, wovon später die Rede ist, obwohl er diesen Aspekt (<wenn ausgerechnet> in der von ihm bewunderten sprachlichen Gestalt von Freud selbst) später mit allem Ernst zur Kenntnis nahm. Aber er würde das Hineinmischen solcher Betrachtungen in seine Gewissenskonflikte mit seiner Entschiedenheit verworfen haben. (JNUL, Dossier 229)

<u>»Investigations und Tractatus«</u>

Der Tractatus betrachtet die Sprache als Bild der Wirklichkeit, die Investigations die Sprache als Lebensform.
  Es ist in den Investigations ebensowenig gesagt, daß die Sprache kein Bild der Wirklichkeit <u>sei</u>, wie im Tractatus, daß sie keine Lebensform <u>sei</u>.[25] (JNUL, Dossier 233)

Was auch die Investigations zu einer großen Sache macht, das ist, daß man ihnen doch überall anmerkt, sie seien von demselben Menschen gedacht, der einmal den Tractatus geschrieben hat. (JNUL; EB)

»Ich möchte die Philosophie eine Brille für das geistige Auge nennen. Personen von schwachem Gesichte können sich ihrer mit gutem Erfolg bedienen. Für ganz Gesunde und für ganz Blinde ist sie ganz überflüssig. Man hat sogar Fälle, daß bei ersteren durch unvorsichtigen Gebrauch dieser Brille das Augenlicht etwas geschwächt wurde.« Grillparzer (1817)[26]

Wittgenstein war ein ganz Gesunder, und sein eigenes Augenlicht ist dadurch keineswegs geschwächt worden. Er hat sogar, wie Spinoza, selbst Brillen gemacht; denn er hat gefunden, daß Philosophieren oder doch philosophische Gedanken mitzuteilen nur dann überflüssig wäre, wenn es nicht schon eine Philosophie mit den ihren hier von Grillparzer gesehenen Gefahren gäbe (die deutlich auf die damals herrschende Hegelsche Philosophie hindeuten) und wenn sie nicht schon für das menschliche Geistesleben ihrer und der folgenden Generation großes Unheil angerichtet hätte; darum hat er den Tractatus veröffentlicht; philosophieren ist notwendig, solange es gilt, eine vorhandene Philosophie dadurch möglichst unschädlich zu machen. Er hat aber als Gebrauchsanweisung für seine eigenen Brillen die letzten Sätze (...) des Tractatus hinzugefügt, welche Mißbrauch möglichst verhindern sollten. (–) (– In den Investigations hat er sich anscheinend auf einen neuen Weg gemacht, den er aber nicht mehr gehen konnte):

---

25 Die Unterstreichung von »sei« hat Engelmann in beiden Fällen in Klammern gesetzt.
26 Vgl. *Studien zur Philosophie und Religion. Historische und politische Schriften.* In: *Grillparzers sämtliche Werke in zwanzig Bänden.* Hrsg. von August Sauer. Vierzehnter Band. Stuttgart. Verlag der J.G. Cotta'schen Buchhandlung, [1893]. S. 13.

Wittgenstein spricht es aus, daß auch seine eigenen Sätze ein (bewußt) unmöglicher Versuch sind, über die Sprache, also von außerhalb der Sprache zu sprechen, über die Welt von außerhalb der Welt. Aber das ist eben nicht etwa selbst wieder ein mißglückter Versuch, sondern, wenn man dessen Intention erfaßt, die geglückte Hilfskonstruktion, die wieder auszuradieren ist, nachdem sie ihren Zweck erfüllt hat, dadurch richtigere Linien im Leben und im Tun zu ziehn. (JNUL, Dossier 233)

Loos hatte seine erste Aufsatzsammlung (1897–1900) <Wien> »Ins Leere gesprochen«[27] genannt; womit er andeutete, daß er sich der minimalen Wirkungsmöglichkeit seiner Gedanken bewußt sei. Die zweite Sammlung (1900–1930) nannte er »Trotzdem«, und betonte dadurch, daß er genau wisse, daß seine mit soviel Widerständen aufgenommenen Gedanken dennoch gewirkt haben; Als Motto aber wählte er Nietzsches Satz »Alles Entscheidende geschieht trotzdem.«[28]

Damit sagt Nietzsche, der ja seine frühen Aufsätze »Unzeitgemäße Betrachtungen« genannt hatte, daß die auf tatsächliche Änderungen des Geisteslebens, auf »Umwertung der Werte« gerichteten Bestrebungen notwendig unzeitgemäß wirken müssen, bevor sie <als> die wahrhaft zeitgemäßen d.h. zukunftsgemäßen erkannt werden.

»Trotzdem«
1) Wie aber soll ein starker metaphysischer Drang durch eine solche »inhaltslose« Erkenntnis befriedigt, beschwichtigt werden?

Eben durch die unerschütterliche Erkenntnis, daß hier eine unüber<schreitbare> Grenze sei; aber nur, daß er, als Frage formuliert, sinnlos, nicht daß er überhaupt sinnlos sei.

Und dadurch soll nur die Frage, aber nicht der Drang selbst verschwinden; er soll »trotzdem« weiterbestehen, aber er soll sich von jetzt an anders u. sinnvoller äußern. (JNUL, Dossier 147)

Literatur

Es ließe sich gewiß zeigen, daß alle an geistigen Dingen interessierten Menschen der Epoche, in der Wittgenstein jung war, und die sich, mehr oder weniger ernstlich, dem religiösen Denken wieder genähert haben, eher von der Kunst und von der Literatur als von der Wissenschaft dazu veranlaßt worden sind.

---

27 Vgl. Adolf Loos: *Ins Leere gesprochen. 1897–1900*. Paris, Zürich: Crès et Cie, 1921. Vgl. auch die Ausgabe von 1932 im Brenner-Verlag.
28 Vgl. Adolf Loos: *Trotzdem. 1900–1930*. Innsbruck: Brenner-Verlag, 1931. Loos hat offenbar nicht richtig zitiert: Nietzsche schrieb: »Trotzdem und beinahe zum Beweis meines Satzes, dass alles Entscheidende ›trotzdem‹ entsteht […]« (Aus: *Also sprach Zarathustra*, 1).

Es kann ja als allgemein bekannt angenommen werden, daß die Wissenschaft und mit ihr die von der wissenschaftlichen Denkart am stärksten bestimmte Philosophie etwa seit der Mitte des 19. Jahrhunderts im Zeichen einer neuen »Aufklärung« gestanden hatte, die allerdings nicht mehr mit diesem Namen bezeichnet wurde. Die erste Aufklärung des 18. Jahrhunderts hatte noch überall gegen eine, das ganze Gesellschaftsleben beherrschende Religion gekämpft, und hatte, was sehr verständlich war, einen ernstgemeinten Aufstand <begonnen> gegen die, in dogmatischen Formen dem Leben Gesetzegebende, und mit staatlicher Macht deren Einhaltung erzwingende, so gut wie allmächtige Priesterherrschaft auf allen Gebieten des öffentlichen wie des privaten Lebens. Der politische Ausdruck dieser Aufklärung war die französische Revolution.

In der deutschen Literatur war einer der Hauptbegründer von deren großer klassischen Epoche, Lessing, der von den Gegnern der Aufklärung <aber> durchaus zugerechnet wurde, in Wirklichkeit ein echt und tief religiöser Mensch gewesen, was schon dadurch bewiesen ist, daß später Kierkegaard sich mit Begeisterung zu ihm bekannt hat. (Zit ...)[29]

Für die Gegner war die unverhüllt antikirchliche Gesinnung Lessings für ihr Urteil allein maßgebend. Und es war das auch schwer anders möglich; denn die philosophische Haltung ist für die Frage, ob der Betreffende als religiös oder als antireligiös zu bezeichnen sei, im Allgemeinen sehr wenig aufschlußreich, und oft ganz irreführend.

Die Zweite, nach Kantische und nachromantische Epoche der Aufklärung aber begann mit der Abwendung der Gebildeten von der Hegelschen Philosophie, in den 40er Jahren des 19. Jahrhunderts, [...]

Der einzige führende Denker, der in dieser Epoche noch etwas von der entscheidenden Rolle der Religion im menschlichen Leben verstand, und der da schon darum seinen Zeitgenossen absolut unverständlich erschien, war Nietzsche. Seine leidenschaftliche Bekämpfung aller religiösen Gesinnung und Haltung, der Haltung der Demut des Menschen gegenüber den ihm näher nicht bekannten Mächten des Daseins, in der er eine geistige Versklavung des heutigen Menschen sah, [...]

---

29 Engelmann hat die betreffende Stelle nicht zitiert, doch bezieht er sich mit Sicherheit auf Kierkegaards umfassende Ausführungen über Lessing in seiner Schrift *Philosophische Brocken*. Darin schreibt Kierkegaard, daß er Lessing nicht wegen seiner vielbewunderten Qualitäten als Gelehrter, Dichter, Bibliothekar und dgl. schätze, sondern wegen seiner Religiosität, die sich in einer Isolation der Subjektivität äußerte, die »unendlich« mit Gott, aber nichts mit einem Menschen zu tun habe. Das von Engelmann geplante Zitat war vermutlich folgende Stelle: »Lessing hat gesagt: Wenn Gott in seiner Rechten alle Wahrheit und in seiner Linken den einzigen immer regen Trieb nach Wahrheit, obschon mit dem Zusatze mich immer und ewig zu irren, verschlossen hielte, und spräche zu mir: wähle! ich fiele ihm mit Demut in seine Linke und sagte: Vater, gib! die reine Wahrheit ist ja doch nur für dich allein!« (vgl. *Lessings Gesammelte Werke*, V. Bd., S. 100). Vgl. Sören Kierkegaard: »Etwas über Lessing.« In: *Abschließende unwissenschaftliche Nachschrift zu den philosophischen Brocken*. 2. Teil: *Das subjektive Problem. Das Verhältnis des Subjekts zur Wahrheit des Christentums oder: ein Christ zu werden*. Jena: Eugen Diederichs, 1910. S. 191.

Aber eben diese seine Haltung war eine Haltung der Verzweiflung, und ging von der Frage aus: Da »Gott tot ist«, (wie seine Formel lautet) wie kann eine Menschheit, die keinen Gott mehr hat, weiterleben? Er war wohl der erste Mitteleuropäer, der Dostojewksi nicht nur verstand, sondern trotz seiner Gegnerschaft verehrte, während Nietzsches Zeitgenossen in dessen Werken (wovon damals <noch> kaum vieles außer Raskolnikow[30] zugänglich war) bloß einen weiteren »hochinteressanten« Autor der Weltliteratur sahen, den sie lasen, aber gewiß nicht in seinen Intentionen verstehen konnten. Nietzsches Stellung gleicht sehr derjenigen von <Kirilloff>[31] in den Dämonen, der zwar nicht wie Nietzsche wahnsinnig wird, aber in der Nacht vor seinem Selbstmord erklärt, daß er [...] (EB)

<u>W. Busch</u>   III. 61

Die Einladungen zu meinem Vortrag, die Sie (früher) erhalten haben, haben diesen – nicht auf meine Veranlassung – als einen Vortrag über »Die Philosophie von W. Busch« bezeichnet. Abgesehen davon, daß die Bezeichnung »die Philosophie des so und so« überhaupt höchst anfechtbar ist, ist sie das im Fall W. B. ganz besonders, da W. B. kein phil. System geschaffen hat, und <da mir> deshalb der Titel [...] W.B. <u>als</u> Philosoph als einzig richtig erscheint.

Diese Bemerkung ist nicht überflüssig <pedantisch>, sondern sie führt in medias res. Vor allem ist die Schaffung eines phil. Systems gerade das, was verschiedenen Philosophen, darunter so bedeutende wie Kierkegaard, als das erschienen ist, was einen zum Philosophieren befähigten Menschen geradezu dahin führt, die geistige Absicht und den Effekt dieser seiner Tätigkeit zu verfehlen. Aber wie Sie wissen, geht der mehrfach <und immer wieder> – z.B. von Pascal – geäußerte Zweifel an der Möglichkeit philosophischer Tätigkeit noch viel weiter: <Se moquer de la philosophie, c'est vraiment philosopher[32]> Und ich finde an Wilhelm Busch u. seinem Philosophieren ein glänzendes Beispiel dafür, wie ein ganz hervorragender Denker seine Gedanken, die unmittelbar die Probleme umkreisen, aus denen überhaupt und zu allen Zeiten philosophiert <wird>, in unvergleichlich eindrucksvoller Form zum Ausdruck gebracht hat.

---

30 Vgl. Fjodor M. Dostojewski: *Schuld und Sühne.* Aus dem Russischen von H. Röhl. Leipzig: Insel Verlag, 1921. (= Bd. 11 von F.M. Dostojewksi: *Sämtliche Romane und Novellen.*)

31 Engelmann hat anstelle des entsprechenden Namens nur Punkte gesetzt; es handelt sich um Alexei Kirilloff, der in der Nacht vor seinem Selbstmord Pjotr Stepanowitsch erklärt, daß er mit seinem Selbstmord eine Idee realisieren wolle, d.h. den Menschen beweisen, daß es Gott nicht gebe. Denn er sei verpflichtet, Eigenwillen zu bezeugen, indem er sich selbst töte und damit die Menschheit von dem Glauben an Gott befreie. Ein Atheist müsse erkennen, daß er durch seinen Unglauben selbst Gott geworden sei. (Vgl. F.M. Dostojewski: *Die Dämonen.* Roman in zwei Bänden. München: Piper & Co. Verlag, 1919. Zweiter Band. 21. Kapitel. »Die mühevolle Nacht«. II. S. 434–440)

32 Vgl. Blaise Pascal, *Pensées*, 4.

Karte der Habsburger Monarchie, 1815–1919

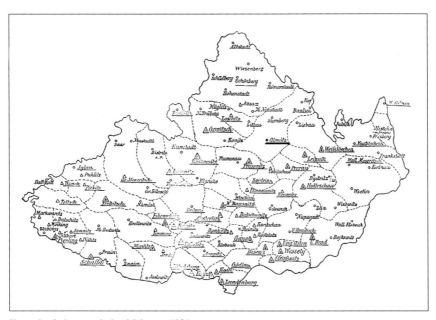

Karte der Judengemeinden Mährens, 1921

I

Mauritzplatz in Olmütz, ehemalige Adresse der Familie Engelmann

Markt am Olmützer Niederring

Adolf Loos

Titelblatt der Broschüre
„Adolf Loos", die von
Paul Engelmann 1946 in
Tel Aviv herausgegeben wurde

Ludwig Wittgenstein, um 1920

Paul Engelmann als junger Mann

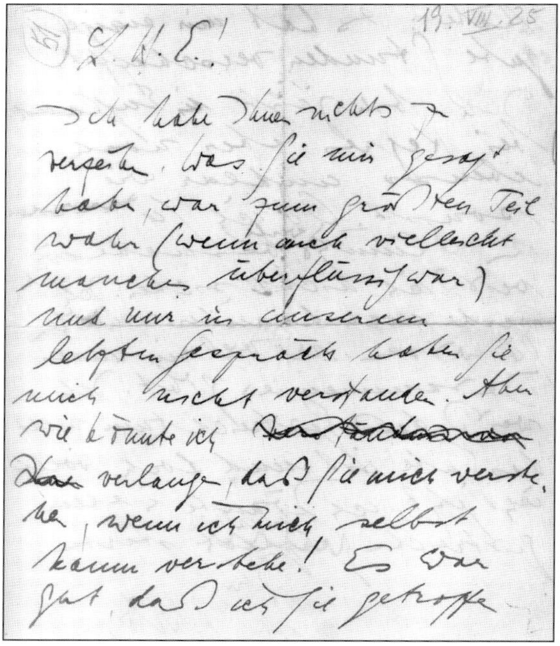

51

19. VIII. 25

L. H. E.!

Ich habe Ihnen nichts zu verzeihen, was Sie mir gesagt haben, war zum größten Teil wahr (wenn auch vielleicht manches überflüssig war) und nur in unserem letzten Gespräch haben Sie mich nicht verstanden. Aber wie könnte ich verlangen, daß Sie mich verstehen, wenn ich mich selbst kaum verstehe! Es war gut, daß ich Sie getroffen

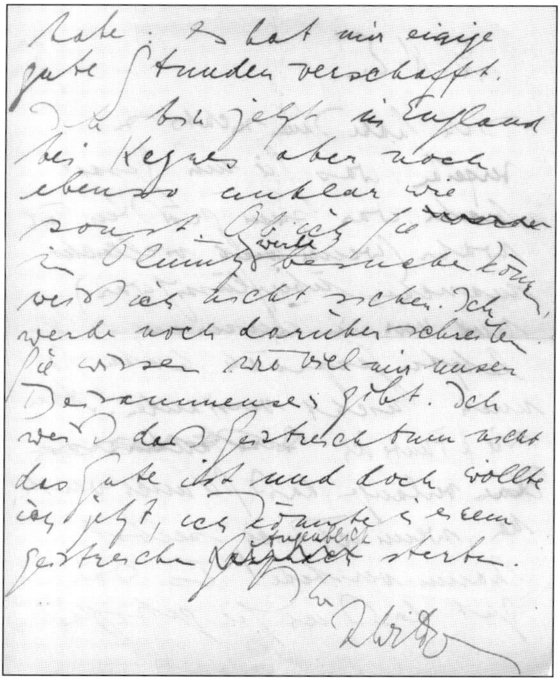

habe; es hat mir einige gute Stunden verschafft. Ich bin jetzt in England bei Keynes aber noch ebenso unklar wie sonst. Ob ich Sie in Olmütz werde besuchen können weiß ich nicht sicher. Ich werde noch darüber schreiben. Sie wissen wie viel mir unser Beisammensein gibt. Ich weiß daß Gestrecktsein nicht das Gute ist und doch wollte ich jetzt, ich könnte in einem gestreckten Augenblick sterben.

Ihr

L Witt

Ludwig Wittgenstein an
Paul Engelmann (Brief Nr. 96)

Lieber Herr Wittgenstein!

In den Anmerkungen zu „Stadien auf dem Lebensweg" lese ich: „Er schreibt den 17. Mai 1843 in sein Tagebuch: » Hätte ich Glauben gehabt, so wäre ich bei ihr geblieben. Gott sei Dank, daß ich das eingesehn habe." Das erinnert mich*) an etwas, was ich Ihnen in Wien sagen wollte. Ich habe es unterlassen und tue es jetzt. Wenn ich Ihnen damit Unrecht tue, verzeihen Sie. Es ist mir vorgekommen, als ob Sie – im gegensatz zu der Zeit in Olmütz, wo ich das nicht gedacht habe – keinen Glauben hätten. Wenn ich das schreibe, so soll das durchaus kein Versuch irgend einer Beeinflussung sein. Aber ich bitte Sie, das was ich sage zu bedenken, und den zitierten Satz zu überlegen, und

*) So wie ich diese Stelle verstehe, vielleicht sehe ich etwas, anderes darin als, was K. nicht schreiben wollte.

wünsche Ihnen, daß Sie das tun, was zu Ihrem wahren Besten ist.

Herzliche Grüße von Ihrem

Paul Engelmann

Olmütz, 8. Jänner 1917.

Paul Engelmann an Ludwig Wittgenstein (Brief Nr. 27)

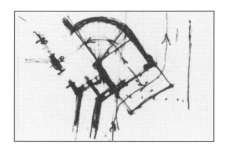
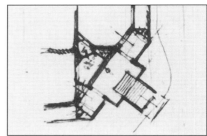

Aus dem Skizzenbuch Paul Engelmanns (April bis Mai 1926), Entwürfe für das Haus Stonborough

Haus Stonborough, Phase 7, Ost-Perspektive

VIII

Blick vom Garten auf das Haus Stonborough, April 1967

Haus Stonborough,
Frühling 1929

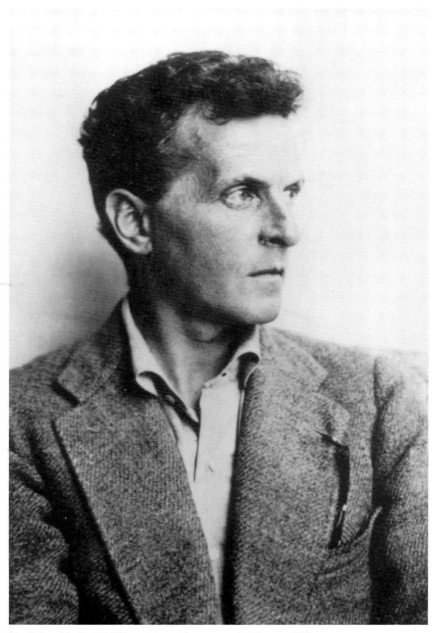

Das Fellowship-Porträt Wittgensteins, aufgenommen in Wien um 1929

Paul Engelmann, Tel Aviv 1937

Paul Engelmann zu Gast bei Margarethe Stonborough in der Villa Toscana, Gmunden

Paul Engelmann, Tel Aviv 1937

Ich ziele mit meinen Bemerkungen aber nicht etwa auf die berühmten Bildge-
schichten von W. Busch, wie »Die fromme Helene«[33], »Fipps der Affe«[34], »Abenteuer eines Junggesellen«[35] usw. Diese Schöpfungen des großen Humoristen und
genialen Zeichners, die in seinem Nachlaßwerk »Hernach«[36] nicht selten Rembrandts Handzeichnungen erreicht, werden ja mit ihren <berühmten> unvergleichlich schlagkräftigen Lakonismen populär oft als »geradezu philosophisch«
bezeichnet. Aber das meine ich hier nicht. Sondern ich spreche von seinen beiden
Alterswerken, den Erzählungen »Der Schmetterling«[37] und »Eduards Traum«[38] <60.
Auflage bis 1943, also viel verbreiteter sind als irgend ein anderes zeitgenöss. phil.
Werk>, die zwar gleichfalls eine Auflagenziffer von 29.Tausend erreicht ha<ben>,
die aber relativ, im Verhältnis zu den Bilderzählungen, leider <noch> <u>viel</u> zu wenig
bekannt sind.

Ich verdanke die Kenntnis dieser beiden Schriften <von Busch>, wie den größten Teil meines geistigen Besitzes überhaupt, der persönlichen Bekanntschaft und
dem jahrelangen geistigen Kontakt mit Ludwig Wittgenstein, der mir diese beiden
Bücher geschenkt hat, <für die> er <von> leidenschaftlicher Bewunderung erfüllt
war.[39]

Sie wissen, daß W. zwar, zum Unterschied von den Positivisten, an Höheres
geglaubt hat: Es gibt allerdings Höheres aber man kann es nicht aussprechen steht
<ja> im Tr<actatus>.[40]

Daß man es nicht aussprechen kann, ist die Behauptung, durch die er von den
Positivisten irrtümlich als einer der ihrigen reklamiert werden konnte. Aber während diese meinen, was man nicht sagen könne, das existiere <u>nicht</u>, oder <doch> nur
als periphere Randzone des Aussprechbaren, und es käme daher im Leben gewiß
nicht darauf an, ist W., wie <andrerseits auch> alle Metaphysiker, <zu denen er ja
durchaus nicht gehört,> die meinen, man könne davon reden, davon durchdrungen,
daß es im Leben und überhaupt gerade auf das ankäme, was sich nicht sagen läßt.

---

33 Vgl. Wilhelm Busch: *Die fromme Helene*. Heidelberg: Friedrich Bassermann, 1872.
34 Vgl. Wilhelm Busch: *Fipps der Affe*. Heidelberg: Friedrich Bassermann, 1879.
35 Vgl. Wilhelm Busch: *Abenteuer eines Junggesellen*. Heidelberg: Friedrich Bassermann, 1875.
36 Vgl. Wilhelm Busch: *Hernach*. München: Lothar Joachim, 1908.
37 Vgl. Wilhelm Busch: *Der Schmetterling*. München: Friedrich Bassermann, 1895.
38 Vgl. Wilhelm Busch: *Eduards Traum*. München: Friedrich Bassermann, 1891.
39 Laut Paul Wijdeveld soll Wittgenstein Engelmann die *Gesammelten Werke* von W. Busch
    geschenkt haben. Wittgensteins Wertschätzung von W. Busch – gerade auch aus philosophi-
    scher Sicht – geht aus einem Brief vom 22.1.1950 hervor, den er seinem Freund und Schüler
    Rush Rhees schrieb. Dort heißt es unter anderem: »The Busch is second hand & nasty, but I
    thought I was lucky to find it at all. The letters are rather difficult to understand and, I imagine,
    because he uses quaint & odd expressions (but they are wonderful). He has the <u>real</u> philosophi-
    cal urge. [...]«. Bei dem Buch, das er Rhees schenkte, handelte es sich um Buschs Briefwechsel
    mit Frau Andersen.
40 Engelmann hat nicht genau zitiert. Im TLP, 6.42 steht: »Darum kann es auch keine Sätze der
    Ethik geben. Sätze können nichts Höheres ausdrücken.« 6.421: »Es ist klar, daß sich die Ethik
    nicht aussprechen läßt. [...]«
    Vgl. auch TLP, 6522: »Es gibt allerdings Unaussprechliches. Dies *zeigt* sich, es ist das Mysti-
    sche.«

Er scheint in seinem Nachlaßwerk Investigations dahin zu kommen, doch Wege zu suchen, um indirekt darüber etwas zu sagen, oder vielmehr, die sinnvolle Frage danach zu stellen.

Aber in der Hauptepoche, <der> des Tr. hat er den Hinweis auf das gegeben, was nicht ausgesprochen wird, sondern was sich zeigt.

Er selbst hat seine Kenntnis der philos. Probleme gewiß nur zum geringsten Teil aus der Kenntnis der klassischen Schriften der <u>Philosophie</u> bezogen, <...> sondern seine Quellen waren <klassische derzeitige> Wissenschaftler – einerseits Hertz, Maxwell, Frege – andererseits die klassische deutsche Literatur und Musik. Es ist ja charakteristisch, daß seit etwa 130 Jahren, seit der großen Wirkung Hegels auf seine Zeitgenossen, die Philosophie mehr oder weniger den Kontakt mit den geistigen Zentralproblemen des Zeitalters verloren hat. Während im 19. Jahrhundert sich die Schulphilosophie in das Seitenproblem der Erkenntnistheorie verbissen hat, tut sie heute etwas Ähnliches mit dem Seitenproblem der Kausalität. Und zu geistiger Führung in dieser Epoche sind Geister <geworden>, die nicht eigentlich Philosophen waren: Marx, Darwin, Freud einerseits – Kierkegaard, Dostojewski, Ibsen andrerseits. Nur Nietzsche <und Schopenhauer> war<en> echte Philosophen von großem Einfluß auf das Denken ihrer Epoche.

Und der Psychologe Jung weist nachdrücklich darauf hin, daß zugleich das wirkliche Geistesleben der Massen <der extreme metaphysische Hang>, das Geistesleben der Halb- und Ungebildeten, sich dem Okkultismus zugewendet hat.

Was W. an W. B. begeistert, ist die Tatsache, daß hier in einem hochstehenden Geist jener wahre unterirdische Kontakt mit dem geistigen Leben seiner Zeit und ihrer lebendigen Menschen besteht, der den Schulphilosophen verlorengegangen ist.

Ich möchte Ihnen im Folgenden eine Reihe entscheidender Stellen aus »Eduards Traum« vorlesen. Und ich hoffe, daß Ihnen das bisher Gesagte den Hinweis gegeben hat, in welchem Sinne ich Sie bitte, das Vorgelesene aufzufassen und mit Ihrer eigenen philosophischen Gedankentätigkeit zu konfrontieren.

Ich glaube, daß hier auch ohne weiteren Kommentar höchst wertvolle Hinweise darauf zu finden wären, wie auch wir selbst jene Erstarrung des Denkens, welches die offizielle Philosophie unserer Zeit aufweist, überwinden, oder doch, nach einem <Moderat auflösen.>

(Manuskript Paul Engelmanns zu seinem Vortrag »Wilhelm Busch als Philosoph«, JNUL, Dossier 138)

Zu Wilhelm Busch:

Es hat etwas Mißliches, wenn man ihn als einen »Philosophen« bezeichnet; nicht weil er weniger, sondern weil er mehr als das ist. Er war ein großer Künstler; zwar nicht als Maler, wo seine späteren Ölskizzen in Rembrandtscher Manier zwar gut aber nicht bedeutend sind, während er bei seinen akademischen Versuchen sich, wie er selbst schreibt »die Schienbeine an den untersten Stufen des Kunsttempels (wundgestoßen) hat«; Aber als Zeichner, wo er Rembrandt erreichte. In der geheimnisvollen Kunst, durch zwei in ein skizziertes Gesicht gesetzte Pünktchen einen

Menschen, eine Kultur, eine Epoche darzustellen und zu diskreditieren, ist [...]
(JNUL, Dossier 158)

»Zu guter Letzt«[41] W. Busch als Zeichner
Man kann sagen, daß sich der Denkakt, d.h. der mit dem Denken verbundene
Gehirnvorgang selbst mit seinen bis in die Fingerspitzen gehenden Nervenausläu-
fern, ja bis in die Bleistiftspitze hinein auf dem Papier einen Tanz aufführt und daß
die <hinterlassenen> Spuren dieses Tanzes, eben das bleibende Kunstwerk sind.
(JNUL, Dossier 160)

Die Lösung des Rätsels gibt Goethes Satz
Bilde, Künstler, rede nicht.[42]
   Dieser Satz stimmt einerseits überein mit dem was er verbietet: auch in der
Kunst Ws Redeverbot, wie dort mehr Philosophie. Aber er geht, (für die Kunst),
darüber hinaus:
   Er sagt nicht nur was verboten ist, sondern auch was hier geboten ist: zu bilden.
»Die Liebe herrscht nicht, aber sie bildet.«[43] (Platos Eros Theorie in Platos »Gast-
mahl«)[44]
   Was heißt das?
   Was in meinem Innern, Jenseits und unterhalb der Sprachbildung, vorgeht, kann
ebenso wenig »abgebildet«, dargestellt werden wie das, was bei der Abbildung der
Wirklichkeit zwischen Abbild und Vorbild vor sich geht. Beides muß außerhalb des
Aussprechbaren im Satz bleiben: »Es geht nichts verloren« – es zeigt sich. Und
dieses »Sich zeigen« ist hier die Kunst. Das ist die tiefere Erklärung von Krausens
Sprachtheorie. (JNUL, Dossier 233)

---

41 Engelmann verwendet den Titel »Zu guter Letzt« als Anspielung auf Buschs Gedichtsammlung.
   Vgl. Wilhelm Busch: *Zu guter Letzt*. München: Friedrich Bassermann, 1915.
42 Vgl. J.W. von Goethe, aus »Demut« unter »Sprüche« im Alterswerk: »Bilde, Künstler! Rede
   nicht! Nur ein Hauch sei dein Gedicht.«
43 Der Satz »Die Liebe herrscht nicht, aber sie bildet; und das ist mehr« stammt aus »Das Märchen« – der letzten Erzählung aus Goethes Novellenzyklus »Unterhaltungen deutscher Aus-
   gewanderten«. (Vgl. *Goethes sämtliche Werke*. Fünfzehnter Band. Stuttgart: J.G. Cotta'sche
   Buchhandlung Nachfolger G.m.b.H. S. 211–240. S. 237.)
44 Vgl. Platon, *Symposion*: In diesem, mit Diotima geführten Dialog über den Eros, wird betont,
   daß die Liebe nicht allein auf das Schöne, sondern auf die Erzeugung im Schönen gehe; d.h.
   Liebe bzw. Eros trägt stets den Drang nach Kreativität, nach Weiterentwicklung, letztes Endes
   den Wunsch nach Unsterblichkeit in sich – sei dies im Geistigen wie beim Dichter oder Philosophen oder im körperlichen Sinne, wie es der Allgemeinheit der Menschen entspricht. Wesentlich ist, daß Liebe nicht stehenbleibt, sondern sich weiterentwickelt, Neues entstehen läßt.

Abschließende Bemerkungen

Ich stehe diesen Briefen heute so gegenüber, als wenn sie an einen lange Verstorbenen gerichtet wären. Die moralisch-geistigen Qualitäten, die L.W. mir damals, ob mit Recht oder Unrecht, zugeschrieben hat, sind in keiner Weise mehr die meiner heutigen Person.

Der Briefwechsel endete 1925, da ich bald darauf von seiner Schwester den Auftrag erhielt, mit ihr zusammen ein großes Wohnhaus für sie und ihre <Familie> in Wien zu planen.

L.W. war damals durch das endliche Scheitern seiner, unter so großen Opfern und Leiden unternommenen Bemühungen, als Dorfschullehrer etwas Wirkliches zu leisten, in schwerster innerer Bedrängnis.

Da machte ich ihm den Vorschlag, an unserer Planung, die ihn schon bis dahin lebhaft interessiert hatte, aktiv teilzunehmen. Er ging nach langen Bedenken darauf ein und stürzte sich in die neue Arbeit. <Die folgenden zwei Jahre bis zur Fertigstellung des Baus waren für mich sehr schwer: ich war von Anfang an von seinen überlegenen Fähigkeiten überzeugt, auch Probleme der Architektur und des Innenausbaus zu lösen,> und das Haus in der Kundmanngasse habe ich immer als sein und nicht als mein geistiges Produkt betrachtet. Nicht nur die ganze äußere Gestaltung des Baus, (auf Grund meiner fertigen Pläne, die unverändert ausgeführt wurden) ist seine Leistung; vor allem hat er in allen Details des innern Ausbaus die meist positiven Lösungen der späteren, nach-Loosischen Architektur vorweggenommen. <Doch war er ein solcher Willensmensch, daß die ständige Zusammenarbeit mich selbst in eine schwere innere Krise versetzte.>

<Nach Beendigung des Baus, in den Jahren 1928–1930, war ich noch mehrmals Gast seiner Angehörigen auf der Hochreith. Auch damals hatte ich noch für mich höchst fruchtbare Unterhaltungen mit ihm. Doch hatten wir uns beide, seit der Zeit des Briefwechsels, geändert; sein Bedürfnis, sich mit mir auszusprechen bestand jedenfalls nicht mehr im früheren Maß.> – Er ging 1930 nach England, da er sich entschlossen hatte, das schon länger bestehende Angebot seines Freundes J.M. Keynes, in Cambridge Philosophie vorzutragen, doch anzunehmen. Ich ging 1934 nach Palästina.

<Zum Verständnis der Situation>

<In den folgenden Jahren bildete sich durch die Zeitereignisse ein eiserner Vorhang zwischen mir und meiner Vergangenheit. Der Untergang meiner Angehörigen in Europa, in der Hitlerzeit, und meine Unfähigkeit, ihnen zu helfen, haben mich auf lange Jahre innerlich gelähmt. Als ich geistig wieder freier war, hätte ich manchmal gerne versucht, den Kontakt mit W. zu erneuern. Wäre ich in England gewesen, so hätte eine persönliche Begegnung mir sofort gezeigt, ob das noch möglich und ihm erwünscht sei oder nicht.> Aus der Ferne aber war es unmöglich. (JNUL, Dossier 233)

KOMMENTAR

Erläuterungen zu den Briefen

(1) Ernestine Engelmann an Wittgenstein, 24.12.1916

Brief.
E r n e s t i n e   E n g e l m a n n : Geb. Brecher, Mutter von Paul Engelmann. Geb. 2.5.1867,
Olmütz; scheint kurz vor der Auswanderung Paul Engelmanns nach Israel gestorben zu sein (vgl.
»Aliyah«); vom Prager Landesausschuß wurde sie aber erst am 21.7.1947 amtlich für tot erklärt.
Stammte aus der Gelehrtenfamilie Brecher. Ernestines Vater, Dr. med. Adolf Brecher (4.4.1831–
13.4.1894), war Autor mehrerer Bücher und Übersetzer von Psalmen aus dem Hebräischen.
Über Ernestine Engelmann und das »Palais auf dem Mauritzplatz« schrieb Max Zweig: »Es war
kein Palais, sondern eine dunkle, unbequeme, altmodische Wohnung im ersten Stock eines der
Mauritzkirche gegenüberliegenden Hauses und wurde nur wegen des hochgemuten Wesens seiner
Bewohnerin so genannt. Ernestine Engelmann, die Mutter meines Gymnasialfreundes Paul Engel-
mann, war eine besonders zartfühlende, mütterliche Frau, die eine solche Atmosphäre von Wärme
um sich verbreitete, daß auch junge Leute, die Freunde Pauls, sich bei ihr wohlfühlten. Ich wußte,
daß ich, wann immer ich in das ›Palais‹ käme, geistige Menschen dort antreffen würde: außer Paul
Engelmann selbst etwa den Gymnasialkollegen Fritz Pater oder Heinrich Groag, einen der klügsten
Köpfe und sicherlich den witzigsten, dem ich je begegnete.« (Max Zweig: *Lebenserinnerungen.*
Gerlingen: Bleicher Verlag, 1992. S. 76f.)
W i t t g e n s t e i n : Ludwig Wittgenstein: Geb. 26.4.1889, Wien; gest. 29.4.1951, Cambridge.
Wittgenstein hatte sich im Ersten Weltkrieg als Freiwilliger gemeldet und war am 8.8.1914 nach
Krakau eingerückt. Am 1.9.1916 wurde Wittgenstein zum Korporal befördert und gleichzeitig von
seinem Regiment an die Artillerie-Offiziersschule in Olmütz abkommandiert. Nach seiner Beförde-
rung zum Fähnrich in der Reserve am 1.12.1916 (später wurde der Rang auf den 1.10.1917 datiert)
machte Wittgenstein über Weihnachten Urlaub bei seiner Familie in Wien.

(2) Wittgenstein an Engelmann, 25.12.1916

Brief.
E n g e l m a n n : Paul Engelmann: Geb. 14.6.1891, Olmütz; gest. 5.2.1965, Tel Aviv. Architekt
und Literat. Studierte Architektur in Wien bei Adolf Loos und war ein Jahr lang freiwilliger Privat-
sekretär von Karl Kraus. Lebte bis zu seiner Auswanderung nach Palästina im Jahre 1934 vorwie-
gend in Wien und in seiner Heimat, dann bis zu seinem Tode in Tel Aviv. Unter seinen Arbeiten als
Innenarchitekt in Israel sind u.a. die Einrichtung der Halle des ersten großen Hotels in Palästina
– »King David« in Jerusalem – sowie angeblich ein Thronsaal des Königs Abdallah des damaligen
Transjordanien zu nennen.
Engelmanns schriftstellerische Tätigkeit umfaßte außer Arbeiten auf dem Gebiete der klassischen
deutschen Literatur auch Übersetzungen hebräischer Dichtungen, darunter das epische Gedicht
»Der Mathmid« von Bialik. Zudem hinterließ er umfangreiche, bisher meist unveröffentlichte Stu-
dien auf dem Gebiet der theoretischen Psychologie, der Soziologie und des Städtebaus. Engelmann
war Mitherausgeber der Schriftenreihe *Gedanken* in Tel Aviv (Eigenverlag) sowie der Zeitschrift
Prozdor (»Korridor«).[1] In der Schriftenreihe *Gedanken* sind folgende Beiträge von ihm erschienen:
»Geist und Gesellschaft« (in: *Gedanken.* Tel Aviv, 1944), »Ein verfehlter Versuch« (in: *Im Nebel.*
Tel Aviv, 1945), »Adolf Loos« (in: *Adolf Loos.* Tel Aviv, 1946) und »Die Sprache des Dichters« (in:
Dem Andenken an Karl Kraus. Tel Aviv, 1949). Dieser Aufsatz wurde 1967 von Elazar Benyoëtz
neu herausgegeben, wie auch Engelmanns Aufsätze »Die unverstandene Botschaft des Satirikers
Karl Kraus«, »Die Sprache des Dichters«, »Wittgenstein. Kraus. Loos« und das Gedicht »Das Haus
auf dem Michaelerplatz«. (Vgl. *Paul Engelmann. Dem Andenken an Karl Kraus.* Hrsg. von Elazar
Benyoëtz. Wien: O. Kerry, 1967)

Im *Prozdor* publizierte Engelmann »Who was Ludwig Wittgenstein«[2] und »Speech and Action« (engl. Version, Nr. 6/7, Sept. 1963). In der Nr. 8 (Mai 1964) erschien sein Beitrag »Freud and Jung« (engl. Version).

Im *Alleingang* (hrsg. von Paul Schick und Michael Guttenbrunner) erschienen folgende Aufsätze Engelmanns: »Die seelische Valuta« (1. Jg., Nr. 8, Mai 1964), »Die Rationalisierung«, »Zum Andenken an den Rezitator Emil Stein« (2. Jg., Nr. 5, Juli 1965) und »Die unverstandene Botschaft des Satirikers Karl Kraus« (2. Jg., Nr. 6, Oktober 1965). Vor kurzem veröffentlicht wurden Engelmanns »Orpheus«[3] und »Psychologie graphisch dargestellt«[4]. Unter den noch nicht veröffentlichten Werken Engelmanns sind »Die urproduzierende Großstadt« und eine von ihm zusammengestellte Anthologie deutscher Dichtung aus vier Jahrhunderten zu nennen. Engelmann war auch Herausgeber der Werke von Joseph Markus und Gustav Steinschneider.

In seinem Gedicht auf das Haus am Michaelerplatz (erstmals in der *Fackel* Nr. 317/318, 28.2.1911, publiziert) bezeichnete Engelmann dieses »als erstes Zeichen einer neuen Zeit«. Am 15.5.1911 las Kraus u.v.a. auch Engelmanns Gedicht »Das Adolf Loos-Haus«. Seit dem Sommer 1913 war Engelmann auch mit Georg Trakl persönlich bekannt. Belegt ist dies durch eine Postkarte an Ludwig von Ficker vom 20.11.1913 (= Poststempel), auf der neben Trakl und Engelmann u.a. auch Karl Kraus, Albert Ehrenstein und Adolf Loos unterschrieben haben (vgl. *Faksimiles aus dem Brenner-Archiv* (2): »diverse« an Ludwig von Ficker. Postkarte (20.11.1913). Vgl. auch Georg Trakl: *Dichtungen und Briefe*. Historisch-kritische Ausgabe. Salzburg: Otto Müller Verlag, 1987. Bd. 1, Brief Nr. 105, S. 529).

In seinen Lebenserinnerungen schreibt Max Zweig über Engelmann u.a.: »Paul Engelmann war ein mit vielen Talenten begabter Mensch; ich möchte fast sagen: mit zu vielen. Unter allen diesen war das für Architektur das einzige, in welchem er eine gründliche Ausbildung erfuhr und welches ihm ermöglichte, sein Leben zu fristen. [...] In seiner Jugend schrieb er schöne Gedichte, auch ein Schauspiel in Versen: ›Orpheus und Eurydike‹, welches geglückte lyrische Teile, aber kein dramatisches Leben besaß. Das Dichten gab er später auf. Zweifellos eignete ihm eine angeborene philosophische Begabung. In seinen späteren Lebensjahren trat er in Tel Aviv einem philosophischen Verein bei, welcher an jedem Sabbat-Vormittag zusammenkam. Ein anderer Teilnehmer dieser Kurse erzählte mir, daß Pauls Beiträge zu den Diskussionen und dessen Vorträge immer interessant und originell, aber seltsam subjektiv waren. [...] Pauls Verhalten zu Frauen war sonderbar und widerspruchsvoll. Er war fast immer, auch noch im Alter, verliebt. Aber es war stets eine Distanzliebe. Er fühlte nicht das geringste Verlangen danach, die Frau, die er liebte, kennenzulernen; es genügte ihm, die Illusion zu lieben, die er von ihr hatte. Sowie er zu bemerken glaubte, daß eine Frau ein wärmeres Gefühl für ihn entwickelte, wurde er kühl und schroff; ja er konnte beleidigend werden, so daß der Frau nichts übrigblieb, als sich zurückzuziehen. Seine starke Bindung an die Mutter zeitigte in ihm infantile Komplexe, welche einen formenden Einfluß auf seinen Charakter und seine Lebensführung ausübten. Pauls Innenleben leuchtete vor makelloser Reinheit. Er war eine Persönlichkeit von lauterster Integrität. [...] Er besaß einen wachen sozialen Sinn und ein untrügliches Gefühl für Gerechtigkeit. In seinem Beruf bewies er die größte Gewissenhaftigkeit und Verläßlichkeit.« (Max Zweig: *Lebenserinnerungen*, S. 175f.). Diese Charakterisierung fand Elazar Benyoëtz allerdings einseitig: Während Max Zweig Engelmanns Lebensweg lobe, »scheint er das Lebenswerk ignorieren zu wollen.« Er hätte »Engelmanns philosophisches Bemühen ins Harmlose oder Kindische zu ziehen« versucht und übersehen, daß in der riesigen Kiste, in der Engelmann seine Papiere verstaut hatte, neben den Niederschriften von mit Wittgenstein geführten Gesprächen, sich noch andere, bedeutende Schriften befanden. (Vgl. Elazar Benyoëtz: »Ein Bild, wie es im Buche steht. Max Zweig über Paul Engelmann.« In: *Max Zweig. Kritische Betrachtungen*. Hrsg. von Eva Reichmann. St. Ingbert: Röhrig Verlag, 1995)

In seinem Aufsatz über Paul Engelmann schreibt Elazar Benyoëtz, daß dieser über alles seine Liebe zum Land Israel – zu »Erez Jisrael« – setzte. Demgemäß habe er seine Auswanderung lange und gut vorbereitet und nach dem Tode seiner Mutter, die er nicht verlassen wollte, ging er endgültig nach Palästina. (Vgl. Benyoëtz: »Paul Engelmann, Der Andere«, S. 383f.)

Leopold Goetz schreibt in seinem Nachruf auf Engelmann u.a.:
»In seinen Anschauungen war Engelmann nicht nachgiebig und nicht zu geistigen Kompromissen geneigt. Er konnte jedoch auch ein witziger und liebenswürdiger Causeur sein. Aber er blieb dabei doch ein seltsamer Mitmensch, mit anderen nicht durch Gemeinsamkeit, sondern durch Anders-

sein verbunden. Vielleicht vermochte er gerade deshalb und durch eine ungezügelte Hingabe an die Probleme, die ihm nahegingen, die Hörer mitzureißen.« (zit. nach Benyoëtz:»Engelmann, der Andere«, S. 369)

J.K. Unger schrieb in einem Brief an Elazar Benyoëtz:»Wenn er [Engelmann] in guter Form war, konnte sein ›Auftreten‹ einen Abend zu einem köstlichen Erlebnis machen, da er im Erzählen von Anekdoten, Witzen und ›Olmützer Geschichten‹ und im Vorlesen meist humoristischer Stücke einzigartig und unerschöpflich war.« (Haifa, 15.12.1967)

Alice Jacob-Loewenson in einem Brief an Elazar Benyoëtz über Engelmann:»Was für ein Redner! Was für ein Formulator! Was für ein humorvoller Schauspieler! Was für ein Stilist! Was für ein Mensch! —« (Tel Aviv, 4.2.1963).

L o o s : Adolf Loos: Geb. 10.12.1870, Brünn; gest. 23.8.1933, Kalksburg bei Wien. Architekt. Die Bekanntschaft von Wittgenstein mit Adolf Loos kam während Fickers Besuch bei Wittgenstein am 23. und 24. Juli 1914 in Wien zustande (vgl. *Ludwig von Ficker: Briefwechsel Bd. 1: 1909–1914.* Salzburg: Otto Müller Verlag, 1986. S. 375). Nachdem Ficker Wittgenstein seine Vorschläge zur Verteilung der Spende (vgl. Kommentar zu Brief Nr. 61) unterbreitet hatte, machte er ihn am 24.7. mit Adolf Loos bekannt:»Wir trafen uns im Café Imperial, wo es zwischen ihm und dem schwerhörigen Erbauer des damals noch heftig umstrittenen Hauses am Michaelerplatz zu einer wohl etwas mühselig, doch sachlich ungemein anregend geführten Aussprache über Fragen der modernen Baukunst kam, für die sich Wittgenstein zu interessieren schien.« (Ludwig Ficker:»Rilke und der unbekannte Freund«. In: *Der Brenner*, 18. Folge, 1954. S. 237)

Z e i c h n u n g e n : Damit sind wohl die Zeichnungen gemeint, die Loos für die in Brief Nr. 4 erwähnten Projekte fertigen wollte.

(3) Max Zweig an Wittgenstein, 27.12.1916

Brief. Auf der leeren Seite des Briefbogens Notizen von Wittgensteins Hand:»Tasche/Adresse/ Riemen«.

M a x   Z w e i g : Geb. 22.6.1892, Proßnitz/Mähren; gest. 5.1.1992, Jerusalem. Schriftsteller, vorwiegend Dramatiker. Gymnasium in Olmütz, wo Paul Engelmann sein Mitschüler war. 1910 Beginn des Studiums der Rechtswissenschaften an der Universität Wien; 1920 Abschluß des Studiums in Prag. Während des Ersten Weltkriegs machte Max Zweig als Unteroffizier Dienst in einem Epidemie-Spital in der Nähe von Olmütz. Von 1920 bis 1934 lebte er als freier Schriftsteller in Berlin, wo er zahlreiche Theateraufführungen Max Reinhardts besuchte. Ende 1924 Uraufführung seines ersten Dramas *Ragen* in Mannheim. Übersiedelte wegen seiner jüdischen Abstammung 1934 zurück nach Proßnitz. Wegen der Uraufführung der Tragödie *Die Marranen* reiste er 1938 nach Tel Aviv und konnte wegen der politischen Verhältnisse nicht mehr zurückkehren. Schloß dort 1939 Freundschaft mit Max Brod. 1963 wurde das Drama *Franziskus* bei den Bregenzer Festspielen mit großem Erfolg uraufgeführt. Zweig war in Tel Aviv für ca. 25 Jahre Engelmanns nächster Gefährte bis zu dessen Tod. Ab 1978 lebte Zweig in Jerusalem und schloß dort Freundschaft mit dem israelischen Dichter Elazar Benyoëtz.

Zweig schrieb 22 Dramen, u.a.: *Ragen*, 1924; *Elimelech und die Jünger*, 1929; *1933* (1934); *Die Marranen*, 1937; *Die Deutsche Bartholomäusnacht*, 1940; *Saul*, 1944; *Franziskus*, 1945; *Tolstois Gefangenschaft und Flucht*, 1945; *Der Generalsekretär*, 1955. Vgl. Max Zweig: *Dramen*. 2 Bde. Wien: Deutsch, 1961–1963. Über seine Begegnung mit Wittgenstein schrieb Zweig:»Im ›Palais auf dem Mauritzplatz‹ lernte ich auch den Philosophen Ludwig Wittgenstein kennen, der irgendeinen mehrwöchigen militärischen Kurs in Olmütz absolvieren mußte und mit Paul Engelmann, an den er von Adolf Loos gewiesen worden war, sich befreundete. Ich selbst sah ihn nur so selten und flüchtig, daß ich über ihn kaum etwas auszusagen vermag. In Erinnerung blieb mir sein edel-schönes, durchgeistiges Gesicht und seine sonderbare Redeweise. Er begann langsam und stockend zu sprechen, verfiel in ein schnelles, hastiges, fast sich überstürzendes Tempo und sank unvermittelt in sein anfängliches gehemmtes zurück. Ich wohnte einmal einem Gespräch bei, das er mit Fritz Zweig über die Verwandtschaft und Verschiedenheit der Musik Schuberts und Brahms' führte; doch setzte das Verständnis dieses Gesprächs eine so profunde Kenntnis der Musik voraus, daß ich ihm nicht zu folgen vermochte.« (Max Zweig: *Lebenserinnerungen*, S. 78)

(4) Paul und Ernestine Engelmann an Wittgenstein, 2.1.1917

Brief.
d i e   b e i d e n   P r o j e k t e : Wahrscheinlich handelt es sich dabei um zwei Projekte, mit denen Leo Prinz Sapieha Loos beauftragt hatte. Zum einen handelte es sich um Arbeiten am väterlichen Schloß Krasiczyn bei Przemyśl, das durch den Krieg gelitten hatte und umgebaut werden sollte; zum anderen wollte der Prinz ein Landhaus bauen. Loos fragte Engelmann um Mitarbeit und dieser begann im Sommer 1918 als wohl erster Mitarbeiter Loos', der an regulären Auftragsarbeiten mitwirkte. Auf diese Mitarbeit können verschiedene neue formale Elemente in den Entwürfen dieser Zeit zurückgeführt werden, die in Loos' vorhergehendem Werk fehlten. Beide Projekte konnten allerdings, wohl wegen des Zerfalls der Monarchie, nicht ausgeführt werden. (Vgl. Burkhard Rukschcio und Roland Schachel: *Adolf Loos. Leben und Werk*. Salzburg, Wien: Residenz Verlag, 1982. S. 220f.) Wahrscheinlich war bereits 1917 von der Arbeit an den Projekten die Rede.
a n   L o o s : Brief nicht ermittelt.
F r i t z   Z w e i g : Geb. 8.9.1893, Olmütz; gest. 1984, Los Angeles. Cousin von Max Zweig. Zeigte schon als Kind eine bedeutende musikalische Begabung und trat bereits mit ca. 10 Jahren als Pianist in einem öffentlichen Konzert auf. War für kurze Zeit ein Schüler Arnold Schönbergs in Wien, wurde 1913 Korrepetitor bei Wilhelm Furtwängler am Nationaltheater Mannheim, nach dem Krieg kehrte er zu Furtwängler zurück, wurde 1921 Opernleiter in Barmen-Elberfeld, 1923 Erster Kapellmeister an der Volksoper in Berlin, wirkte dann an der Städtischen Oper in Charlottenburg, an der Kroll-Oper neben Otto Klemperer und an der Staatsoper »Unter den Linden« neben Erich Kleiber. Von den Nazis vertrieben, wurde er neben George Szell Opernchef am Deutschen Theater in Prag, und als dieses von den Tschechen geschlossen wurde, war er regelmäßig Gastdirigent an der Covent-Garden Opera in London und in der Grand-Opéra in Paris. 1940 floh er von Paris aus nach Amerika, wo er anfangs Schulkindern ersten Klavierunterricht gab. Trotz großer Schmerzen infolge eines Kehlkopfkrebses schuf er sich ein neues Feld der künstlerischen Betätigung. Ab 1947 als Privatmusiklehrer in Hollywood, erteilte er in Los Angeles Dirigierunterricht und wurde einer der anerkanntesten Musikpädagogen der USA (vgl. Max Zweig: *Lebenserinnerungen*, S. 47–50; vgl. auch Erinnerungen, S. 87f.) Wenn Fritz Zweig den Fronturlaub in Olmütz verlebte, pflegte er im Hause Engelmann Klavierkonzerte zu geben oder Kammermusikabende zu veranstalten.
F r e u n d   M .   Z w e i g : »M« unklar leserlich. Wahrscheinlich Max Zweig gemeint.
M a m a : Leopoldine (Poldy) Wittgenstein, geb. Kallmus: Geb. 14.3.1850, Wien; gest. 3.6.1926, Wien. Leopoldine war als feinsinnige Frau bekannt, deren Liebe vor allem der Musik galt. Sie spielte ausgezeichnet Klavier und Orgel und galt dabei als strenge Kritikerin. Rudolf Koder behauptete, daß sie besser Klavier spielte als alle anderen Mitglieder der Familie, selbst als ihr Sohn Paul, der Pianist. (Mitteilung von John Stonborough an Ilse Somavilla, 2.4.1993)
l i e b e n s w ü r d i g e n   B r i e f : Nicht ermittelt.

(5) Wittgenstein an Engelmann, 4.1.1917

Brief.
n a c h   T i r o l : Loos verbrachte einen Urlaub in Fulpmes und besuchte am 1.1.1917 Cissi von Ficker, die Gattin Ludwig von Fickers, in Innsbruck.
i n ' s   F e l d : Nach seinem Aufenthalt als Einjähriger an der Artillerie-Offiziersschule in Olmütz kehrte Wittgenstein am 9. Jänner 1917 wieder zu seinem Regiment in die Bukowina zurück.
Seine Batterie gehörte nun zu einer kroatischen Division der HID 42 und damit zur Honvedarmee, anders ausgedrückt, zur ungarischen Territorialarmee. (Vgl. Brian McGuinness: *Wittgensteins frühe Jahre*. Übersetzt von Joachim Schulte. Frankfurt a. Main: Suhrkamp Taschenbuch, 1992. S. 397)

(6) Wittgenstein an Engelmann, 26.1.1917

Feldpostkorrespondenzkarte. In Bleistift.
Stempel: K.u.K. Infanterieregiment. Starkenberg Nr. [...] Feldkompagnie. Poststempel: 26.1.17.
Beistrich nach »Kann wieder arbeiten« und Rufzeichen nach »Gott sei Dank« schwer leserlich.

w i e d e r   a r b e i t e n : Damit könnte Wittgensteins Arbeit an einem Manuskript der *Logisch-philosophischen Abhandlung* gemeint sein, doch auch ganz allgemein seine philosophischen Gedankengänge, die er mit »arbeiten« verband. Vgl. dazu Wittgensteins Tagebücher aus der Kriegszeit, wo er im persönlichen bzw. codierten Teil oftmals notiert, »wieder zu arbeiten«, obwohl im philosophischen Teil an diesen Tagen häufig keine schriftlichen Eintragungen zu finden sind. (Allerdings gibt es nach dem 10.1.1917 keine Eintragungen im sog. philosophischen Tagebuch mehr, nach dem 19.8.1916 keine im persönlichen, codierten Teil der Tagebücher.)

(7) Ernestine Engelmann an Wittgenstein, 30.1.1917

Brief.
In blauem Kopierstift (von Wittgensteins Hand?) Zeichnungen bzw. Pläne von Räumen mit angegebenen Maßen. Weiters Rechnungen und folgende Notiz: »<u>Bretter</u>. <u>Telefon</u>. <u>Erdspieß</u>. Aufenthalt beim <u>Alarm</u>.«
I h r e   l i e b e   K a r t e   a n   m i c h : Nicht erhalten.
v o n   K ü r n b e r g e r : Es handelte sich wahrscheinlich um das Buch: Ferdinand Kürnberger: *Literarische Herzenssachen. Reflexionen und Kritiken* (Wien: Rosner, 1877), das 36 Aufsätze literarisch-kritischen Inhalts enthält; möglicherweise war es auch der 2. Band der *Gesammelten Werke* (München, Leipzig: Georg Müller, 1911), wo unter dem gleichen Titel im ersten Teil die Erstauflage nachgedruckt und in einer Nachlese weitere 26 Aufsätze veröffentlicht sind. – Ferdinand Kürnberger: Geb. 3.7.1821, Wien; gest. 14.10.1879, München. Kritiker, Feuilletonist, Erzähler, Dramatiker. Mitarbeiter u.a. bei der *Presse*, *Wiener Zeitung*, *Wiener Sonntagsblätter*. Karl Kraus publizierte in der *Fackel* mehrmals Texte von Kürnberger, so daß Wittgenstein vielleicht von Kraus auf Kürnberger aufmerksam gemacht wurde. Kraus nennt ihn den »größten politischen Schriftsteller, den Österreich je gehabt hat« (*Die Fackel*, Nr. 214–215, 22.12.1906, S. 5).
Vgl. Wittgensteins Motto zum *Tractatus*, das aus dem oben genannten Buch von Kürnberger stammt: »... und alles, was man weiß, nicht bloß rauschen und brausen gehört hat, läßt sich in drei Worten sagen.« – In seinen Anmerkungen zu »Romantische Dichtungen« schreibt Engelmann: »[...] und Kürnbergers Schema: Die Klassik geht vom Körper aus, die Romantik von der Seele – ist auch richtig gesehen, aber sagt zu wenig, um klar zu sein.« Dazu die Fußnote: »K. tut bei dieser Gelegenheit den wunderbaren Ausspruch: ›... denn alles, was man weiß, und nicht nur rauschen und brausen gehört hat, kann man mit drei Worten sagen‹. – Manchmal aber ist es doch gut, den drei Worten noch dreihundert Worte Kommentar beizugeben, um dadurch drei Millionen Worte Polemik überflüssig zu machen.«
H e r r   G r o a g : Heinrich Groag: Geb. 1892, Olmütz?; gest. 1974, Brünn. Damals Jusstudent, später Advokat. Cousin des Architekten Jacques Groag. Laut Paul Engelmann »das am stärksten belebende Element« der kleinen Gesellschaft des sog. »Olmützerkreises«. (Vgl. *Erinnerungen*, S. 88)
H e r r   v.   M a y : Die Großfamilie May war weit verzweigt in Mähren; in Olmütz besaß sie, in wohl drei Generationen nacheinander, eine Zuckerfabrik, die nominal den Brüdern A. und H. May gehörte und im Jahre 1924 in eine Aktiengesellschaft umgewandelt wurde (»Zucker-, Spiritus- und Hefefabrik in Hatschein/Hejčín, A.G.«). In deren Verwaltungsrat saßen sechs Mays, davon zwei aus Olmütz – Bedřich/Friedrich May und Lev/Leo May; dazu kam noch der Prokurist der Firma Dr. Vojtěch/May. (Auskunft von Prof. Dr. Ludvík Václavek.)
m e i n   M a n n : Max Engelmann: Geb. 21.3.1856, Parfuss (Bosonohy) bei Brünn, seit 30.10.1874 in Olmütz seßhaft, wohnte mit seiner Familie in einer Wohnung im dritten Stock auf dem Niederring Nr. 45 (Angaben der Volkszählung von 1900) und führte ein Geschäft mit Manufakturwaren am Niederring (vermutlich ebenfalls Nr. 45); nachdem er bankrott machte – damals eine Schande in den Augen des Bürgertums – zog die Familie in das Haus am Mauritzplatz. Später scheint Max Engelmann als Versicherungsagent tätig gewesen zu sein. Weitere Daten nicht ermittelt. Vermutlich ist Max Engelmann während der Zeit des Nationalsozialismus umgekommen.

(8) Engelmann an Wittgenstein, 3.3.1917

Brief.
Poststempel »Olomouc 4/3 VII – X 17«
L i e b e r   H e r r   W i t g e n s t e i n : Im Original Wittgenstein mit nur einem »t«.

(9) Wittgenstein an Engelmann, 29.3.1917

Feldpostkarte. Mit blauem Kopierstift. (Tintenblei?)
K. und K. Infanterieregiment. Starkenberg Nr. [...]. Feldkompagnie.

(10) Wittgenstein an Engelmann, 31.3.1917

Brief.
A l b e r t   E h r e n s t e i n : Geb. 23.12.1886, Wien; gest. 8.4.1950, New York. Lyriker, Erzähler.
Karl Kraus entdeckte Ehrensteins dichterische Begabung und druckte in der *Fackel* seine ersten
Gedichte und Prosaskizzen. 1911 erschien Ehrensteins erstes und bekanntestes Werk *Tubutsch*.
Mit zwölf Zeichnungen von Oskar Kokoschka (Wien, Leipzig: Jahoda & Siegel). Kokoschka stellte
auch die Verbindung zur Zeitschrift *Der Sturm* her. Im Kreis um Karl Kraus lernte Ehrenstein u.a.
auch Georg Trakl und Paul Engelmann kennen. Bis zum Ersten Weltkrieg wechselnde Aufenthalte
in Wien, Heidelberg, Berlin und Prag. Freier Schriftsteller und Kritiker in fast allen größeren demo-
kratischen Tageszeitungen und in Publikationsorganen der jungen revolutionären Dichtergenera-
tion. Ehrenstein lebte während des Krieges in der Schweiz und schloß sich als Pazifist der *Aktion*
und den *Weißen Blättern* an. 1916 publizierte er den Gedichtband *Der Mensch schreit* (Leipzig:
Kurt Wolff).
Aus den Briefen Ludwig von Fickers an Ludwig Wittgenstein geht hervor, daß Ehrenstein 1000
Kronen aus der Wittgenstein-Spende erhalten hat. Vgl. Ludwig von Ficker an Wittgenstein,
29.12.1914: »Wie Sie sehen, habe ich bei der Realisierung der von Ihnen gebilligten Vorschläge
nachträglich Albert Ehrenstein mit 1000 Kronen und auf einen Wink dieses letzteren den augen-
scheinlich momentan etwas bedrängten Adolf Loos mit 2000 Kronen einbezogen.« (Ludwig von
Ficker: *Briefwechsel. Bd. 2: 1914–1925*. Innsbruck: Haymon, 1988. S. 73). Albert Ehrenstein
bedankt sich schon am 29.11.1914 bei Ficker für die Spende: »Es tut mir unsäglich leid, daß nicht
auch Trakl durch jenen Mäzen vor dem bürgerlichen Leben zu schützen war. Ich danke Ihnen
vielmals, daß Sie ihm meinen Namen nannten, seine Zusendung schützt mich vielleicht ein halbes
Jahr lang vor öder journalistischer Arbeit. Und diese Sicherung war seit Kriegsausbruch, da mich
mein Verleger im Stiche ließ, mein einziger Wunsch. Nun weiß ich sehr wohl, daß ich weder Ihnen
noch dem unverhofften Schutzengel danken kann. Ich weiß nicht, ob er meine Novellen alle kennt
– ich möchte ihm aber, wenn Sie so gütig sein wollen die Zusendung zu übernehmen, diese 2 Bände
und mein einziges Exemplar des noch nicht erschienenen Versbandes ›Die weiße Zeit‹ mit einer
Widmung schicken. Ein neues Exemplar vermag ich nicht zu beschaffen, da ich mit meinem Verleger nicht mehr so recht stehe, aber vielleicht ist einem im Felde Stehenden auch mein Handexemplar
nicht ganz unerwünscht?« (ebenda, S. 54f.) Ob Wittgenstein diese Sendung Ehrensteins erhalten
hat, ist nicht sicher. Wittgenstein erwähnt sie in seinen Briefen an Ficker jedenfalls nicht. Warum
Ehrenstein nun erneut, nach nahezu drei Jahren, Wittgenstein Bücher zukommen ließ, ist unklar.
Vielleicht hat er vom Scheitern seiner ersten Sendung erfahren und wollte Wittgenstein aufs neue
Bücher schicken. Wie Ehrenstein zur Adresse von Wittgenstein gelangte, ist unklar, möglicherweise über Engelmann oder Ficker.
G o e t h e s   G e d i c h t e : Auf welche Ausgabe Wittgenstein anspielte, konnte nicht ermittelt
werden. Vielleicht hat er sich auch geirrt, als er die genannten Gedichte im »zweiten Band« vermu-
tete. Diese befinden sich in den meisten Goethe-Ausgaben im ersten Band:
(Vgl. *Goethes Werke in sechs Bänden*. Im Auftrage der Goethe-Gesellschaft ausgewählt und
herausgegeben von Erich Schmidt. Erster Band. Leipzig: Insel-Verlag, 1909. In dieser Ausgabe
befinden sich die (Römischen) Elegien auf S. 76–77, die Venezianischen Epigramme auf S. 78–79
und die Episteln auf S. 79–82.)

G e d i c h t e   v o n   M ö r i k e : Vgl. Eduard Mörike: *Gedichte*. Hrsg. und mit einer Einleitung versehen von E. von Sallwürk. Leipzig: Reclam [1919] (Reclam's Universal-Bibliothek Nr. 4769–4770a).

S o m m e r n a c h t s t r a u m : Offensichtlich wurde auch Shakespeares *Sommernachtstraum* im Hause Engelmann als Liebhaberaufführung gegeben.

E i n g e b i l d e t e n   K r a n k e n : »Paul Engelmann besaß viel Phantasie, und auch viel Muße, um seinen Phantasien Realität zu geben. Eines Tages hatte er den Einfall, eine Liebhaberaufführung von Molières ›Der eingebildete Kranke‹ zustande zu bringen. Dieser Einfall schien unausführbar zu sein; aber Paul, von Natur eher passiv und lässig, konnte, wenn ihm etwas wichtig war, große Willenskraft und Ausdauer beweisen. Es gelang ihm wirklich, aus seinen Freunden und den Freunden der Freunde ein Ensemble zusammenzustellen, welches fähig war, die Komödie aufzuführen. Er selbst wollte Regie führen und die Titelrolle darstellen, in welcher er ein wenig sich selbst spielte. Auch mich hatte er ausersehen, mitzuwirken, was ich aber ablehnte. Ich war zwar imstande, eindrucksvoll vorzulesen, besonders aus Dramen, doch glaubte ich, kein schauspielerisches Talent zu haben. Aber Proben, denen ich mich nicht entziehen konnte, ergaben unerwartet, daß ich einige Begabung besaß, sonderbarerweise für groteske Figuren. So wurden mir die Rollen der zwei Ärzte zugeteilt: des selbstgefälligen Diafoirus im zweiten Akt und des wütend tobenden Purgon im dritten, und ich bewältigte die Aufgabe nicht übel. Schon die Proben waren amüsant. Schließlich kam eine gute, sogar gediegene, stilechte Aufführung zustande, stilecht auch deswegen, weil zwischen den einzelnen Akten, wie zu Molières Zeit, Ballette (rüpelhafter Art) getanzt wurden. Fritz Zweig hatte barocke französische Musik für sie ausgesucht und spielte sie auf dem Klavier. Ein kleineres Zimmer der Wohnung war als Bühne eingerichtet; ein anstoßendes großes bot Raum für etwa dreißig Zuschauer. Die Schauspieler spielten recht gut; was ihnen an Erfahrung und Technik fehlte, ersetzten sie durch ihre Natürlichkeit und restlose Identifizierung mit ihren Rollen. *Eine* Leistung aber war meisterhaft: Heinrich Groag stellte als der alberne, geschwätzige Thomas Diafoirus eine so lebensechte Figur hin und entwickelte eine solche vis comica, daß er an Max Pallenberg gemahnte. Dieser Abend bildet meine heiterste Erinnerung an die öden Militärjahre.« (Max Zweig: *Lebenserinnerungen*, S. 77f.) Vgl. dazu auch Engelmanns Schilderung in den Erinnerungen, S. 91.

d a ß   S i e   m i r   S u p p e   g e b r a c h t   h a b e n : Vgl. Erinnerungen, S. 90f.

H e r r n   L a c h s : Gustav Lachs, Vetter von Heinrich Groag. Näheres nicht ermittelt.

(11) Engelmann an Wittgenstein, 4.4.1917

Brief.

[. . .]   e i n e s   d e r   s c h ö n s t e n ,   d i e s   i c h   k e n n e : richtig: [...] die ich kenne. Offenbar hat Engelmann »das« mit »die« überschrieben, ohne das »s« zu streichen.

» d e r   R h a p s o d e   J o r d a n « : *Der Rhapsode Jordan*, entstanden im März 1870 (vgl. Ferdinand Kürnberger: *Gesammelte Werke*, Bd. 2, S. 66–85), ist eine Kritik am deutschen Dichter Wilhelm Jordan (1819–1904) und dessen auf vier Bände angelegtes Epos *Die Nibelunge*. (Frankfurt a.M.: W. Jordan's Selbstverlag; Leipzig: Volckmar 1867–1874). Die ersten 2 Bände, die die »Sigfridsage« enthalten, erschienen 1867 und 1868; die letzten zwei Bände behandeln »Hildebrants Heimkehr« (1874).

» d a s   D e n k m a l s e t z e n   i n   d e r   O p p o s i t i o n « : Die 3 Artikel »Über das Denkmalsetzen in der Opposition« erschienen erstmals in der *Deutschen Zeitung* im Spätherbst 1873 (vgl. Ferdinand Kürnberger: *Gesammelte Werke*, Bd. 2, S. 310–342). Der erste Artikel (S. 310–320, hier S. 312) enthält auch das Motto, das Wittgenstein dem *Tractatus* vorangestellt hat: »Wenn ich einen Halbgebildeten frage: Was ist der Unterschied zwischen der antiken und modernen, zwischen der klassischen und der romantischen Kunst? so wird er in großer Verwirrung antworten: Herr, diese Frage regt ganze Welten von Vorstellungen auf. Das ist ein Stoff für ganze Bücher und Wintersemester.

Wenn ich dagegen einen Durchgebildeten und Ganzgebildeten frage, so werde ich die Antwort erhalten: Herr, das ist mit drei Worten zu sagen. Die Kunst der Alten ging von dem Körper aus, die Kunst der Neuern geht von der Seele aus. Die Kunst der Alten war deshalb plastisch, die Kunst der Neuern ist lyrisch, musikalisch, malerisch, kurz romantisch.

Bravo! So haben ganze Welten von Vorstellungen, wenn man sie wirklich beherrscht, in einer Nuß Platz, und alles, was man weiß, nicht bloß rauschen und brausen gehört hat, läßt sich in drei Worten sagen. Aber noch eins; – wenn dem so ist, warum setzen wir Neuern dann so hartnäckig auf Denkmäler?

Weil wir die gedankenlosen Nachbeter des Alten sind.

Hm! Nicht schmeichelhaft, aber präzis. Also denken wir für die Gedankenlosen und seien wir Vorbeter statt Nachbeter. Aber denken wir unsere Gedanken hübsch im Zusammenhange. Es ist gar kurzweilig, wie da die alten Sachen neue Gesichter bekommen.

Was würde man zum Beispiel sagen, wenn einer behauptete: Das Denkmalsetzen der Neuern liegt gar nicht in der bildenden Kunst, sondern – in der modernen Schule und in der modernen Presse. Wieso? Wie hängt das zusammen?

Klar genug.

Das Denkmal der Alten war – wenn nicht ganz, doch zum guten Teile – ein O r g a n   d e r   P u b l i z i t ä t . «

Das von Wittgenstein als Motto für den *Tractatus* verwendete Zitat ist von Kürnberger ironisch gemeint, nicht aber von Wittgenstein.

V a r i a t i o n e n   v o n   B r a h m s   ü b e r   e i n   T h e m a   v o n   H ä n d e l : Vgl. Johannes Brahms: Variationen und Fuge über ein Thema von G. F. Händel, op. 24, in B-dur (1861).

Vgl. dazu einen Brief von Leopoldine Wittgenstein (datiert mit 9.12.1917) an Ludwig, in dem sie ebenfalls von Brahms' »Variationen über ein Thema von Händel« spricht. (Vgl. *Ludwig Wittgenstein: Briefwechsel*. Innsbrucker Elektronische Ausgabe 2004) Auch im Briefwechsel mit Koder ist die Rede von den »Variationen von Händel«.

Brahms (1833–1897) war ein guter Bekannter der Familie Wittgenstein, die die Musik über alles schätzte. Er war häufig zu Besuch im Hause Wittgenstein in der Alleegasse und bei den musikalischen Aufführungen spielten der junge Pablo Casals, das Rosé-Quartett oder Josef Labor. Brahms' Lieblingsgeigerin, Marie Soldat-Röger, und die Pianistin Marie Baumayer hatten eine Vorzugsstellung bei den Wittgensteins und waren mit Clara Wittgenstein befreundet.

Wittgenstein äußerte sich in seinen Schriften mehrmals über Brahms; vgl. u.a.: »Die musikalische *Gedankenstärke* bei Brahms« (MS 156b 14v: ca. 1932–34, zit. nach *Vermischte Bemerkungen*, S. 56); »Das überwältigende *Können* bei Brahms« (MS 147 22r: 1934, zit. nach VB, S. 59). Vgl. auch VB, S. 38, 44, 60 und S. 155. Vgl. weiters *Denkbewegungen*, S. 22, 38, 44, 55f.

» B u n t e   S t e i n e «   v o n   S t i f t e r « : Irrtümlich nach »Stifter« ein Anführungszeichen. Adalbert Stifters Sammlung von sechs Erzählungen aus dem Jahre 1853, mit einer Vorrede des Autors, in der er seine »Ansichten über Großes und Kleines« und den wesentlichen Begriff des »sanften Gesetzes« darlegt. (Vgl. die Ausgabe von 1899; Leipzig: Amelang.)

n a c h   B e r l i n : Vielleicht hatte Anny Engelmanns Aufenthalt in Berlin etwas mit ihrer künstlerischen Tätigkeit zu tun; ihr Bruder, der Karikaturist Peter Eng, war eine Zeitlang Schriftleiter der *Berliner-Maler-Zeitung*. (Vgl. Brief Nr. 41)

m e i n e   S c h w e s t e r : Anny Engelmann: Geb. 3.2.1897, Olmütz; nach dem Zweiten Weltkrieg für tot erklärt, ohne Jahresangabe. Anny war die jüngste der drei Engelmann-Geschwister und wird als scheu und schüchtern, des öfteren auch als depressiv beschrieben; sie beteiligte sich nicht an den Diskussionen im sog. Olmützerkreis, sondern lebte zurückgezogen in ihrem Zimmer. Später entwickelte sie sich zu einer hochbegabten Malerin (vgl. Erinnerungen, S. 91). Unter dem Pseudonym »Suska« illustrierte sie nach dem Ersten Weltkrieg eine Reihe von Kinderbüchern. Diese Bücher, zumeist von Peter Paul Rainer, aber auch von Sophie Haemmerli-Marit, Marie Sauer u.a. geschrieben, erschienen vorwiegend im Verlag Gebrüder Stiepel in Reichenberg/Liberec; einiges – von Else Dorn geschrieben – bei G. Löwenzahn in Fürth. Für das Buch *Kinderherzen. Bunte Bildergeschichten. III.* unter dem Autor Peter Paul Rainer (Reichenberg: Gebr. Stiepel, 1930) fertigte Anny Engelmann Illustrationen in Aquarelltechnik an. Als der militante deutsche Nationalismus in die Kulturwelt der Deutschböhmen vordrang, weigerte sich Anny Engelmann, Bücher mit nationalsozialistischer Tendenz zu illustrieren und arbeitete nun für die tschechischen Verlage *Grafická unie* und *Tribuna*. Sie lebte ständig in Olmütz und ist später während der Okkupation durch die Nationalsozialisten in den Konzentrationslagern verschollen. (Auskunft von Ludvík E. Václavek). Laut mündlicher Mitteilung von Willy Groag und Margit Chiel an Ursula Schneider wurde Anny

Engelmann entweder in einem psychiatrischen Krankenhaus ermordet oder nach Theresienstadt deportiert. (Vgl. Ursula A. Schneider:»Vom ›Wittgensteinhaus‹ zum ›Café Techelet‹: Die sichtbaren und die unsichtbaren Werke Paul Engelmanns.« In: *Paul Engelmann. Architektur. Judentum. Wiener Moderne.* S. 115–154) Vgl. auch Brief Nr. 41.

(12) Wittgenstein an Engelmann, 9.4.1917

Brief.
Rufzeichen nach Engelmann nicht sichtbar.
U n h e i m l i c h : unklar leserlich.

(13) Heinrich Groag an Wittgenstein, 29.4.1917

Feldpostkorrespondenzkarte.
P u l v e r w a c h e : Vermutlich Wache vor einem Munitionsdepot.
P r o m b e r g e r : Romuald Promberger (1856–1932) war Besitzer einer Buchhandlung und des mit ihr liierten Verlags, der bis 1948 bestand; dann kam es zur Enteignung. Promberger war eine kulturell engagierte Persönlichkeit, ein Förderer tschechischer Literatur und Kunst. Er war auch in Kontakt mit dem tschechischen Poeten Otto František Babler (1901–1985).

(14) Wittgenstein an Engelmann, Datum unbekannt [1917?]

Brief ohne Umschlag. Schwarze Tinte.
m e i n e   M a n u s k r i p t e : Aller Wahrscheinlichkeit nach ist eine frühe Version der *Logisch-philosophischen Abhandlung* gemeint. 1969 erzählte Heinrich Groag Brian McGuinness, daß das hier erwähnte Manuskript eine auf losen Blättern geschriebene Version der *Logisch-philosophischen Abhandlung* war. (Vgl. McGuinness, *Approaches to Wittgenstein,* S. 267). Es handelt sich laut McGuinness wahrscheinlich um ein handschriftlich korrigiertes Typoskript, das ursprünglich 1916 getippt wurde, doch es kann sich auch um das auf losen Blättern geschriebene Manuskript handeln, das Wittgenstein 1915 begonnen hatte.
d a s   G e d i c h t : Vgl. Brief Nr. 15.

(15) Engelmann an Wittgenstein, Datum unbekannt [1917?]

Gedichtmanuskript ohne Kuvert und Begleitbrief, undatiert.
In Engelmanns »Buch der Erinnerung« trägt dieses Gedicht den Titel »Himmel und Hölle (Der Traum des Verdammten)«.

(16) Engelmann an Wittgenstein, 7.8.1917

Ansichtskarte. Poststempel von Karlsbrunn, damals in Mähren. Die Karte trägt außerdem einen Hüttenstempel:»›Schäferei‹ unterhalb des Peter[steiges] (Altvatergebirge)«. Auf der Vorderseite ist die »Schutzhütte am Fuße des Altvaters« abgebildet.
Das Altvatergebirge – auf tschechisch Jeseníky – liegt im östlichen Grenzgebiet zu Polen. Das im Winter schneereiche Gebirge im Norden Mährens weist Höhen bis knapp 1500m auf.

(17) Wittgenstein an Engelmann, [27.8.1917]

Feldpostkarte.
Poststempel schwer leserlich: 27. VIII.
»Olmüz« ohne »t« geschrieben.

(18) Wittgenstein an Engelmann, 4.9.1917

Brief. Violetter Kopierstift.
B i b e l : Wie bekannt, beschäftigte sich Wittgenstein während des Ersten Weltkriegs intensiv mit
Fragen nach Gott und dem Sinn des Lebens. In der galizischen Stadt Tarnow hatte er in einem
Buchladen Tolstois Schrift *Kurze Darlegung des Evangelium* entdeckt und schrieb am 2.9.1914
in sein Tagebuch:»Gestern fing ich an in Tolstois Erläuterungen zu den evangelien zu lesen. Ein
herrliches werk.« (Vgl. MS 101) Auch später finden sich immer wieder Hinweise auf Tolstoi. Bei
den abendlichen Treffen im Hause Engelmann wurde auch in der Bibel, vor allem im Neuen Testament, gelesen, und Wittgenstein soll darauf bestanden haben, dies auf Lateinisch zu tun. (Vgl.
McGuinness, S. 394)
Die zahlreichen Zitate aus der Bibel in Wittgensteins Schriften geben des öfteren darauf Hinweis,
daß er sich auf eine Übersetzung nach Martin Luther bezog.

(19) Engelmann an Wittgenstein, 15.9.1917

Ansichtskarte mit einem Gemälde von Salzburg (»Dreifaltigkeitskirche und Sauterbogen«). Poststempel: Salzburg, 15.IX.17.
Die Bleistiftschrift ist stellenweise stark verblaßt und kaum lesbar. Die Adressierung »F.H.R. 5/4«
wurde – wahrscheinlich von der Post – auf »F.H.R. 5/3« korrigiert und außerdem »Bt. 1/5« hinzugefügt.
L a n s : Landgemeinde in der südlichen Umgebung von Innsbruck, im sogenannten Mittelgebirge
gelegen. Beliebtes Ausflugs- und Erholungsgebiet, nicht zuletzt wohl wegen eines nahegelegenen
kleinen Sees.

(20) Wittgenstein an Engelmann, 4.10.1917

Feldpostkarte. Bleistift.
K.u.K. Feldpostamt. Poststempel 7.X.17.

(21) Heinrich Groag an Wittgenstein, [8.10.1917]

Feldpostkorrespondenzkarte. Poststempel »Olmütz«, Datum schwer leserlich. Original in der
Österreichischen Nationalbibliothek.
H e r r n   T r e n k l e r : Adolf Trenkler: Geb. 11.10.1853, Reichenberg/Liberec, Böhmen, heute
in Tschechien; gest. 16.8.1940, Wien. Österr. Staatsbürger, als »Wittgensteinscher Sekretär a.D.«
gemeldet. Er war Buchhalter der Familie Wittgenstein und verwahrte u.a. Wittgensteins Manuskripte während des Ersten Weltkriegs. Laut Auskunft von John Stonborough war Trenkler Direktor
der Wittgenstein-Kanzlei in der Alleegasse 16 und wurde sehr geachtet. Als seine letzte Adresse ist
die Czartoryskigasse 56 in Wien angegeben.
S c h n o b o l i n : Schnobolin oder Slavonín war zu der Zeit eine selbständige Ortschaft am Rande
von Olmütz; seit 1974 gehört Schnobolin zur Stadt Olmütz. Es lebten dort vorwiegend deutsche
Einwohner mit einem eigenen Dialekt bayrischen Ursprungs.
H e r r n   W a z e l e : Nicht ermittelt.

(22) Wittgenstein an Engelmann, 28.10.1917

Brief ohne Umschlag. Violetter Kopierstift.
N e u w a l d e g g : Außer dem Palais in der Alleegasse (später Argentinierstraße) besaßen die
Wittgensteins in Wien, Neuwaldegg (Neuwaldeggerstraße 38, heute im XVII. Bezirk) eine Villa, in
der Ludwig Wittgenstein geboren wurde. Die Villa wurde in den Siebzigerjahren abgerissen.
Engelmanns Arbeit als Architekt bei Umgestaltungen von Neuwaldegg wird von Hermine seit Juli
1917 des öfteren in ihren Briefen erwähnt.

(23) Ernestine Engelmann an Wittgenstein, 9.12.1917

Brief.
L e u t n a n t H ö h l m a n n : Vermutlich Karl Höhlmann: Geb. 1896 in Oppatof-Skatru/Trop-
pau, Schlesien. Am 1.8.1916 zum Leutnant i.d. Reserve ernannt. Nähere Daten nicht ermittelt.

(24) Engelmann an Wittgenstein, 20.12.1917

Brief.
n a c h W i e n : Nach dem Waffenstillstand an der Ostfront am 29.11.1917 befand sich Wittgenstein auf Front-Urlaub in Wien.
A r b e i t f ü r N e u w a l d e g g : Engelmann war als Innenarchitekt von der Familie Wittgenstein beauftragt, an der Wittgenstein-Villa in Neuwaldegg einige Änderungen vorzunehmen. (vgl.
dazu Brief Nr. 22 und Nr. 23).
B r i e f I h r e s F r ä u l e i n S c h w e s t e r : Nicht ermittelt. Beim »Fräulein Schwester«
handelt es sich um Hermine Wittgenstein, genannt »Mining«: Geb. 1.12.1874, Eichwald bei
Teplitz, Böhmen; gest. 11.2.1950, Wien. Wurde laut Auskunft von John Stonborough nach einer
Figur von Fritz Reuters Roman *Ut mine Stromtid* (»Das Leben auf dem Lande«, 3 Teile. Wismar:
Hinstorff'sche Hofbuchhandlung 1863–64) Mining genannt. Hermine war die älteste der Kin-
der von Karl und Leopoldine Wittgenstein und übernahm z.T. die Mutterrolle für ihre jüngeren
Geschwister. Sie blieb unverheiratet und wurde in späteren Jahren faktisch zum »Oberhaupt« der
Familie. Im Juni 1944 begann Hermine in Wien die *Familienerinnerungen* zu schreiben, die sie im
August 1944 auf der Hochreith, von Februar bis Mai 1945 in Gmunden fortsetzte und im Juli 1947
auf der Hochreith beendete. Hermine stand ihrem Bruder Ludwig, vor allem in früheren Jahren,
sehr nahe. Dieser bemerkte einmal gegenüber Rush Rhees, daß sie unter seinen Geschwistern »bei
weitem die *tiefste*« sei. (Vgl.: *Porträts und Gespräche*, S. 7.) Als Hermine im Sterben lag, notierte
er: »Ringsherum werden die Wurzeln abgeschnitten, an denen mein eigenes Leben hängt. Meine
Seele ist voller Schmerzen. Sie hatte vielseitiges Talent & Verstand. Aber nicht nackt zu Tage lie-
gend, sondern verhüllt; wie die menschlichen Eigenschaften liegen sollen.« (MS 138, 25.2.49)

(25) Ernestine Engelmann an Wittgenstein, 24.12.1917

Brief.
I h r D i e n e r : Nicht ermittelt.

(26) Engelmann an Wittgenstein, 24.12.1917

Brief.

(27) Engelmann an Wittgenstein, 8.1.[1918]

Brief. Auf dem ersten Blatt des Briefbogens vermutlich von Wittgensteins Hand: »Armeekom-
mando/in/Feldpost II/An/das K u K Armeeoberkommando/A A«
Dieser Brief ist zwar von Engelmanns Hand mit 8.1.1917 datiert, doch hat sich dieser vermutlich in
der Datierung des Jahres geirrt, da im folgenden Brief vom 26.1.1918 Wittgenstein sich für einen
Brief Engelmanns vom 8.1. bedankt und auch inhaltlich Bezüge hergestellt werden können.
» S t a d i e n a u f d e m L e b e n s w e g « : Vgl. Sören Kierkegaard: *Stadien auf dem Lebens-
weg*. Mit Nachwort von Christoph Schrempf. Übersetzt von Christoph Schrempf und Wolfgang
Pfleiderer. Jena: Eugen Diederichs, 1914. Im Nachwort, S. 468, schreibt Christoph Schrempf über
Kierkegaards unglückliches Verhältnis zu Regine Olsen: »Er [Kierkegaard] schreibt den 17. Mai
1843 in sein Tagebuch: ›Hätte ich Glauben gehabt, so wäre ich bei ihr geblieben. Gott sei Lob und
Dank, daß ich das eingesehen habe.‹«

(28) Wittgenstein an Engelmann, 16.1.1918

Brief.

(29) Ernestine Engelmann an Wittgenstein, 22.2.1918

Brief.
s c h o n   l a n g e   n i c h t   d i r e k t : Trotz ausbleibender Nachrichten von Wittgenstein hatten
die Engelmanns wohl indirekt über Hermine Wittgenstein Informationen erhalten.
O b e r l .   F r e u n d : Möglicherweise Richard Freund, mit dem Wittgenstein um 1915 korres-
pondierte. Im Kriegsarchiv der Stadt Wien liegen Akten über einen Richard Freund, der 1878 in
Pilsen (Sudetengebiet) geboren wäre. Er ist als Apothekerassistent angegeben, der im Krieg beim
Militärkommando Prag zuständig war und zum Oberleutnant ernannt wurde (1.12.17?). Als letzter
ständiger Friedensaufenthalt wird Budweis in Böhmen angegeben (1916). Allerhöchste belobende
militärische Anerkennung. Wird als »ruhiger, sehr strebsamer, von Pflichtgefühl durchdrungener
unermüdlich tätiger« Offizier beschrieben.
Weiters liegen im Kriegsarchiv der Stadt Wien auch Akten über die folgende Person auf: Freund,
Richard: Geb. 6.2.1877, Grubmühl. Dipl.-Ing. 1914 war er in der Kaiserstr. 65/3 im VII. Wiener Gemeindebezirk gemeldet. Am 30.7.1919 heiratete er Helene Baderle (geb. am 4.1.1882 in
Olmütz). Am 2.11.1941 wurden Freund und seine Frau nach Litzmannstadt deportiert und später
für tot erklärt.
» d i e   S t ä t t e   [. . .]   b l e i b t   e i n g e w e i h t « : Zitat aus Goethe, *Torquato Tasso*, 1.
Aufzug, 1. Auftritt, Vers 80–82, hier heißt es richtig: »Die Stätte, die ein guter Mensch betrat, / Ist
eingeweiht; nach hundert Jahren klingt / Sein Wort und seine Tat dem Enkel wieder.«

(30) Ernestine Engelmann an Wittgenstein, 6.4.1918

Brief.
I h r e   l i e b e   K a r t e : Nicht ermittelt.
K a p e l l m e i s t e r   Z . : Fritz Zweig.
H e r r   H e i n i : Heini Groag.
H e r r   P a t e r : Dr. Friedrich Pater: Geb. 7.1.1891, Olmütz; gest. 27.6.1954, Haifa. Sohn einer
Olmützer Kaufmannsfamilie, der in Wien Philosophie studierte und sich dort später einige Jahre als
Hofmeister aufhielt. Seine erste Studie »Über Sprache und Kunst« schickte er Theodor Haecker,
der ihm seine Anerkennung als »Sproß der deutschen idealistischen Philosophie« ausdrückte und
die Studie an den *Brenner* vermittelte (*Der Brenner* 7/1922. 1. Bd., S. 121ff.). Auf Anregung des
damals führenden tschechischen Literaturkritikers und -wissenschaftlers in Prag, F.X. Šalda, wurde
die Studie in der Zeitschrift *Ruch filozofický* gedruckt, in tschechischer Übersetzung von O.F. Babler. 1923 trat Pater in die in Olmütz eben gegründete »Philosophengemeinschaft« ein. In Paters
Wohnung kamen in den Zwanziger- und Dreißigerjahren kunstliebende Intellektuelle zusammen,
die neue Werke der Weltliteratur (u.a. auch Rabindranath Tagore) lasen und diskutierten und aktiv
Kammermusik betrieben. – 1923 hielt Pater einen Vortrag über die »Theorie des Komischen«, der
die Thesen seiner Dissertation enthielt. In Paters Dissertation werden ästhetische Prinzipien und
Urteile unter religiösen, ethischen und psychologischen Gesichtspunkten behandelt. J.L. Fischer
schreibt über Paters Buch als ein »beredtes Dokument der jüdischen Religiosität aus der ersten
Hälfte dieses Jahrhunderts. [...] Hier ist wohl der Ursprung dessen zu suchen, was man als ›Ahas-
vertum‹ zu bezeichnen pflegt, das Gefühl anhaltender Wurzellosigkeit und das daraus sich ergebenden Suchens.« Fischer widmete seine Zeilen Pater als einer »typischen und dabei sonst unbekannten Erscheinung aus der Kulturgeschichte des böhmischen Judentums«. – Pater hatte Kontakt
zu Ludwig von Ficker und las regelmäßig den *Brenner*, den er – nach Kraus' Worten – als »einzig
ernstzunehmende deutsche Zeitschrift« bezeichnete; er bat Ficker, ein Exemplar an Engelmann zu
senden. – 1930 erschien Paters Buch *Eins und Alles*, das bereits früher entstandene Studien enthielt,
vor allem seine Theorie des Komischen. 1940 gelang es Pater, nach Palästina zu emigrieren; er lebte
dort in Haifa, blieb aber in brieflichem Kontakt mit Olmütz, insbesondere mit Babler. Ein Jahr vor

Paters Tod erschien sein letztes Werk »Auf dem Karmel. Meditationen über das Schöne« (In: *Der Brenner 18/1954*, S. 177ff.). Diese auf Weininger sich stützende Studie ist wiederum der Ästhetik gewidmet. (Vgl. Ludvík E. Václavek: »Der Engelmann-Kreis in Olmütz«. In: *Paul Engelmann. Architektur. Judentum. Wiener Moderne*)

Laut Forschungen von Christoph Leitgeb seien Engelmanns Interpretation von Wittgensteins *Tractatus* wie insgesamt seine Aufzeichnungen der Erinnerungen an Wittgenstein wesentlich durch die Ideen des »Olmützer Kreises« gefärbt, die wiederum in vielen Aspekten von den Ansichten Paters beeinflußt worden wären. (Vgl. »Engelmann erinnert sich nicht nur an Wittgenstein: Nationalitätenkampf, Assimilation und Philosophie in Olmütz nach dem ersten Weltkrieg.« In: *Mitteilungen aus dem Brenner-Archiv*, Nr. 17, 1998, S. 32–46.)

I h r e s F r ä u l e i n S c h w e s t e r : Hermine Wittgenstein.

(31) Wittgenstein an Engelmann, 9.4.1918

Feldpost.
Batterie Nr. 5
Gebirgsregiments Nr. 1
D r. H a h n : Nicht ermittelt.
G e b. K a n. B ¹¹.: Wittgenstein wurde im Frühjahr 1918 an die Südfront bei Asiago versetzt und vorübergehend einem Gebirgs-Artillerie-Regiment zugeteilt. Laut Grundbuchblatt befand sich Wittgenstein vom 10. März bis zum 10. Mai beim Stellungskrieg in Asiago, vom 10. Mai bis zum 25. Mai in Trient, im Juni in der Schlacht im Gebiet von Asiago.

(32) Engelmann an Wittgenstein, 28.5.1918

Brief.
d a s R e z e p t a u s T r i e n t : Entweder war Dr. Hahn zu der Zeit nicht mehr in Olmütz, sondern an der Südfront in Trient, oder es handelt sich um ein Verschreiben und sollte »das Rezept nach Trient« heißen.
Wittgenstein hatte zu der Zeit gesundheitliche Probleme und hielt sich eine Zeitlang im Krankenhaus von Bozen auf. Im Juli/August nahm er einen Erholungsurlaub (vgl. einen Brief Freges vom 12.9.1918 an Wittgenstein, worin er schreibt, daß eine von ihm vor längerer Zeit an Wittgenstein geschickte Feldpostkarte mit der Bemerkung »im Spital« wieder retourniert worden sei).

(33) Wittgenstein an Engelmann, 1.6.1918

Postkarte. Blauer Kopierstift.
Kanonenbatterie Nr. 1 des k. und k. Gebirgsartillerieregiments Nr. 11. Poststempel: 5.VI.18
B ü c h e r : nicht ermittelt.

(34) Wittgenstein an Engelmann, 14.7.1918

Ansichtskarte. Mit dem Vermerk: »Salzburg. Blick auf die Universitätskirche.« Poststempel fehlt.
n a c h W i e n : Wittgenstein hielt sich im Sommer 1918 längere Zeit im Hause seines Onkels Paul Wittgenstein in Hallein bei Salzburg auf, wo er die letzte Fassung der *Logisch-philosophischen Abhandlung* fertigstellte und damit die Arbeit der vorangegangenen sechs Jahre zum Abschluß brachte (vgl. *McGuinness*, S. 408). Die übrige Zeit seines Urlaubs verbrachte Wittgenstein in Wien und auf der Hochreith.

(35) Engelmann an Wittgenstein, 18.9.1918

Brief.
I h r M a n u s k r i p t : Wittgensteins *Logisch-philosophische Abhandlung*.
i m Ü b r i g e n : Unklar, ob groß- oder kleingeschrieben.

(36) Wittgenstein an Engelmann, 9.10.1918

Feldpostkarte. K. u. k. Gebirgsartillerieregiment. Poststempel 11. Okt. 1918.
a u s   l a n g e r   W e i l e : aus Langeweile
u n s e r e   Z e i t   a u f   d e r   H o c h r e i t : Offenbar ist Wittgenstein nicht nach Olmütz gefahren; hingegen war Engelmann in Wien und auf der Hochreith.
J a h o d a : Georg Jahoda: 1863–1926. Verleger. Er leitete gemeinsam mit Emil Siegel den Verlag und die Druckerei Jahoda & Siegel. Seit 1901 wurden alle Hefte der *Fackel* bei Jahoda & Siegel gedruckt. Nach Jahodas Tod am 24.11.1926 folgte ihm sein Sohn Martin nach.
In seinen Bemühungen, einen Verleger für seine *Logisch-philosophische Abhandlung* zu finden, wandte sich Wittgenstein zuerst an Jahoda.

(37) Wittgenstein an Engelmann, 22.10.1918

Feldpostkarte. Blauer Kopierstift.
K.u.k. Gebirgsartillerieregiment Nr. 11.
Kanonenbatterie Nr. 8
K u j o n : Veraltet für »Schuft«, »Quäler«.

(38) Wittgenstein an Engelmann, 25.10.1918

Feldpostkarte. Blauer Kopierstift.
K.u.k. Gebirgsartillerieregiment Nr. II. Kanonenbatterie Nr. 8
K r a u s : Karl Kraus: Geb. 28.4.1874, Jičin/Böhmen; gest. 12.6.1936, Wien. Schriftsteller, Herausgeber der *Fackel* (1899–1936). Schon vor dem Ersten Weltkrieg war Wittgenstein ein Bewunderer von Karl Kraus, dessen Schriften er sehr schätzte. Während seines ersten Aufenthaltes in Norwegen von Oktober 1913 bis Juni 1914 ließ er sich *Die Fackel* nachschicken.
Von Karl Kraus ist keine Stellungnahme zu Wittgensteins Arbeit bekannt.

(39) Ernestine Engelmann an Wittgenstein, 12.11.1918

Brief.
I h r e s   H e r r n   B r u d e r s : Kurt Wittgenstein: Geb. 1.5.1878, Wien; gest. 9.9.1918, italienischer Kriegsschauplatz. Kurt Wittgenstein wurde von seiner Schwester Hermine als »harmlos heiter veranlagt« beschrieben, der sich dem Willen seines Vaters beugte und von ihm zum Direktor einer Firma gemacht wurde. (Hermine Wittgenstein: *Familienerinnerungen*, S. 102f.) Im ersten Weltkrieg ging er freiwillig als Rittmeister der Reserve an die Front, obwohl ihm eine Stelle im Hinterland angeboten worden war. Er stand bis zum Kriegsende an der Piave und beging Selbstmord, als ihm seine Männer den Gehorsam verweigerten und desertierten.

(40) Engelmann an Wittgenstein, 3.4.1919

Feldpostkarte mit dem Vermerk: »Nicht zwischen die Zeilen schreiben!«
C a s s i n o : Nach der Gefangennahme seines Heeres in der Nähe von Trient am 3.11.1918 kam Wittgenstein zuerst in ein Lager bei Como, im Jänner 1919 in ein Kriegsgefangenenlager bei Monte Cassino, wo er bis zum ca. 20.8.1919 blieb.
I h r   M a n u s k r i p t : Es handelt sich dabei um die *Logisch-philosophische Abhandlung*, deren letzte Fassung Wittgenstein im Sommer 1918 im Haus seines Onkels Paul in Hallein bei Salzburg niedergeschrieben hatte (vgl. Kommentar zu Brief Nr. 34). Diese wurde dann in Wien in die Maschine diktiert und kopiert.

(41) Ernestine Engelmann an Wittgenstein, 12.4.1919

Brief. Der – soweit bekannt – einzige Brief von Ernestine Engelmann an Wittgenstein, der nicht in Kurrentschrift verfaßt ist – offenbar wegen der italienischen Zensur. Links oben die Initialen E E, darüber Stempel auf italienisch: P. I. 034. »Le cartoline vengono inoltrate piu sollecitamente delle lettere.«
P e t e r : Peter Engelmann: Geb. 21.5.1892, Olmütz; gest. 16.3.1939, Olmütz. Unter dem Namen Peter Eng war er als Karikaturist in Wien erfolgreich. Viele seiner oft scharfen Karikaturen sind in der Hitlerzeit verlorengegangen; erhalten geblieben sind u.a.: die *H. H. H. Porträts*, die 11 Porträt-karikaturen enthalten, die Mappe *Lache, Medusa*, die 12 Lithographien und 3 Sonderblätter enthält, mit einer Einführung von Erik Jan Hanussen, dem späteren Hitler-Hellseher. Hanussen spricht hier von seiner bereits seit 20 Jahren bestehenden Bekanntschaft mit Peter Eng, von der »grausamen Tragik« des Bilderbuches und von der inneren Verwandtschaft der Engelmannschen Bilder mit Andersens Märchen. Das karikaturistische Werk Peter Engs ist zumindest in einem österreichi-schen Periodikum dokumentiert – der literarisch-satirischen Zeitschrift *Die Muskete*, worin für die Jahre 1920/21 Karikaturen von Peter Eng und seiner Frau (die den Künstlerinnennamen Anna Eng führte) nachgewiesen werden. Karl Kraus betrachtete die *Muskete* mit kritischen Augen, er sah in ihr das »österreichische Leben selbst, jenes zeichnerische und humoristische Grauen« repräsen-tiert. Laut Wendelin Schmidt-Dengler sei die *Muskete* in den *Letzten Tagen der Menschheit* daher nicht von ungefähr so oft erwähnt. (Vgl. Ursula A. Schneider:»Vom ›Wittgensteinhaus‹ zum ›Café Techelet‹«. In: *Paul Engelmann. Architektur. Judentum. Wiener Moderne*. S. 115–154.)
Eine Zeitlang war Peter Eng Schriftleiter der *Berliner-Maler-Zeitung*. Er soll auch eine satirische Zeit-schrift mit dem Namen »Judol« herausgegeben haben. 1918 gab er eine Broschüre mit dem Titel »Die Welt als Unwille« heraus. Wie der Titel andeutet, setzt sich Peter Eng darin auf humoristische Weise mit der Philosophie Arthur Schopenhauers auseinander. Die darin enthaltenen Zeichnungen und Verse beziehen sich auf das Milieu und auf Gestalten von Olmütz, und vertreten alles Böse und Lächerliche, was man damals mit den Begriffen »Bourgeoisie« und »Patriziat« verbinden konnte. Doch finden sich auch Verse »weicher« Ironie, die sich dem damals aufkommenden Dada zu nähern scheinen.
Peter Eng trat auch öffentlich auf: Er hielt einen Radiovortrag über den Sinn der Karikatur, las Satiren und diskutierte Karikaturen. Außerdem spielte er sehr gut Klavier und komponierte eine Reihe von Chansons. 1919 heiratete er in Wien Anna Pölz; er lebte mehrere Jahre in Berlin und übersiedelte nach dem nationalsozialistischen Putsch nach Wien. Nach der Annexion Österreichs 1938 plante er, nach Israel zu gehen, verblieb dort aber nur für kurze Zeit und kehrte nach Olmütz zurück. Als im März 1939 die deutsche Wehrmacht in die Rest-Tschechoslowakei einrückte, nahm sich Peter Engelmann, gemeinsam mit seiner Frau, das Leben. Kurz nach ihrem Tod brachte die Post Dokumente, die ihnen die angesuchte Auswanderung in die USA ermöglicht hätten. (Vgl. Ludvík E. Václavek: »Der Engel-mann-Kreis in Olmütz«. In: *Paul Engelmann. Architektur. Judentum. Wiener Moderne*. S. 79–91). Am selben Tag, als Peter und Anna Engelmann Selbstmord verübten, nahmen sich noch fünf weitere Per-sonen, offensichtlich aus dem selben Grund, das Leben. Darunter war auch ein Mann namens Zweig – Mitglied der weitverzweigten Familie Zweig, die vor allem in Proßnitz/Prostejov ansässig war, von wo auch Stefan und Max Zweig stammten. (Auskunft von Ludvík E. Václavek)
z u r B e e n d i g u n g s e i n e s S t u d i u m s : Groag und Max Zweig reisten nach Wien, um sich für die letzten Prüfungen vorzubereiten, die sie schließlich in Prag absolvierten. (Vgl. Brief Nr. 47)
» D a s D e u t s c h e R e q u i e m « : Johannes Brahms: Ein Deutsches Requiem. Op. 45.
A n n y : Anny Engelmann.

(42) Wittgenstein an Engelmann, 24.5.1919

Feldpostkarte. Schwarze Tinte. <u>Tedesco.</u>
G r u n d g e s e t z e v o n F r e g e : Vgl. Gottlob Frege: *Grundgesetze der Arithmetik*. 2 Bde, Bd. 1: Jena: Pohlen, 1893; Bd. 2: Jena: Pohlen, 1903.
Gottlob Frege: Geb. 8.11.1848, Wismar; gest. 26.7.1925, Bad Kleinen. Philosoph. 1879–1918 Pro-fessor der Mathematik in Jena. Durch die »Begriffsschrift« wurde er zum eigentlichen Begründer

der modernen Logik. Frege sah in der Mathematik einen speziellen Zweig der Logik. Von der »Begriffsschrift« ausgehend, übte er großen Einfluß auf die mathematische Logik aus. Freges Neubegründung der philosophischen Semantik bestand in der Unterscheidung zwischen »Zeichen«, »Sinn« und »Bedeutung« von Eigennamen, Sätzen und Begriffen. Werke u.a.: *Die Grundlagen der Arithmetik* (1884); *Über Sinn und Bedeutung* (1892); *Grundgesetze der Arithmetik* (2 Bände, 1893/1903); *Logik* (1898); *Logik in der Mathematik* (1913).

Als Russell entdeckte, daß seine Gedankengänge in *The Principles of Mathematics* im wesentlichen bereits von Frege in dessen *Grundgesetze der Arithmetik* behandelt worden waren, fügte er seinem Buch einen Aufsatz mit dem Titel »The Logical and Arithmetical Doctrines of Frege« hinzu, worin er Freges Grundgesetze – ein bis dahin wenig beachtetes Werk – lobte.

Wittgenstein schätzte Freges *Grundgesetze der Arithmetik*, die für die Abfassung seines *Tractatus* eine wichtige Grundlage bilden sollten. Nach der Fertigstellung des *Tractatus* ließ Wittgenstein Frege eine Abschrift zukommen, worauf dieser jedoch mit wenig Verständnis reagierte. (Vgl. Freges Briefe an Wittgenstein vom 28.6.1919 und vom 30.9.1919; die Originale der Briefe Freges an Wittgenstein liegen im Brenner-Archiv, sie wurden in den *Grazer Philosophischen Studien*, Vol. 33/34, 1989, S. 5–33, von Allan Janik und Christian Paul Berger publiziert)

(43) Engelmann an Wittgenstein, 15.7.1919

Feldpostkarte mit dem Vermerk »Nicht zwischen die Zeilen schreiben!« Bei der Adresse »Wien«, »Italien« und »Casino, Prov. Caserta« mit Wellenlinien unterstrichen, »Casino« mit nur einem »s«.

(44) Wittgenstein an Engelmann, 25.8.1919

Brief ohne Umschlag. Schwarze Tinte.
»Wien« aller Wahrscheinlichkeit nach erst im nachhinein von Wittgenstein [?] vor der Datierung eingefügt.
W i e n : Obwohl das offizielle Datum seiner Entlassung aus der italienischen Kriegsgefangenschaft und der österreichischen Armee mit 26.8.1919 angegeben ist, war Wittgenstein wahrscheinlich schon am 25.8. in Wien. Am 26.8. präsentierte er sich bei der Heimkehrer-Zerstreuungsstation in Wien-Hietzing. Auf dem Heimkehrer-Präsentierungsblatt (Wien, Kriegsarchiv) ist in der Sparte Zivilberuf »student« eingetragen.

(45) Engelmann an Wittgenstein, 28.8.1919

Ernestine Engelmann an Wittgenstein
Brief. Ein Schreiben von Ernestine Engelmann im selben Brief.
» w e r t e n « : unklar, ob nicht »verehrten«.

(46) Wittgenstein an Engelmann, 2.9.1919

Brief ohne Umschlag. Schwarze Tinte.
e r g r e i f e   i c h   e i n e n   B e r u f : Nach der Rückkehr aus der Gefangenschaft führte Wittgenstein seinen Entschluß, ein neues Leben zu beginnen, durch: er entledigte sich seines ererbten Vermögens und vermachte dieses seinen Geschwistern, mit Ausnahme von seiner Schwester Gretl, die durch ihre Heirat mit dem Amerikaner Jerome Stonborough im Verhältnis zu den anderen sehr vermögend war. Wohl unter dem Einfluß der Lektüre von Tolstois *Kurze Darlegung des Evangelium*, sehnte sich Ludwig danach, ein einfaches, arbeitsames Leben zu führen; dazu schien ihm der Beruf eines Volksschullehrers auf dem Lande geeignet. Vom 16.9.1919 bis Juli 1920 besuchte er den vierten Jahrgang der Staatslehrerbildungsanstalt in der Kundmanngasse in Wien, III, um sich zum Volksschullehrer ausbilden zu lassen.
v e r s c h m o c k t : Bedeutet soviel wie überelegant, aber oberflächlich, degeneriert, übertrieben auf Äußerlichkeiten bedacht. Vgl. den Ausdruck »Schmock« für »gesinnungsloser Zeitungsschreiber«. (Vgl. »Schmockerei« in Brief Nr. 79)

»Kunstamt«: Vgl. »Richtlinien für ein Kunstamt«. Herausgegeben von Adolf Loos. Wien: Verlag Richard Lanyi, 1919. Diese Schrift wird zusammen mit »Architektur«(1910) als das theoretische Hauptwerk von Adolf Loos betrachtet.

Vgl.: Adolf Loos: *Der Staat und die Kunst*. Aus dem Vorwort zu den »Richtlinien für ein Kunstamt« (1919):

»[...] Der heilige Geist offenbart sich der Menschheit als der große Mensch« und die »Sünde wider den heiligen Geist« sei unsühnbar, »keine noch so tätige Reue könnte die Schmach tilgen, wenn man den Geist, oder seine Inkarnation, van Beethoven, gehindert hätte, die Neunte Symphonie zu schreiben.« [...] »Der Mensch stellt sich dem heiligen Geiste, dem sanctus spiritus, dem schaffenden Geiste, dem creator spiritus, feindlich entgegen.« Er wünscht Ruhe und haßt den »Künstlermenschen, der ihm die liebgewordenen Anschauungen durch neue verdrängen will.« [...] »Der Staat hat daher die Pflicht, das Volk dem Künstler möglichst nahezubringen. Eine andere Art der Kunstfürsorge kann der Staat nicht leisten. Keinem Sterblichen ist es gegeben, den Künstlermenschen, der mit uns lebt, zu erkennen. Der Einzelne darf sich irren – dem Staate müßte ein Irrtum als Sünde wider den heiligen Geist angerechnet werden.« (Nachlaß Ludwig von Ficker, 69/38-4)

Trotz der gegenseitigen Entfremdung und dem nachfolgenden Zerwürfnis aufgrund ihrer unterschiedlichen Charaktere haben Wittgenstein und Loos ihren Kontakt aber nie völlig abgebrochen. Loos widmete Wittgenstein im September 1924 ein Exemplar von *Ins Leere gesprochen* mit folgenden Worten: »Für Ludwig Wittgenstein dankbar und freundschaftlichst, dankbar für seine Anregungen, freundschaftlichst in der Hoffnung, das er dieses Gefühl erwiedert [sic!].« (Faksimile in *Nedo*, S. 204) Von Wittgenstein wiederum ist eine Postkarte erhalten, die er Loos im September 1925 aus Otterthal, dem Ort seiner damaligen Volksschullehrertätigkeit, nach Paris schickte.

Braumüller: Wilhelm Braumüller, Verleger in Wien, Servitengasse 5. Braumüller war der Verleger von Otto Weininger. Nachdem Wittgenstein bei Jahoda erfolglos war, wandte er sich mit dem Manuskript seiner Arbeit an Braumüller. (Vgl. dazu seinen Brief an Russell vom 30. August 1919 in *Briefe*, S. 91)

(47) Max Zweig an Wittgenstein, 11.9.1919

Brief. Oben die Initialen »M.Z.« vorgedruckt.

die letzten Prüfungen: Entgegen seinen Neigungen hatte Max Zweig dem Wunsch seines Vaters gemäß im Herbst 1910 ein Jusstudium begonnen und vor dem Krieg die erste Staatsprüfung abgelegt. Der Ausbruch des Krieges hinderte ihn daran, das Rigorosum über das bürgerliche Recht abzulegen. Erst nach dem Krieg konnte er sein ohnehin ungeliebtes Studium wieder aufnehmen und fand in der Vorbereitung für die letzten Prüfungen in Heinrich Groag einen idealen Freund und Studienkollegen, der sich auf dieselben Prüfungen vorzubereiten hatte, sich aber wesentlich leichter tat. Die beiden reisten Anfang 1919 nach Wien, um sich für die letzten Prüfungen vorzubereiten, die sie dann in Prag ablegten, da Groag beabsichtigte, sich später in einer der großen Städte der Tschechoslowakei als Advokat niederzulassen, was er dann auch getan hat. Der Stoff für diese Prüfungen umfaßte das Öffentliche Recht, und mit Groags Hilfe gelang es Max Zweig, im Vorfrühling 1920 an der Deutschen Universität in Prag zum Dr.jur. promoviert zu werden. (Vgl. Max Zweig, *Lebenserinnerungen*, S. 54ff. und S. 80ff.)

(48) Wittgenstein an Engelmann, 25.9.1919

Brief ohne Umschlag. Tinte.

Lehrer: Vom 16. September 1919 bis Juli 1920 besuchte Wittgenstein die Lehrerbildungsanstalt in der Kundmanngasse im III. Bezirk Wiens. Von September 1920 bis April 1926 arbeitete er als Volksschullehrer in den Dörfern Trattenbach, Puchberg und Otterthal in Niederösterreich.

Wanicek: Nach der Rückkehr aus der Gefangenschaft wohnte Wittgenstein zunächst in der Alleegasse, später bei Frau Wanicek in der Unteren Viaduktgasse 9, Wien III. Ende Oktober übersiedelte er zu Frau Mima Sjögren nach Hietzing, St. Veitgasse 17, Wien XIII. Nach seinem Weggang von der Familie Sjögren (vor dem 23.3.1920) wohnte er kurzfristig bei Ludwig Hänsel, ab Anfang April bei Herrn Zimmermann in der Rasumofskygasse 24 im III. Bezirk.

(49) Engelmann an Wittgenstein, 3.10.1919

Brief.
W o h n u n g s e i n r i c h t u n g : Nicht ermittelt.

(50) Engelmann an Wittgenstein, 7.11.[1919]

Brief.
Obwohl der Brief von Engelmann mit 7.11.1918 datiert ist, scheint es sich um das Jahr 1919 zu handeln. Vgl. den Inhalt dieses Briefes mit den Briefen Nr. 45 und Nr. 49.

(51) Wittgenstein an Engelmann, 16.11.1919

Brief. Tinte.
Auch aus diesem Brief geht der inhaltliche Bezug zu Brief Nr. 50 hervor, der offensichtlich von Engelmann fälschlicherweise mit 7.11.1918 anstatt mit 7.11.1919 datiert ist.

(52) Engelmann an Wittgenstein, 24.11.1919

Brief.
H i e t z i n g : Stadtteil von Wien im XIII. Bezirk, wo Wittgenstein damals wohnte. Das Stadthaus der Familie Wittgenstein lag in der Alleegasse, heute Argentinierstraße, im IV. Bezirk.

(53) Wittgenstein an Engelmann, 27.11.1919

Brief.
S c h e r e r e i e n   m i t   m e i n e m   B u c h : Damit meinte Wittgenstein die Schwierigkeiten, auf die er in seiner Suche nach einem Verleger für sein Buch, die *Logisch-philosophische Abhandlung*, stieß. Zu dieser Zeit hatte er Probleme mit Ludwig von Ficker, dem Verleger des *Brenner*.

(54) Wittgenstein an Engelmann, 15.12.1919

Brief. Tinte.
Am Briefkopf vorgedruckt die Adresse des Hotel-Restaurants Pomona in Den Haag sowie auch »Den Haag« vor dem von Wittgensteins Hand eingefügten Datum.
»Besten Gruß Arvid Sjögren« von Arvids Hand.
R u s s e l l : Bertrand Russell: Geb. 18.5.1872, Chepstow/Trelleck (Monmouthshire); gest. 2.2.1970, Plas Penrhyn bei Penrhyndendraeth (Wales); Mathematiker und Philosoph; 1910–1916 Dozent am Trinity College, Cambridge; 1916 vor Gericht gestellt wegen Aufforderung zur Kriegsdienstverweigerung. 1918 wieder vor Gericht gestellt und wegen aufwieglerischer Bemerkungen für sechs Monate inhaftiert (»for prejudicing His Majesty's relations with the US of America«). Trat nach dem Zweiten Weltkrieg öffentlich gegen eine atomare Rüstung, später auch gegen die amerikanische Beteiligung am Vietnamkrieg und gegen die Intervention der Warschauer-Pakt-Staaten in der Tschechoslowakei auf. 1950 Nobelpreis für Literatur. In der mathematischen Grundlagenforschung ist Russell einer der Hauptvertreter des Logizismus. Die philosophischen Grundlagen für die Reduktion der Mathematik auf reine Logik hatte Russell im Anschluß an seine Entdeckung der Russellschen Antinomie und deren Erörterung mit Frege geschaffen. Seine Analyse der logischen und semantischen Antinomien führte ihn zu verschiedenen Formulierungen seines Vicious-Circle-Principle und der darauf aufbauenden Typentheorie. Dabei stehen neben mathematischen und logischen auch sprachphilosophische Überlegungen. Werke: *Principia Mathematica* (1910–13; zusammen mit A.N. Whitehead), *Probleme der Philosophie* (1912), *Grundlagen für eine soziale Umgestaltung* (1916), *Mystik und Logik* (1918), *Einführung in die mathematische Philosophie* (1919), *Religion and science* (1935), *Philosophie des Abendlandes* (1946), *Das menschliche Wissen* (1948), *Mein Leben* (1967–1969).

Wittgenstein lernte Russell im Oktober 1911 kennen, als er, angeblich auf Anraten Gottlob Freges, nach Cambridge kam, um bei Russell zu studieren. Zu der Zeit hatte Russell gerade nach einer Arbeit von zehn Jahren sein Werk *Principia Mathematica* (gemeinsam mit A.N. Whitehead) beendet und stand vor einer Wende in seinem Leben – in philosophischer wie auch in persönlicher Hinsicht.

G e h o r s a m s t : Unklar, ob klein- oder großgeschrieben.

A r v i d   S j ö g r e n : Geb. 17.4.1901, Donawitz/Kreis Leoben; gest. 8.3.1971, Wien. Mechaniker und Kaufmann. Arvid war einer der drei Söhne von Carl und Mima Sjögren; Wittgenstein war mit Arvid befreundet und unternahm mit ihm mehrere Reisen. Er riet Arvid, anstelle eines Studiums einen einfachen Beruf zu ergreifen und so wurde dieser Mechaniker. Er heiratete später Clara Salzer, eine Tochter von Wittgensteins Schwester Helene, und hatte mit ihr fünf Kinder.

Arvid reiste mit Wittgenstein nach Den Haag, und während Wittgenstein und Russell den *Tractatus* diskutierten, schlief Arvid auf dem Fußboden ein. (Mitteilung von John Stonborough an die Herausgeberin, 14.11.1992)

(55) Wittgenstein an Engelmann, 29.12.1919

Brief. Tinte.

(F a l l s : Die zweite Klammer mit »Da« überschrieben.

R e k l a m : Reclam Verlag, gegründet 1828 von Anton Philipp Reclam in Leipzig, 1837 in Philipp Reclam jun. umbenannt. 1950 wurde der Leipziger Betrieb unter Treuhandverwaltung der DDR-Behörden gestellt, nachdem 1947 die Reclam-Verlag GmbH in Stuttgart gegründet worden war.

(56) Engelmann an Wittgenstein, 31.12.1919

Brief.

» P r e u ß i s c h e n   J a h r b ü c h e r « : *Preußische Jahrbücher*: Monatsschrift national-liberaler Prägung, gegründet 1858. 1866–89 war H. von Treitschke, 1889–1919 H. Delbrück Hrsg. 1935 wurde die Zeitschrift eingestellt. Der Aufsatz »Quo vadis? Eine Entgegnung« von Ferdinand Jakob Schmidt erschien im November 1919. (Vgl. *Preußische Jahrbücher*. Hrsg. von Hans Delbrück. 178. Band. Oktober bis November 1919. Berlin: Verlag von Georg Stilke, 1919. S. 303–309. Heft II.) In diesem Aufsatz schreibt F.J. Schmidt eine kritische Entgegnung auf den im Oktoberheft der Preußischen Jahrbücher erschienenen Aufsatz »Gott, Mensch und Christus« des Dortmunder Pfarrers L.W. Schmidt. Dieser hätte u.a. darin behauptet, daß Christus vielen Menschen den Zugang zu Gott verhindere. Dies sei die Folge der Lehre der Dogmatiker von der Person Christi, insbesondere die des Johannes-Evangeliums, das man aus dem Neuen Testament am besten entfernen sollte. Die christliche Dogmatik sei im Grunde eine Wiedererzählung der Sage von Lucifer. F.J. Schmidt entgegnet nun in seinem Aufsatz, daß Religionen nur durch eine Offenbarung des Göttlichen, nicht aber durch eine phantasievolle Erhebung des natürlichen Menschen zum Durchbruch gekommen seien, wie der Dortmunder Pfarrer am Beispiel der Jesusanbetung zu zeigen versuchte. Für F.J. Schmidt hingegen ist die in der Christusgestalt objektivierte, allgemein gültige Menschwerdung des Unbedingten der konkrete Mittelpunkt der christlichen Gottesanbetung, ohne die eine bloße Jesusverehrung wieder auf den Standpunkt eines nur phrasenhaft verhüllten Götzendienstes herabsinken würde.

D^r H e l l e r : Nicht ermittelt.

(57) Wittgenstein an Engelmann, 9.1.1920

Brief. Tinte.

V i k t o r   L a u t s c h : Laut Auskunft von Heinrich Groag soll Viktor Lautsch dem Olmützerkreis bekannt gewesen sein. Näheres nicht ermittelt.

a n k a h m : ankam.

(58) Engelmann an Wittgenstein, 16.1.1920

Postkarte.
Poststempel »Olomouc«, Datum nicht lesbar.
Im Brief das Datum von fremder Hand?

(59) Engelmann an Wittgenstein, 17.1.1920

Brief.
B r i e f   v o n   D ʳ   H e l l e r : Nicht ermittelt.

(60) Engelmann an Wittgenstein, 24.1.1920

Brief.
S t a r e t z   S o s s i m a : Vgl. Fjodor M. Dostojewski: *Die Brüder Karamasoff.* Erschienen 1879/80. Vgl. die Ausgabe von 1908: *Die Brüder Karamasoff.* Roman in zwei Bänden. Übersetzung von E. K. Rahsin. München, Leipzig: R. Piper und Co., 1908.
Staretz Sossima steht in dem Roman für den »geistigen Vater, Symbol des Opfers und der Auferstehung« – im Gegensatz zu Fjodor Karamasoff, der für den »biologischen Vater, Pol der Zeugung und des Todes« steht. Sossima verkündet eine ekstatische spirituelle Erfahrung: die Unsterblichkeit der Natur des Menschen und die Göttlichkeit der Welt. Seine Gewißheit, daß das Sein eine Einheit ist, führt ihn zu der Erkenntnis: »Alle sind an allem schuld« und zur Praxis der »werktätigen Liebe« als einem Weg zur Verwirklichung selbstloser Freiheit.

(61) Wittgenstein an Engelmann, 26.1.1920

Brief. Tinte.
i n   e i n e m   m i r   s c h r e c k l i c h e n   Z u s t a n d : Wittgenstein litt zu dieser Zeit u.a. unter den »Verhältnissen zu seinen Mitmenschen«, wie er sich in einem Brief vom 16.1.1920 an Ludwig Hänsel ausdrückte. Damit könnte die Situation im Hause der Familie Mima Sjögren gemeint sein, wo er damals wohnte, denn er erwog im selben Brief an Hänsel den Gedanken eines Wohnungswechsels, den er dann auch durchführte. (Vgl. den Brief vom 19.2.1920 an Engelmann)
a n   F i c k e r : Vermutlich im November 1919 schrieb Wittgenstein zwei Briefe an Ludwig von Ficker, in denen er Sinn und Inhalt seines Werkes kurz schilderte und den Wunsch äußerte, dieses im *Brenner* veröffentlichen zu lassen. (Vgl. *Briefe an Ludwig von Ficker*, S. 32–36. Siehe auch das Nachwort von Brian McGuinness.)
F i c k e r : Ludwig von Ficker: Geb. 13.4.1880, München; gest. 20.3.1967, Innsbruck. Herausgeber und Verleger des *Brenner.* Zahlreiche Kontakte mit Schriftstellern und Künstlern, die u.a. Beiträge für den *Brenner* lieferten.
Zur ersten Begegnung Wittgensteins mit Ludwig von Ficker kam es am 23.7.1914 in Wien. Anlaß dazu war Wittgensteins Entschluß, eine Summe seines ererbten Vermögens Ludwig von Ficker zu überweisen, mit der Bitte, diese an »unbemittelte österreichische Künstler« nach seinem »Gutdünken zu verteilen.« Grund für Wittgensteins Entscheidung waren die Worte, die Ficker über Karl Kraus schrieb und, u.a., die Worte Karl Kraus' über den *Brenner* in der *Fackel*, Nr. 368/369, 5.2.1913, S. 32: »Daß die einzige ehrliche Revue Österreichs in Innsbruck erscheint, sollte man, wenn schon nicht in Österreich, so doch in Deutschland wissen, dessen einzige ehrliche Revue gleichfalls in Innsbruck erscheint.«
Während des Krieges und auch danach bis zum 26.1.1920 korrespondierten Wittgenstein und Ficker häufig miteinander; es sind 48 Briefe erhalten, die sich im Brenner-Archiv befinden.
Auf Anregung Fickers schickte Wittgenstein ihm [vermutlich Ende Oktober/Anfang November 1919] ein Manuskript des *Tractatus*, das im *Brenner* veröffentlicht werden sollte (Vgl. Ludwig von Ficker: *Briefwechsel 1914–1925.* Briefe Nr. 463, 466 und 468). Ficker befand sich zu dieser Zeit in großen finanziellen Schwierigkeiten und bat daher Rainer Maria Rilke, in Deutschland einen geeigneten Verlag ausfindig zu machen: »Er [Wittgenstein] hat mir eine ›Logisch-Philosophische

Abhandlung‹, die ich bedeutend finde – einen Extrakt letzter Erkenntnisse, fußend auf den Forschungen seines Freundes, des englischen Philosophen Bertrand Russell – mit dem Ersuchen gesendet, sie wenn irgend möglich (sie umfaßt im Manuskript kaum sechzig Seiten) in meinem Verlag zu publizieren. Nun sind aber der Bewegungsfreiheit meines Unternehmens äußerlich so enge und innerlich so bestimmte Grenzen gezogen, daß ich bei aller persönlichen Bereitschaft, jede andere Erwägung in diesem Falle hinter die rein menschliche zurückzustellen, unter den gegenwärtigen, so drückenden Verhältnissen das Risiko nicht werde auf mich nehmen können.« (Ficker an Rainer Maria Rilke, 2.11.1919, *Briefwechsel 1914–1925*, Nr. 469). Am 16.1.1920 mußte Ficker endgültig absagen: »Mit oder ohne Russell: Die Drucklegung Ihrer Abhandlung ist unter den gegenwärtigen Verhältnissen ein Wagnis, das in Österreich heute *kein* Verleger auf sich nehmen kann. Am wenigsten ich, der ich mir schon mit meiner Zeitschrift keinen Rath mehr weiß.« (Ficker: *Briefwechsel 1914– 1925*, Nr. 493)
B r e n n e r : Von Ludwig von Ficker begründete Zeitschrift, die von 1910 bis 1954 in Innsbruck herausgegeben, während des Krieges, zwischen 1915 und 1919, eingestellt und während der Zeit des Nationalsozialismus verboten wurde. – Bis zum Ersten Weltkrieg mit deutlicher Anlehnung an die *Fackel* als Blatt der literarischen Avantgarde geführt, in dem – teilweise mit scharfer Zeitkritik – Autoren wie Carl Dallago, Hermann Broch, Theodor Haecker, Adolf Loos, Georg Trakl, Theodor Däubler und Else Lasker-Schüler zu Wort kamen. – Nach dem Krieg heftige Auseinandersetzungen um die Möglichkeit eines Lebens im christlichen Geiste, nachdem die Kirchen die Waffen aller kriegsführenden Nationen gesegnet und dadurch massiv an Glaubwürdigkeit verloren hatten. Anders als in der Vorkriegszeit wurden sie von nur wenigen Mitarbeitern geführt, die der Herausgeber in einer »Strategie« der Konfrontatoren einsetzte, um dem Leser letztlich die Entscheidung zu überlassen. Einer Gruppe von Autoren, die – wie etwa Carl Dallago – ähnlich Tolstoi an Christus vor allem die Vorbildhaftigkeit eines reinen Menschentums erkannten, standen Theodor Haecker mit einer an Kierkegaard und Kardinal Newman orientierten katholischen Orthodoxie und Ferdinand Ebner mit seiner auf den Prolog des Johannes-Evangeliums bezogenen »Pneumatologie des Wortes« gegenüber.

(62) Wittgenstein an Engelmann, 19.2.1920

Brief.
V e r h ä l t n i s s e : Damit könnten wiederum Wittgensteins Probleme während seines Aufenthaltes bei Frau Mima Sjögren gemeint sein (vgl. Brief Nr. 61 vom 26.1.1920); doch auch in der Lehrerbildungsanstalt fühlte er sich nicht wohl und litt darunter, als Dreißigjähriger wieder in der Schulbank sitzen zu müssen (vgl. Brief Nr. 48 vom 25.9.1919).
M ä r c h e n : Wie aus einem Brief Ludwig Hänsels [vor dem 18.10.1920] hervorgeht, hatte sich Wittgenstein von ihm während seiner späteren Lehrtätigkeit in Trattenbach 50 Grimm-Märchen und das Schatzkästlein von Hebel für seine Schüler besorgen lassen. Später (am 30.11.1920) bestellte er noch 16 Stück »30 deutsche Sagen von Grimm«, 16 St. »Gullivers Reise nach Lilliput«, 16 St. »Reisen Münchhausens zu Lande«, 16 St. »Auswahl aus dem Schatzkästlein«, 16 St. »Der Kalif Storch« und »Der kleine Muck«, 16 St. »Fabeln von Lessing, Gellert und Hebel« sowie 4 St. »2 Legenden von Tolstoij«. (Vgl. *Hänsel*, S. 36 und 39).
m i e s : Umgangssprachlich: miserabel, schlecht. Vgl. Brief Nr. 64, wo Wittgenstein »mieß« schreibt.

(63) Wittgenstein an Engelmann, [14.4.1920]

Brief.
Unklar, ob mit 24. oder 14. datiert; sieht aber eher wie eine Überschreibung der 2 mit 1 aus.
R u s s e l l s   E i n l e i t u n g : Vgl. dazu Wittgensteins Brief an Russell vom 9. April 1920: »Besten Dank für Dein Manuscript. Ich bin mit so manchem darin nicht ganz einverstanden; sowohl dort, wo Du mich kritisierst, als auch dort, wo Du bloß meine Ansicht klarlegen willst. Das macht aber nichts. Die Zukunft wird über uns urteilen. Oder auch nicht – und wenn sie schweigen wird, so wird das auch ein Urteil sein. – Die Einleitung wird jetzt übersetzt und geht dann mit der Abhandlung zum Verleger. Hoffentlich nimmt er sie!« (*Briefe*, S. 109f.)

Als Wittgenstein dann die deutsche Übersetzung von Russells Einleitung las, entschied er sich gegen eine Veröffentlichung, da die »Feinheit« von Russells englischem Stil in der Übersetzung verloren gegangen und nur mehr »Oberflächlichkeit und Mißverständnis« übrig geblieben wären. (Vgl. seinen Brief an Russell vom 6. Mai 1920, *Briefe*, S. 110f. Vgl. auch *Cambridge Letters*, S. 153)

W o h n u n g s w e c h s e l : Bezieht sich auf Wittgensteins Aufenthalt bei Frau Hermine (Mima) Sjögren in der St. Veitgasse 17 im XIII. Wiener Bezirk. Mima Sjögren (geb. Bacher, 1871–1965) war die Witwe eines schwedischen Ingenieurs, der als Direktor an einem von Karl Wittgensteins Walzwerken tätig gewesen war. Mima war mit Ludwigs Schwestern befreundet und Ludwig selbst mit Arvid, einem ihrer drei Söhne. Wittgenstein wohnte bei Frau Sjögren von Ende Oktober 1919 bis zum März 1920. Vgl. Mima Sjögren an Wittgenstein, 23.3.1920 (Abschrift im Brenner-Archiv): »Ludwig mußte denn das sein ging es nicht anders? Warum mußten Sie fort von uns, die wir Sie so lieb haben. Sie, der doch immer sagt, alles kann man leichter entbehren als Liebe. [...] Wars wegen Arvid? Aber selbst da, wenn Sie nicht mehr das in ihm fanden, was Sie früher hofften, hätten Sie doch bleiben können. Ich denke und denke und verstehe es nicht, weiß nur, daß es furchtbar traurig ist. Wenn Sie wenigstens durch die Trennung glücklicher würden, dann wäre ich zufrieden, wenns auch schwer fiele. Aber Ludwig ich fürchte Sie quälen sich umsonst. Wie gerne würde ich Ihnen helfen alles für Sie tun nur froh sollen Sie sein. Ich mache mir solche Vorwürfe daß ich Sonntag wie ich Ihnen adieu sagte mich durch Ihr abwesendes ›o nichts ist mir‹ abweisen ließ, daß ich nicht noch eindringlicher zu Ihnen gesprochen; ich bin überzeugt, Sie wären von Ihrem Vorsatz abgekommen, aber ich wollte Ihnen nicht wieder lästig fallen und ging weg, aber mit einem schweren Gefühl noch auf d. Straße wäre ich am liebsten umgekehrt. Wie denken Sie denn weiter sichs einzurichten? Bleiben Sie bei Hänsels oder nehmen Sie wieder ein Zimmer?« Kurz danach ist Wittgenstein wieder umgezogen. (Vgl. Wittgenstein an Russell vom 9.4.1920 in *Briefe*, S. 109f.)

(64) Wittgenstein an Engelmann, 8.5.1920

Brief. Tinte. Datierung von fremder (Engelmanns?) Hand.
P r ü f u n g : Wahrscheinlich handelt es sich um die Abschlußprüfung, die Wittgenstein im Zuge seiner Ausbildung zum Lehrer an der Lehrerbildungsanstalt ablegen mußte. Aufgrund seiner Reifeprüfung an der Staatsrealschule Linz mußte er nur mehr die Fächer Pädagogik, Spezielle Methode und praktische Übungen, Hygiene, Landwirtschaftslehre, Schönschreiben, Singen, Orgel- und Geigenspiel absolvieren, um zum Volksschullehrer ausgebildet zu werden. Das Zeugnis erhielt er am 7.7.1920.
m i e ß : mies: Vgl. Brief Nr. 62.

(65) Wittgenstein an Engelmann, 30.5.1920

Brief. Tinte.
N i e d e r i g k e i t : Niedrigkeit.

(66) Engelmann an Wittgenstein, 19.6.1920

Brief.
Z e r s p l i t t e r u n g   m e i n e r   I n t e r e s s e n : Nicht klar leserlich, könnte auch »meines Interesses« heißen.
W i e s e n b e r g : Kleine Ortschaft im Nordwesten von Olmütz.
M ä h r i s c h = S c h ö n b e r g : Ort in Schlesien, etwas südlicher als Wiesenberg gelegen. Tschechisch »Šumperk«.
» e i n   B e t r ü b t e r ,   d e r   a n d e r n   F r e u d e   m a c h t « : Nicht ermittelt.

(67) Wittgenstein an Engelmann, 21.6.1920

Brief. Tinte. Datierung von fremder (Engelmanns?) Hand in Bleistift: 21.VI.20.

(68) Wittgenstein an Engelmann, 19.7.1920

Brief. Schwarze Tinte.
G ä r t n e r g e h i l f e : Wittgenstein arbeitete während der Schulferien im Sommer von ca.
Mitte Juli bis 23. August als Gärtnergehilfe im Stift Klosterneuburg bei Wien beim »Obergärtner
Boldrino«. (Vgl. Wittgensteins Brief an Ludwig Hänsel, in: *Hänsel*, Brief Nr. 22, S. 28)

(69) Wittgenstein an Engelmann, 20.8.1920

Brief. Tinte.
Datierung von fremder (Engelmanns?) Hand in Bleistift: 20.VIII.1920
Z e i t u n g s a u s s c h n i t t : Bezieht sich auf den Artikel »Eine Schule der Weisheit«, der im
Abendblatt der *Neuen Freien Presse* vom 6.8.1920 erschienen ist. Darin heißt es u.a.: »Graf Her-
mann Keyserling, der Verfasser des ›Reisetagebuch eines Philosophen‹, zeigt in seiner neuen Schrift
›Was uns not tut – Was ich will‹ wie Weisheit, nicht Wissen allein uns retten kann und fordert als
gleichwertig neben Kirche und Universität eine Heimstätte für die Weisheit. Die Bedeutung dieses Gedankens und die dringende Notwendigkeit seiner Verwirklichung ist sofort erkannt worden:
Die Freunde der Keyserlingschen Philosophie haben sich in der Gesellschaft für freie Philosophie
zusammengeschlossen, um die Forderung des Grafen Keyserling in die Tat umzusetzen. Der Groß-
herzog Ernst Ludwig von Hessen hat durch eine namhafte Stiftung und indem er die erforderlichen
Räume zur Verfügung stellte, die erste Grundlage geschaffen, die sich durch weitere Stiftungen
schon so weit gefestigt hat, daß das Unternehmen auch wirtschaftlich gesichert ist. Graf Keyserling
ist somit in der Lage, in der von ihm erschaffenen und geleiteten S c h u l e   d e r   W e i s h e i t
eine freie Lehrtätigkeit zu entfalten und der Verwirklichung seines Zieles zu leben: der Wiederver-
knüpfung von Geist und Seele, der wechselseitigen Durchdringung von Lebensinhalt und Lebensform, der Verbreitung weltmännischer Erziehung in Deutschland. Die Schule der Weisheit wird
aber kein festumschriebenes Lehrprogramm aufstellen, denn sie ist nicht auf ein ›Können‹, sondern
auf das ›Sein‹ eingestellt. Der menschlichen Vollendung als solcher will sie dienen. Da das ernsteste Problem unserer Zeit die Erziehung der Erzieher ist, so sollen wertvolle Persönlichkeiten mit
Führereigenschaften eingeladen werden, für einige Zeit in unmittelbarem Gedankenaustausch mit
dem Grafen Keyserling zu leben.«
a u f   e i n e n   B r i e f : Nicht ermittelt.

(70) Paul und Ernestine Engelmann an Wittgenstein, 31.8.1920

Brief.
P h o t o g r a p h i e n : Nicht ermittelt.

(71) Wittgenstein an Engelmann, 11.10.1920

Brief. Tinte.
F o r m a t : Doppelter Briefbogen, braunes, liniertes Papier, die erste Seite davon oben fast zur
Hälfte abgeschnitten, dann beginnt der Text. Die ersten fünf Zeilen (bis »jemand anderem«) sind
unterstrichen.
T r a t t e n b a c h : Ortschaft in Niederösterreich, südlich von Wien.
Wittgenstein hatte die ihm vom Landesschulrat zugewiesene Stelle in Maria Schutz am Semmering
abgelehnt, weil ihm dort – wie Leopold Baumruck erzählte – zu wenig »ländliche Verhältnisse«
waren. (Vgl. Kurt Wuchterl, Adolf Hübner: *Ludwig Wittgenstein*. Reinbek bei Hamburg: Rowohlt,
1979. S. 89f.) Paul Wittgenstein erwähnt in einem Brief vom 17.11.1920 an Ludwig Wittgenstein
eine Stelle in Reichenau (am Semmering), die Wittgenstein ausgeschlagen hätte, um nicht als ein
Mitglied der Familie Wittgenstein erkannt zu werden. Es gibt allerdings keine weiteren Belege für
diesen Sachverhalt.
In Trattenbach im Feistritztal wohnte Wittgenstein zunächst in einem Nebengebäude des Gasthau-
ses »Zum braunen Hirschen«, übersiedelte kurzzeitig zu seinem Lehrerkollegen Georg Berger und

bewohnte später eine Dachkammer im Haus des Kaufmanns Scheibenbauer. Wittgenstein war in Trattenbach von Herbst 1920 bis zu Beginn der Schulferien des Jahres 1922 als Volksschullehrer tätig.

N a t h a n d e m W e i s e n : Vgl. *Gotthold Ephraim Lessings sämtliche Schriften.* Herausgegeben von Karl Lachmann. Stuttgart: G. J. Göschen'sche Verlagsbuchhandlung, 1887. Dritter Band. *Nathan der Weise*. Ein Dramatisches Gedicht, in fünf Aufzügen.

(72) Wittgenstein an Engelmann, 31.10.1920

Brief.
Unklar, ob Datierung in Bleistift.
»express« dreimal unterstrichen
A n n a K n a u r : Laut Auskunft von Major John Stonborough war die Familie Knaur mit Wittgensteins Schwestern Helene Salzer und Margarethe Stonborough und deren Familien befreundet. Die Knaurs waren Großindustrielle in Wien. Nähere Daten von Anna Knaur nicht ermittelt.
F a b e r : Vermutlich Hanns und Marguerite Faber: Marguerite Faber (gest. 7.12.1943, Wien) war Engländerin, mit dem Österreicher Hanns Faber (gest. 8.4.1925, Lettowitz) verheiratet. Der Bruder von Marguerite Faber kommandierte ein Regiment in England. Olive Faber (geb. 19.7.1903, Lettowitz), eine der Töchter von Hanns und Marguerite Faber, war mit Felix Salzer verheiratet, verließ ihn aber bald. Sie verliebte sich später in Paul Engelmann und besuchte ihn in Palästina. Nachdem sie von ihm abgewiesen wurde, heiratete sie Dr. Othmar von Gasser, einen Nationalsozialisten. (Mitteilung von John Stonborough, 2.2.2000)
L e t t o w i t z : Stadt bzw. Marktflecken im Gemeindebezirk Boskowitz, Kreis Letovice, Mähren.

(73) Wittgenstein an Engelmann, 2.1.1921

Brief. Tinte.
t o t : Nicht klar leserlich, da Überschreibung von »tod«.
a m G r u n d l e g e n d e n : Nicht klar leserlich, ob groß- oder kleingeschrieben.

(74) Engelmann an Wittgenstein, [nach dem 2.1.1921]

Brief.
i n W i e s e n b e r g : Vgl. Brief Nr. 66.

(75) Wittgenstein an Engelmann, 7.2.1921

Brief. Schwarze Tinte.

(76) Engelmann an Wittgenstein, 20.4.1921

Brief.
F r e g e : Vgl. Brief Nr. 42 vom 24.5.1919 wie auch Brief Nr. 72 vom 31.10.1920, worin Wittgenstein Engelmann bittet, die beiden Bände der *Grundgesetze* von Frege an Anna Knaur zu schicken, die ihm dann die Bücher mitbringen würde.

(77) Wittgenstein an Engelmann, 25.4.1921

Brief. Tinte. Datierung in Bleistift von fremder Hand.

(78) Engelmann an Wittgenstein, 15.6.1921

Postkarte.
e i n   B u c h : Rabindranath Tagore: *Der König der dunklen Kammer.* München: Kurt Wolff Verlag, Leipzig: Poeschel & Trepte, 1921. (Vgl. Brief Nr. 82)

(79) Wittgenstein an Engelmann, 5.8.1921

Brief. Tinte. Hinten in Bleistift von Engelmanns Hand der Vermerk: »Poststempel 9.VII.21 (nicht 8.!)« »VII« dreimal unterstrichen.
S k j o l d e n : Kleine Ortschaft am Lusterfjord, einem Seitenarm des Sognefjords. Wittgenstein hatte dort bereits von Mitte Oktober 1913 bis Ende Juni 1914 gelebt, anfangs wohnte er in einem Gasthof, später im Hause des Postmeisters Hans Klingenberg, dessen Frau Sofia und deren beider Tochter Kari. Noch im Frühjahr 1914 begann er, für sich eine Hütte bauen zu lassen, die hoch über dem Eidsvatnet-See gelegen war. Er vermachte diese Hütte einem seiner norwegischen Freunde, Arne Bolstad – noch bevor er selbst darin wohnte, da er erst wieder im Sommer 1921, gemeinsam mit Arvid Sjögren, nach Norwegen zurückkehrte und die Hütte zum ersten Mal bezog.
e i n e   S c h m o c k e r e i : »Schmock« kommt aus dem Slowenischen und bedeutet – nach Gustav Freytags *Journalisten* – soviel wie »gesinnungsloser Zeitungsschreiber«. (Vgl. Brief Nr. 46). Die Bezeichnung »Schmock« hat laut Forschungen von Sigurd Paul Scheichl auch eine antisemitische Konnotation: dies ergebe sich daraus, daß die Figur des Schmock in Freytags *Journalisten*, durch die das Wort bekannt geworden ist, als Jude gezeichnet ist und daß Karl Kraus das Wort in seinen Polemiken vorwiegend gegen jüdische Journalisten gebraucht hat. (Vgl. Sigurd Paul Scheichl: »Aspekte des Judentums im ›Brenner‹ (1910–1937)«. In: *Untersuchungen zum »Brenner«. Festschrift für Ignaz Zangerle zum 75. Geburtstag.* Hrsg. von Walter Methlagl, Eberhard Sauermann, Sigurd Paul Scheichl. Salzburg: Otto Müller Verlag, 1981) In diesem Zusammenhang bzw. in den Kreisen um Wittgenstein, in denen das Wort gebraucht wurde, ist die antisemitische Konnotation jedoch irrelevant.
Wittgensteins scharfe Bemerkung über den *Brenner* war wahrscheinlich eine Reaktion auf den sich zunehmend entwickelnden katholischen Geist der Zeitschrift; dieser äußerte sich in einer Art, über religiöse Dinge zu schreiben, die ganz im Gegensatz zu Wittgensteins Auffassung gegenüber der Unsagbarkeit dieser Thematik stand. Wittgensteins abfällige Bemerkung kann aber auch die Folge seiner Enttäuschung über Fickers Absage sein, den *Tractatus* im *Brenner* zu publizieren.

(80) Engelmann an Wittgenstein, 23.8.1921

Ansichtskarte: Grüße aus Reihwiesen. 757 m ü.M. Metzner's Gasthaus »Zum Birkhahn«. Datum mit Bleistift auf der Postkarte von Engelmanns Hand? Poststempel: Zuckmantel, Schlesien. 24.VIII.21.
h i e r : Reihwiesen (Rejvíz) ist ein kleines Gelände in Mährisch-Schlesien, östlich von Freiwaldau/Jeseník, in der Nähe des Städtchens Zuckmantel/Zlatéhory. Im dortigen »Moossee« sollen sich Ruinen einer versunkenen Hunnenstadt befinden. Der kleine dazugehörige Ort war bereits vor langer Zeit beliebtes Ziel für Erholungssuchende und Touristen.
I n g .   L e t e i n e r s ? : Name schwer leserlich. Nicht ermittelt.

(81) Wittgenstein an Engelmann, 9.9.1921

Brief. Schwarze Tinte.
Das Schreiben von Engelmann über seine Probleme der Unterbringung – als Grund für sein Aufschieben seines in Brief Nr. 80 angekündigten Besuches – fehlt.

(82) Wittgenstein an Engelmann, 23.10.1921

Brief.
d e n   K ö n i g   d e r   d u n k l e n   K a m m e r : Vgl.: Rabindranath Tagore: *Der König der dunklen Kammer*. München: Kurt Wolff Verlag, Leipzig: Poeschel & Trepte, 1921. (Vgl. Brief Nr. 78)
Später änderte Wittgenstein seine Meinung über Tagore: In einem Brief an Hänsel, vermutlich Anfang November 1921 abgefaßt, schrieb er:»Im Tagore habe ich wieder gelesen und diesmal mit viel mehr Vergnügen! Ich glaube jetzt doch daß er etwas großartiges ist.« (Vgl. *Hänsel*, S. 57).
Wittgenstein schenkte das Buch seiner Schwester Margarethe Stonborough und bei seinen Treffen mit Mitgliedern des Wiener Kreises in den Jahren 1927/1928 las er unter anderem aus Dichtungen Tagores vor. (Vgl. *Wittgenstein und der Wiener Kreis*, Werkausgabe Bd. 3, S. 15). In späteren Jahren, zur Zeit seiner Vorlesungen über Ästhetik, las Wittgenstein nochmals, gemeinsam mit Yorick Smythies, den *König der dunklen Kammer*, diesmal in der englischen Übersetzung, die Tagore selbst vorgenommen hatte. Da Wittgenstein diese Übersetzung für schlecht hielt, bereitete er mit Smythies eine neue englische Übersetzung vor, ohne sich jedoch auf das Original zu beziehen. Unter Smythies Papieren wurde eine getippte Kopie ihrer Version des II. Aktes des Stückes gefunden. Fast alle Änderungen betrafen nicht mehr gebräuchliche, poetische Wendungen Tagores, die sie durch moderne, idiomatische Wörter und Ausdrücke ersetzten. (Vgl. *Monk*, S. 408ff.)
j e t z t   g e l e s e n   h a b e : Unklar, ob jetzt durchgestrichen.
o b w o h l : Kaum lesbar.
T o n   I b s e n s : Henrik Ibsen: 1828–1906. Norwegischer Dramatiker. In seinem Aufsatz »Wittgenstein's Attraction to Norway: the Cultural Context« schreibt Ivar Oxaal, daß Wittgenstein wahrscheinlich schon im Alter von 13 Jahren Ibsens dramatische Beschreibung von Norwegen (für die Leser der damals führenden liberalen Wiener Zeitschrift *Neue Freie Presse*) gelesen hatte. K. E. Tranøy erinnert sich, als er als norwegischer Student in Cambridge war, daß Ibsens frühes dramatisches Gedicht »Brand« auf Wittgenstein einen großen Eindruck gemacht habe, doch daß er dieses erst richtig verstehen lernte, nachdem er einen ganzen Winter – langandauernd, kalt und dunkel – in Norwegen verbracht hatte. Tranoey schreibt weiters, daß seiner Ansicht nach von allen Gestalten Ibsens der Pfarrer Brand Wittgenstein am ähnlichsten sei, sowohl in der Ernsthaftigkeit seiner moralischen Ansprüche wie auch in seinen menschlichen Schwächen und in seinem Versagen. (Vgl. *Acta Philosophica Fennica*, Vol. 28, Nos. 1–3 (1976), Essays on Wittgenstein in Honour of G. H. von Wright, S. 11–21, S. 12f.)

(83) Engelmann an Wittgenstein, 2.11.1921

Brief.
G r i l l p a r z e r s   S e l b s t b i o g r a p h i e : Vgl. *Grillparzers sämtliche Werke in zwanzig Bänden*. Hrsg. und mit Einleitungen versehen von August Sauer. Neunzehnter Band. Inhalt: Selbstbiographie. – Beiträge zur Selbstbiographie. Tagebuch auf der Reise nach Italien 1819. Stuttgart: I.G. Cotta'sche Buchhandlung Nachfolger G.m.b.H, [1893].
D o r m i t a t   p u e r   e t   n o n   m o r t u u s   e s t : Vgl. Grillparzers *Selbstbiographie*, wo er über seine Absicht, wegen seiner inneren »verworrenen Zustände« nach Deutschland zu reisen, schreibt. Er hofft dabei, auch Goethe zu treffen, den er zwar aufgrund seiner späteren Zuwendung zu den Wissenschaften mit kritischen Augen betrachtet, trotzdem aber als großen Dichter verehrt. »[...] So wenig ich nun mit der neuesten Wirksamkeit Goethes einverstanden war und bei seinem damaligen ablehnenden Quietismus hoffen konnte, daß er den Dichter der Ahnfrau und des Goldenen Vließes nur irgend einer Beachtung würdigen werde, so war mir doch, als ob schon sein Anblick hinreichend wäre, mir neuen Mut in die Seele zu gießen. Dormit puer, non mortuus est. Außer dieser echt katholischen Reliquienandacht zog mich auch noch der nur halb klare Gedanke nach Deutschland, mich umzusehen, ob da vielleicht ein Ort sei, wo man ungestörter der Poesie nachhängen könne, als in dem damaligen Wien. [...]« (zit. nach der o. erwähnten, von A. Sauer herausgegebenen Grillparzer-Ausgabe im Cotta-Verlag, S. 122.).

»Dormitat puer et non mortuus est« ist nach dem Bericht der Bibel über die Auferstehung der Tochter von Jairus zitiert: »puella non est mortua sed dormit«. (Vgl. Matthäus 9, 24: » [...] Denn das Mägdlein ist nicht tot, sondern es schläft.«)

(84) Paul Engelmann an Hermine Wittgenstein, 9.3.1922

I h r e n s o f r e u n d l i c h e n B r i e f : Nicht ermittelt.
d i e K a r l s k i r c h e : Am Karlsplatz im IV. Bezirk in Wien gelegen. Bedeutendster Barockbau der Stadt, von Johann Bernhard Fischer v. Erlach und dessen Sohn Josef Emanuel in den Jahren 1716–1739 errichtet. Von Kaiser Karl VI. in Auftrag gegeben, der während des Pestjahres 1713 den Bau dieser Kirche gelobte.
A u f s a t z v o n L o o s : Der Aufsatz von Adolf Loos heißt: »**Aufruf an die Wiener** geschrieben am Todestage Luegers« und ist in der *Fackel*, Nr. 300, XI. Jahr, Ende März 1910 erschienen, am 9. April veröffentlicht. Der Aufsatz umfaßt knapp zwei Seiten. Vgl. u.a.: »Mit ihm [Lueger] wird der Schutzherr der Karlskirche zu Grabe getragen. / In ihm lebte die Idee Karls VI., der mit der Kirche einer großen, breiten Avenue, die sich vom Schottentor über den Josefsplatz nach dem Wieden erstrecken sollte, einen Abschluß geben wollte. / Der Bau der Ringstraße hat diese Idee vereitelt. Anlage und Stellung der Kirche, ihre – nicht durch den Grundriß gerechtfertigte – frontale Ausdehnung, die mit dem ernüchternden Innenraum im stärksten Gegensatze steht, zeigt uns deutlich, daß ein Straßenabschluß geschaffen werden sollte, zu dem das Gotteshaus nur als Vorwand diente.«

(85) Engelmann an Wittgenstein, 23.6.1922

Brief.
I h r e r A r b e i t w e g e n : Damit ist Wittgensteins Arbeit der *Logisch-philosophischen Abhandlung* gemeint, von der Engelmann eine Abschrift in Form eines Typoskripts erhalten hatte, vermutlich eines, das Hermine Wittgenstein in Wien hatte anfertigen lassen. Dieses mußte Engelmann offensichtlich wieder zurückgeben, es ist nicht das als »Engelmann-Typoskript« bekannte.
Von Wright schreibt, daß er 3 verschiedene Typoskripte gesehen hätte, das von ihm so genannte »Engelmann-Typoskript« (welches das Druckmanuskript für die Veröffentlichung von Ostwalds *Annalen* war), ein weiteres, das von Wright im Jahre 1965 in Wien gefunden hat und von dem die letzte Seite fehlt, und ein drittes, das er 1952 in Gmunden gesehen hätte und das dann als verschollen galt. (Vgl. *Prototractatus. An early version of Tractatus Logico-Philosophicus by Ludwig Wittgenstein*. Edited by Brian McGuinness, T. Nyberg, G. H. von Wright. Ithaca, New York: Cornell University Press, 1971. S. 9) Das in Gmunden gesehene Typoskript wurde inzwischen im Nachlaß Rudolf und Elisabeth Koder wieder aufgefunden. (Vgl. den Bericht von Johannes Koder in den *Mitteilungen aus dem Brenner-Archiv*, Nr. 12/1993.) Über den Verbleib der von Engelmann angefertigten und korrigierten Abschrift ist nichts bekannt.
d e m i n E n g l a n d b e f i n d l i c h e n : Das oben erwähnte »Engelmann-Typoskript«, d.h. die korrigierte Fassung von Wittgensteins *Tractatus*, über die er in einem Brief an Russell vom 12. Juni 1919 aus Cassino schrieb: »Vor einigen Tagen schickte ich Dir mein Manuskript durch Keynes's Vermittelung. [...] Es ist das einzige korrigierte Exemplar, welches ich besitze und die Arbeit meines Lebens! Mehr als je brenne ich *jetzt* darauf es gedruckt zu sehen.« (*Briefe*, S. 87) Am 19. August 1919 schrieb Wittgenstein an Russell: »Schreib bitte nach Wien IV. Alleegasse 16. Was mein M.S. angeht, so sende es bitte an dieselbe Anschrift; aber nur falls es einen absolut sicheren Weg gibt, es zu schicken. Sonst behalte es bitte. Ich wäre allerdings sehr froh, es bald zu bekommen, da es das einzige korrigierte Exemplar ist, das ich habe.« (*Briefe*, S. 88ff.) Obwohl Wittgenstein in seinen Briefen an Russell von seinem Werk als einem »manuscript« spricht, handelte es sich um ein Typoskript. Dieses hatte er während der Zeit seiner Kriegsgefangenschaft in Italien bei sich und umfangreichen Korrekturen unterzogen. (Vgl. Brief Nr. 40)
In einem Brief an Hayek vom 28.1.1953 schrieb Ludwig Hänsel, der zusammen mit Wittgenstein in Monte Cassino war: »Er hatte ein maschingeschriebenes fertiges Exemplar in seinem Rucksack bereits mit. (Er hat es mir damals zu lesen gegeben, auch mit mir sehr ausführlich besprochen.) Hinzugefügt hat er in der Gefangenschaft nur einige Stellen, so die Schemata von 6.1203.«

Wie erwähnt, mußte Engelmann das andere, ursprünglich an ihn geschickte Typoskript wieder zurückgeben, vermutlich damit Wittgenstein für die zweisprachige Ausgabe die Korrekturen einfügen könnte, die er in den Fahnen der deutschen Ausgabe (in Ostwalds Annalen) vorgenommen hatte. Tatsächlich aber bekam Wittgenstein das »Engelmann-Typoskript« zuerst von England zurück und hat seine Korrekturen darin eingefügt. Dieses Typoskript bekam Engelmann erst nach der Veröffentlichung der deutsch-englischen Ausgabe. Das Typoskript, das Engelmann ursprünglich erhalten hatte, ging höchstwahrscheinlich wieder an Hermine Wittgenstein zurück. (Vgl. Brian McGuinness, »Wittgenstein's 1916 ›Abhandlung‹« in: *Wittgenstein and the Future of Philosophy.* Proceedings of the 24th International Wittgenstein Symposium in Kirchberg. Ed. by Rudolf Haller and Klaus Puhl. Wien: Hölder–Pichler–Tempsky, 2002. S. 272–282.)

(86) Wittgenstein an Engelmann [5.8.1922]

Postkarte.
Poststempel Trattenbach. Datum kaum lesbar.
In Bleistift Datierung von Engelmanns Hand: »5.VIII.22.« »22« zweimal unterstrichen.
» A n n a l e n   d e r   N a t u r p h i l o s o p h i e « : Von Wilhelm Ostwald im Jahre 1901 begründete und auch von ihm herausgegebene Zeitschrift. Wittgensteins *Logisch-philosophische Abhandlung* erschien im letzten Band der *Annalen zur Naturphilosophie*, Bd. 14, Heft 3–4, 1921, S. 184–262. – Wilhelm Ostwald: Geb. 2.9.1853, Riga; gest. 4.4.1932, Großbothen bei Leipzig. Chemiker und Philosoph. Seit 1881 Professor der Chemie am Polytechnikum Riga, 1887–1906 Professor der physikalischen Chemie in Leipzig. 1888 Entdeckung des Ostwaldschen Verdünnungsgesetzes, 1909 Nobelpreis für Chemie. Hauptvertreter der »Energetik«; führte alles Sein und Geschehen auf Energie zurück, somit auch die Materie und den Geist, die für ihn nichts als Erscheinungsformen der Energie waren. Kulturelle Vervollkommnung beruht nach Ostwald darauf, daß die in der Natur vorhandene freie Energie mit immer geringerem Verlust in die Energieformen des Lebens und der Kultur transformiert wird. Ostwald vertrat einen philosophischen Monismus und versuchte, ähnlich wie Ernst Mach, naturwissenschaftliche Methoden in den Geisteswissenschaften anzuwenden. Seit 1900 regelmäßige Vorlesungen zu Themen der Naturphilosophie, 1889 Begründung der Schriftenreihe *Klassiker der exakten Wissenschaften* und von 1912 an Herausgeber von *Das monistische Jahrhundert*, dem er seine monistischen Sonntagspredigten beifügte. Werke u.a.: *Die wissenschaftlichen Grundlagen der analytischen Chemie*, 1894; *Vorlesungen über Naturphilosophie*, 1902; *Energetische Grundlagen der Kulturwissenschaft*, 1909; *Die Philosophie der Werte*, 1913; *Der Farbenatlas*, 1918; *Die Harmonien der Farben*, 1918; *Die Farbenlehre* (2 Bde.), 1918–1919; *Die Harmonien der Formen*, 1922.
v o l l e r   F e h l e r n : Voller Fehler oder voll von Fehlern.

(87) Wittgenstein an Engelmann, 10.8.1922

Brief. Bleistift.

(88) Wittgenstein an Engelmann, 17.VIII.1922

Postkarte. Tinte.
Poststempel: 17. VIII. 19.VIII.
I h r e   K a r t e : nicht ermittelt.

(89) Wittgenstein an Engelmann, 24.8.1922

Postkarte. Poststempel 24.
Zuerst in brauner oder schwarzer Tinte, dann ab 2. Zeile in blauer Tinte geschrieben.

(90) Wittgenstein an Engelmann, 14.9.1922

Brief. Zuerst braune Tinte, nach der fünften Zeile blaue Tinte, die letzten drei Zeilen braun (abge-färbt?). Datierung unklar, ob 14.8. oder 14.9. Sieht aus, als ob die Zahl 8 mit 9 überschrieben wäre.
F l u c h t   n a c h   R u s s l a n d : Mehrmals in seinem Leben erwog Wittgenstein den Gedanken, nach Rußland auszuwandern. Von der im Brief erwähnten damaligen Flucht nach Rußland ist nichts Näheres bekannt. Erst aus späteren Jahren gibt es Aufzeichnungen über Pläne, nach Rußland zu reisen bzw. auszuwandern, z.B. in einem Brief an Ludwig Hänsel [nach dem 29.5.1935]; in einem Brief an Keynes vom 30. Juni [1935] schrieb er von seinem Entschluß, als Tourist nach Rußland zu fahren und sich dort umzuschauen, ob er eine für ihn passende Arbeitsstelle finden könnte (vgl. *Briefe*, S. 189). Falls er keine Arbeitsbewilligung erhalten würde, hätte er die Absicht, nach England zurückzukehren und dort Medizin zu studieren, um sich dann später in Rußland als Arzt nie-derzulassen. Keynes richtete an Maiski, den damaligen russischen Botschafter in Großbritannien, ein Empfehlungsschreiben für Wittgenstein und dieser reiste im September 1935 auch tatsächlich in die Sowjetunion, war jedoch am 1. Oktober bereits wieder zurück in England. Es war Wittgen-stein bald klar geworden, daß er wohl als Lehrer an der Universität, nicht aber als Arbeiter in einer Kolchose – wie er es wünschte – willkommen war. (Vgl. *Monk*, S. 350ff.) Vgl. auch Wittgensteins späteren Brief an Engelmann, in dem er nochmals den Wunsch andeutet, nach Rußland zu fahren. (Nr. 107, 21.6.1937).
H a s s b a c h : Haßbach bei Neunkirchen in Niederösterreich.
Es ist nicht sicher, wie lange Wittgenstein in Haßbach als Lehrer tätig war; Adolf Hübner schreibt, daß Wittgenstein vom 16. bis zum 22. September 1922 an der Hauptschule Haßbach unterrichtete. (Vgl. Hübners Einführung zu *Wittgenstein. Wörterbuch für Volksschulen*. Wien: Hölder–Pichler–Tempsky, 1977. S. VIII)

(91) Engelmann an Margarethe Stonborough, 29.2.1924

Brief. Kopie. Original im Brief-Fund von Frau Charlotte Eder, heute in der Österreichischen Natio-nalbibliothek.
E i n   M ä d c h e n : Marie Tögel: Geb. 3.2.1899, Olmütz-Neugasse, zuständig nach Müglitz/Mohelnice. Deutschsprachig; freudlose, schwere Jugend, dann Magd bei A. Koprivová in Mladec (nahe Littau), hatte bereits zwei uneheliche Kinder und war wegen Diebstahls und Landstreicherei dreimal vorbestraft. 1923 wurde sie von einem Bauernknecht namens Langer schwanger, von dem sie kaum etwas wußte und der dann im Gefängnis Mürau/Mírov eingesperrt war. Nachdem Marie Tögel in der ihr vorher zugesagten Unterkunft abgewiesen wurde und sie niemand als Magd auf-nehmen wollte, hat sie, nach 24 Stunden ohne Nahrung (ihr ganzes Geld hatte sie für Wäsche für den Säugling ausgegeben), am 4.10.1923 aus Verzweiflung ihr Kind Marie in die March unweit von Littau/Litovel geworfen. Das Olmützer Geschworenengericht hat sie am 15.2.1924 wegen Verbrechens des Mordes zum Tode verurteilt. Einen Tag später veröffentlichte Dr. Leo Hřbek im Mährischen Tagblatt einen Aufsatz über den tragischen Fall und gab damit den eigentlichen Anstoß zu einer größeren Bewegung in der Presse und in der Öffentlichkeit. So schrieb auch der später pro-minent gewordene Journalist Edvard Valenta in der renommierten, in Brünn erscheinenden Zeitung *Lidové noviny* eine herzzerbrechende Reportage über dieses Gerichtsverfahren, unter dem Titel »Hřuza«(»Es ist fürchterlich«). Am 16. März 1924 folgte in derselben Zeitung ein Feuilleton von dem führenden tschechischen Schriftsteller Karel Čapek, betitelt »Vrazednice« (»Die Mörderin«). Darin äußert er seinen Abscheu gegenüber dem Urteil und schließt: »... die Menschen sind nicht so schlimm – viele empfanden Mitleid und Scham«. Einige Tage später besuchte Valenta die Verur-teilte im Olmützer Gefängnis und überbrachte ihr die Worte von Čapek, von dessen Existenz Tögel bisher keine Ahnung gehabt hatte. Das Urteil rief allgemeine Empörung hervor, wurde als Justiz-irrtum bezeichnet. Am 4.11.1924 kam es zu einer neuerlichen Verhandlung des Schwurgerichts, die dann auf Antrag des Verteidigers vertagt wurde. Am 19.2.1925 wurde die Angelegenheit zum dritten Mal verhandelt, wobei der Verteidiger Dr. Emil Czech (aus Brünn) sich in einem glänzenden Plädoyer für die Angeklagte einsetzte. Marie Tögel wurde schließlich freigesprochen; ihr Frei-

spruch wurde mit Beifallsrufen begrüßt und das Mädchen wurde noch am selben Tage bei ihrer früheren Dienstgeberin aufgenommen.

Der Fall Marie Tögel hatte zur Folge, daß man sich in Olmütz um ähnlich tragische Fälle zu kümmern begann: Zunächst wurde eine provisorische Hilfsaktion für mittellose entlassene Mütter eingerichtet, im Anschluß daran ein Heim für unverheiratete Mütter und Säuglinge. Bei der Manifestationsversammlung für dieses Asyl hielt auch Paul Engelmann eine Rede; er hatte, neben anderen, die Gründung des Heimes maßgeblich initiiert und gemeinsam mit dem Architekten Sychrava den Bauplan entworfen. Engelmann war es auch, der den tschechischen Dichter Karl Čapek auf den Fall der Marie Tögel aufmerksam gemacht und ihn zu seinem Artikel bewogen hatte. Laut Auskunft von Elazar Benyoëtz hatte sich Engelmann auch an Kraus um Hilfe gewandt, die dieser ihm aber verweigert hätte. Dies sei der Grund gewesen, weshalb Engelmann nachher von Kraus in menschlicher Hinsicht tief enttäuscht war.

Der Anwalt von Marie Tögel soll übrigens tatsächlich von Margarethe Stonborough vermittelt worden sein. (Auskunft von Václavek)

M ü g l i t z : Ortschaft im früheren Mähren, nordwestlich von Olmütz gelegen.

(92) Engelmann an Wittgenstein, 8.3.1924

Brief. Diesem ist ein Schreiben mit Datum vom 25.3. hinzugefügt.
Der Text »In den ersten Tagen ....« bis »denn ewig währet seine Gnade« ist über durchgestrichene Zeilen eingefügt. Der anschließende Satz »Das Aufschreiben ist doch eine ...« bezieht sich aber auf den Text vor der Einfügung, d.h. auf die »Schmockerei«.
I h r e n l i e b e n B r i e f : Nicht ermittelt.
D a n k e t d e m H e r r n d e n n e r i s t g u t d̲e̲n̲n̲ e w i g w ä h r e t s e i n e
G n a d e : vgl. *Die Bibel*, Psalm 136 (Preis der ewigen Güte Gottes und seiner Wunder), 1: »Danket dem Herrn, denn er ist freundlich; denn seine Güte währet ewiglich.« (Vgl. auch Psalm 106, 1: »Danket dem Herrn; denn er ist freundlich, und seine Güte währet ewiglich.« Vgl. weiters Psalm 107, 1; Psalm 118, 1. Zit. nach *Die Bibel oder die ganze Heilige Schrift des Alten und Neuen Testamentes* nach der deutschen Übersetzung D. Martin Luthers. Berlin: Trowitzsch & Sohn, 1919)

(93) Wittgenstein an Engelmann, [nach dem 15.11.1924]

Brief. Tinte. Hinten in Bleistift Vermerk von Engelmanns Hand:
»Nur XI. 24.«. »Nur« mehrmals unterstrichen.
Z e i t u n g s a u s s c h n i t t e : Es handelt sich dabei um Zeitungsausschnitte der *Arbeiter-Zeitung* (vom Zentralorgan der Sozialdemokratie Deutschösterreichs) vom Mittwoch, den 12.11.1924 (Nr. 312) und vom Samstag, den 15.11.1924 (Nr. 315), XXXVI. Jahrgang. In diesen sind Gedichte abgedruckt, deren Autoren der Petzold-Preis zugedacht wurde. Den ersten Petzold-Preis erhielt Hans Winterl (Geb. 1900, Wien; gest. 1970, Wien. Lyriker, Dramatiker, Erzähler, Hörspielautor) mit seinem Gedicht »Ein ehernes Lied«, in der Zeitung vom 12.11. abgedruckt. In der Zeitung vom 15.11. sind das Gedicht »Die Jünger Gutenbergs« (von einem Hilfsarbeiter namens Adolf Baschke abgefaßt) sowie die Gedichte »Der Fuhrmann« und »Die Magd« (von einer Hausgehilfin namens Symphorosa Iglhaut) abgedruckt, die ebenfalls einen Petzold-Preis erhielten.
»Ein ehernes Lied« von Hans Winterl: »Grauer Geselle, ich weih' dich dem Frieden, / Trotziger Stahl, wir wollen dich schmieden, / Heiliges Feuer harret auf dich. / Gluten werden dich, Harten, erweichen, / Weißglühend wirst du dem Sonnenlicht gleichen, / Eh' du die Bahn deines Werdens betrittst. / So werde denn, Pflug! He, Burschen, packt an! / Fest haltet die mächtigen Zangen! / Dem aller Erdkreis untertan, / Ihr habt ihn jetzt gefangen. / Nun zeigt, was Menschengeist vermag. / Hebt auf den Gewaltigen, Schweren, / Der Kran entführt ihn zum Hammer hin, / Nichts nützt ihm sein sprühendes Wehren, / Der Hammer dröhnt sein gewaltiges Lied. / Der Dampf zischt bei jedem Schlag: / Geduld, Geselle, die Wunden, die Qual, / Die heilt dir ein froher Tag. / Blitzblank, an einem Frühlingstag, / Wirst du die Erde durchwühlen, / Die Hand, die dich durch die Furchen lenkt, / Wird dich wie segnend befühlen. / Denn du wirst Pflug, des Friedens Schwert, / Du schlägst gesegnete Wunden. / Das Brot, das uns'ren Leib ernährt, / Es wächst aus der Erd', der gesunden.

/ Der Dampf, er zischt es, der Hammer dröhnt's, / Der Trotz'ge ist wieder erstarrt. / Doch hat sich schon der harte Gesell' / Mit ahnender Form gepaart. / Aufs neue verschlingt ihn des Feuers Wut, / Und lauernd harren die Pressen, / Der Hohen, Finsteren Händedruck, / Der Stahl wird ihn nimmer vergessen. / Das Gesenk nimmt mit List den Gebändigten auf. / Ein Druck, und die Faust preßt ihn nieder. / In seiner für immer bestehenden Form / Erkennt der Stahl sich nicht wieder. / Er war doch ein schwerer, gewaltiger Block / Und Krane mußten ihn heben. / Jetzt ist er zerkleinert, doch fühlt er: Ich hab' / Geformt erst das Recht, zu leben. / Dort, neben dem Rad, aus demselben Block / Preßt man die Bolzen und Scharen. / Hier lagen hundert Ketten zerstreut, / Die alle vereinigt waren. / Geduld! Der Menschen kundige Hand, / Sie wird euch von neuem vereinen. / Der Trotz ist gebrochen, ihr seid besiegt, / Doch euch wird die Sonne bescheinen, / Denn euer Verlieren ist eurer Sieg. / Die Kraft, die den Menschen vernichtet, / Sie hat euch aus eiskaltem, klobigem Schlaf / Zum Leben der Tat aufgerichtet. / Als Erz hat entrissen der Mensch dich der Nacht, / Im Feuer von Schlacke gereinigt. / Stahl, deinen Trotz hat erst Menschengeist / Zu deiner Kraft vereinigt! / Und wie er dich formte zu klotziger Macht, / Er hat dich auch wieder zerbrochen. / Des Menschenverstandes Pulsschlag ist / Der Hämmer dröhnendes Pochen. / Noch bist du zerteilt, doch bald kommt der Tag, / Wo freudig die Erd' dich wird grüßen. / Du Sohn ihrer Nacht, heb' stolz dann dein Haupt, / Die Mutter, sie liegt dir zu Füßen! / Und du bereitest der Mutter Leib, / Des Lebens Saat zu empfangen. / Der Dank wird dir, denen, die dich erbaut, / Bis die Felder im Aehrenschmuck prangen. / Das Rauschen der Aehren, es singt dann zum Preis / Der Stunde, die dich einst bezwungen. / Selbst dir, dem Stahle, klingt freudig das Herz, / Daß es dem M e n s c h e n gelungen.«

(94) Engelmann an Wittgenstein, 20.2.1925

Brief. Kopie.
m e i n e r   j e t z i g e n   T ä t i g k e i t : Wahrscheinlich spricht Engelmann damit seine Aktivität in der zionistischen Jugendbewegung »Blau-Weiß« an – einer westjüdischen zionistischen Jugendbewegung, die sich in Deutschland, Westösterreich, Böhmen und Mähren in Anlehnung an die 1901 in Berlin gegründete Bewegung des »Wandervogel« entwickelte. Der »Blau-Weiß« wurde 1907 als »Jüdischer Wanderbund« in Breslau, 1912 in Berlin von führenden Zionisten gegründet, um durch eine moderne und reformpädagogische Jugendarbeit zionistischen Nachwuchs heranzuziehen. Der österreichische Bund mit Sitz in Wien entstand 1913, als sich eine bereits seit 1911 bestehende Jugendorganisation dem »Blau-Weiß« anschloß. Die zentrale Bedeutung dieser Jugendbewegung – wie auch der vielen anderen Vereine, Verbände und Bünde, die sich durch die im späten 19. und in den ersten drei Dekaden des 20. Jhdts auftretende Jugendbewegung entwickelten – lag im »Wandern in freier Natur.« Die zionistische Jugendbewegung entfaltete getrennt von der zionistischen Bewegung ein reges Eigenleben und es kam auch dort zu einer Vielzahl verschiedenster Strömungen und teils zu einer starken Zersplitterung. Hauptsächlich ging es der zionistischen Jugendbewegung darum, einen neuen *jüdischen* Menschen zu schaffen. Da nach Ansicht von Kurt Blumenfeld die Assimilation des jüdischen Volkes gescheitert sei, müsse es zu einer radikalen Entwurzelung aus dem deutschen Volk kommen. Nur mit der Identifizierung der Juden mit ihrer eigenen Vergangenheit und Zukunft sei eine freie Entfaltung der jüdischen Persönlichkeit möglich, ein bloßes Bekenntnis zur jüdischen Nation sei zu wenig. Die Lösung bringe letzten Endes nur die Emigration nach Palästina. Dies sei der Weg zur inneren Wahrhaftigkeit. (Vgl. Peter Melichar: »Kampf der Jugend oder Kampf um die Jugend? Zur Geschichte der Jugendbewegung«. In: *Jüdische Jugendbewegungen. Sei stark und mutig!* Begleitband zur Ausstellung. Hrsg. von Naomi Lassar im Auftrag des Jüdischen Museums der Stadt Wien. Wien: Jüdisches Museum der Stadt Wien, 2001. Vgl. auch: Eleonore Lappin: »Die zionistische Jugendbewegung als Familienersatz?« In: *Jüdische Jugendbewegungen. Sei stark und mutig!*)

(95) Wittgenstein an Engelmann, 24.2.1925

Brief. Blaue Tinte.
v i e l ,   v i e l : Viermal unterstrichen.
O t t e r t h a l : Von Herbst 1924 bis April 1926 arbeitete Wittgenstein in Otterthal im Bezirk Neunkirchen als Volksschullehrer. Am 19.12.1924 wurde er vom Landesschulrat für Niederösterreich zum

definitiven Volksschullehrer an der öffentlichen allgemeinen Volksschule in Otterthal ernannt. (Vgl. das Verordnungsblatt des Landesschulrats für Niederösterreich vom 19.12.1924 sowie den im Nachlaß Ludwig Hänsels befindlichen Brief vom Oberlehrer Josef Putré vom 19.12.1924 an Wittgenstein)

(96) Wittgenstein an Engelmann, 19.8.1925

Brief.
Datierung in Bleistift von Engelmanns Hand: 19.VIII.25. Poststempel Lewes?
L e w e s : Stadt in Sussex, nördlich von Newhaven, wo Wittgenstein im Sommer 1925 bei Keynes wohnte. Dieser verbrachte dort mit seiner frischvermählten Frau, der Tänzerin Lydia Lopokova, die Flitterwochen.
I c h   h a b e   I h n e n   n i c h t s   z u   v e r z e i h e n : Offensichtlich gab es anläßlich eines Treffens zu Ostern in Wien (von Wittgenstein in Brief Nr. 95 angesprochen) eine heftige Auseinandersetzung zwischen den beiden Freunden. Näheres dazu konnte nicht ermittelt werden.
K e y n e s : John Maynard Keynes, Baron K. of Tilton: Geb. 5.6.1883, Cambridge; gest. 21.4.1946, Firle (Sussex). Britischer Nationalökonom. Ab 1920 Professor in Cambridge, Mitglied des Lehrkörpers bereits ab 1909. Neben seiner politischen Tätigkeit für die Liberale Partei konzentrierte sich Keynes auf Fragen der Geldtheorie (*Vom Gelde*, 2 Bde, 1930) und das zunehmende Problem der Arbeitslosigkeit, zu dessen Lösung er staatliche Interventionen für erforderlich hielt. (*Das Ende des Laissez-faire*, 1926). Unter dem Eindruck der Weltwirtschaftskrise gelangte er zu der Auffassung, daß die Grundlagen der bisherigen ökonomischen Theorie in Frage zu stellen wären. Sein in diesem Sinne erarbeitetes Hauptwerk *Allgemeine Theorie der Beschäftigung, des Zinses und des Geldes* (1936) löste eine heftige Diskussion aus und ließ Keynes zum Begründer einer eigenen Richtung, des Keynesianismus, werden.
Wittgenstein lernte Keynes im Jahre 1912 durch Russell kennen. Keynes war damals, neben James Strachey, führendes Mitglied der »Apostles«, einer Gesellschaft, der auch Wittgenstein – mit einigen Bedenken – beitrat, aus der er aber bald wieder austrat. Obwohl zwischen ihm und Keynes keine enge Freundschaft bestand, konnte Wittgenstein stets auf dessen Hilfe rechnen, wenn es z.B. um Fragen der Behörde u.dgl. ging. Keynes half ihm bei seinen Plänen, im Jahre 1935 in Rußland eine Stelle zu finden, d.h. er wandte sich für Wittgenstein direkt an Ivan Maisky, den russischen Botschafter in London (vgl. Brief Nr. 90). Als Wittgenstein im Jahre 1938 sowohl eine Stelle in England als auch die britische Staatsbürgerschaft anstrebte, wandte er sich wieder an Keynes.
i n   e i n e m   g e i s t r e i c h e n   A u g e n b l i c k : Zuerst hat Wittgenstein „Gespräch" geschrieben, dann durch Augenblick ersetzt.

(97) Engelmann an Wittgenstein, 23.8.1925

Brief. Original im Nachlaß Ludwig Hänsel. Am äußeren Rand des Briefes fast in jeder Zeile Einfügungen Engelmanns in sehr kleiner Schrift.
o b   [w i r]   d i e   K r a f t   h a b e n : »wir« nicht sichtbar.
[b e i m]   F i n d e n : »beim« schwer bzw. nicht leserlich, scheint durchgestrichen.
M o t i v e   i n   d e r   M i l i t ä r s a c h e : Heinrich Groag war in der internationalen Friedensbewegung tätig.
G a s t e i n : Badgastein. Badekurort und Hauptort des Gasteiner Tales, in den Hohen Tauern, im österr. Bundesland Salzburg, gelegen. Einer der bedeutendsten österreichischen Fremdenverkehrsorte mit 21 radioaktiven Thermen, die zu Bade-, Inhalations- und Trinkkuren angewendet werden.
m e i n e n   O n k e l : Nicht ermittelt.
S i e   w o m ö g l i c h   n o c h   i n   E n g l a n d   e r r e i c h t : Wittgenstein hielt sich im Sommer 1925 für mehrere Wochen in England auf. (Vgl. Brief Nr. 96)
ä g y p t i s c h e   A r c h i t e k t u r : Näheres über Wittgensteins Gedanken zu ägyptischer Architektur nicht ermittelt, doch das Interesse daran scheint in der Familie Wittgenstein verbreitet gewesen zu sein. Insbesondere Jerome Stonborough, der Mann von Wittgensteins Schwester Margarethe, beschäftigte sich intensiv mit Ägyptologie und studierte eine Zeitlang bei dem bekannten deutschen Ägyptologen Hermann Junker (1877–1962), der an der Universität Wien tätig war.

(98) Engelmann an Wittgenstein, 4.9.1925

Brief. Kopie.
S t e r n b e r g : Sternberg/Šternberk, Ortschaft nördlich von Olmütz.

(99) Wittgenstein an Engelmann, 9.9.1925

Original und Kopie fehlen, nur Abschrift vorhanden.
Ansichtskarte mit der Schule in Otterthal.

(100) Engelmann an Wittgenstein, 27.11.1925

Brief. Kopie.
w o   m i r   /   n u r   D e n k e n   w e i t e r h e l f e n : Unklar, ob »mir« oder »nur«, eher aber
»nur«.
j e m a l s : Schwer leserlich.
e i n   S t a d t h a u s : Es handelt sich dabei um das Haus von Margarethe Stonborough, das
Engelmann für sie bauen sollte, doch bei dessen Planung Wittgenstein so aktiv mitarbeitete, daß
schließlich er die Führung übernahm. Das Grundstück des Hauses war zwischen Kundmanngasse,
Geusaugasse und Parkgasse im III. Wiener Bezirk gelegen. Der Bau wurde 1928 fertiggestellt und
Margarethe bewohnte das Haus bis zu ihrem Tode im Jahre 1958. 1971 verkaufte ihr älterer Sohn
Thomas Stonborough das Grundstück an den Bauunternehmer Franz Katlein. Nach langwierigen
Debatten um die Frage des Abbruchs, der Umgestaltung oder des Anspruchs auf Denkmalschutz
entschied man sich schließlich für die Erhaltung des Hauses auf der Hälfte des Grundstückes.
Im Jahre 1975 trat durch Vermittlung die Volksrepublik Bulgarien als Käufer für das »Wittgenstein-
Haus« auf; nach Renovierungsarbeiten für die künftige Nutzung als Kulturinstitut der Bulgarischen
Botschaft wurde im Frühjahr 1977 das neue »Haus Wittgenstein« eröffnet. Es ist nun Sitz des
»Bulgarischen Forschungsinstituts in Österreich«. (Vgl. Otto Kapfinger: »Kein Haus der Moderne.
Entstehung und Geschichte des Palais Stonborough«. In: *Wittgenstein. Biographie. Philosophie.
Praxis*. Wien. Eine Ausstellung der Wiener Secession. 13. Sept.–29. Okt. 1989. S. 214–236)

(101) Wittgenstein an Engelmann, [nach dem 27.11.1925]

Brief?

(102) Engelmann an Wittgenstein, 13.5.1926

Brief? Kopie.
E r h o l u n g s h e i m   d e r   B a r m h e r z i g e n   B r ü d e r : Im April 1926 hatte Wittgenstein
wegen größerer Schwierigkeiten an der Schule von Otterthal seine Lehrtätigkeit aufgegeben. Es
war zu einem Zwischenfall mit einem Schüler namens Joseph Haidbauer gekommen, der nach
Ohrfeigen Wittgensteins ohnmächtig zusammengebrochen war. Bei einem anschließenden Dienst-
aufsichtsverfahren der Schulbehörde stellte sich heraus, daß der Bub an Leukämie litt und daher
des öfteren in Ohnmacht fiel. Wittgenstein wurde von jeder Schuld freigesprochen, doch bat er
trotzdem um Entlassung. (Vgl. *Wünsche*, S. 276) Anschließend arbeitete er wiederum, wie schon
im Sommer 1920 (in Klosterneuburg), als Gärtnergehilfe, diesmal bei den Barmherzigen Brüdern
in Hütteldorf.

(103) Engelmann an Wittgenstein, 19.12.1928

Brief.
b e i f o l g e n d e n   P a p i e r e : Um welche Papiere bzw. Schriften Engelmanns es sich handelte,
konnte nicht eindeutig ermittelt werden. Laut Paul Wijdeveld sei es das Manuskript von Engelmanns Werk mit dem Titel *Psychologie graphisch dargestellt* gewesen. (Vgl. Wijdeveld, S. 57)

Diese Schrift, die Engelmann selbst als seine wichtigste erachtete, war zu diesem Zeitpunkt jedoch noch nicht fertiggestellt. Allerdings gab es bereits Aufzeichnungen von Engelmanns Gedanken zur Psychologie, mit denen er 1922 begonnen hatte. Laut Graßhoff/Lampert hat Engelmann 20 Jahre an seiner Darstellung der Psychologie gearbeitet: Der letzten Fassung liegen mehrere fragmentarische Entwürfe aus den Jahren 1922–24, 1927–28 und 1930–33 zugrunde; das endgültige Typoskript entstand zwischen 1943 und 1946. (Vgl. Gerd Graßhoff, Timm Lampert: »Paul Engelmanns *Psychologie graphisch dargestellt.*« In: *Grazer Philosophische Studien 1996/97*) Somit ist es wahrscheinlich, daß die »beifolgenden Papiere«, die Engelmann Wittgenstein zur kritischen Beurteilung schickte, seine bis zu dieser Zeit entstandenen Entwürfe zur Psychologie waren.

Eine andere Möglichkeit wäre, daß Engelmann mit den »beifolgenden Papieren« sein dramatisches Gedicht »Orpheus« meinte. Davon befinden sich zwei Fassungen im Besitz von Elazar Benyoëtz; außerdem gibt es ein schmales Manuskript mit Gedichten, die nach Benyoëtz' Dafürhalten alle aus der Olmützer Zeit stammen und die Wittgenstein gekannt haben müßte.

1931 hat Wittgenstein im Taschenbuch MS 153a eine Kritik »Zu Engelmanns Orpheus« verfaßt, die er im Oktober desselben Jahres auch in den Manuskriptband MS 111, 196–200 übernommen hat. Darin meint er, daß der 5. Akt eigentlich überflüssig sei, da Orpheus, nachdem er Euridice verloren hat und aus der Unterwelt zurückgekehrt ist, eigentlich nichts mehr reden dürfe, »denn, was immer er sagt, ist Geschwätz. Nur Genien können noch etwas sagen, nämlich, daß das das Los der Sterbenden ist und daß er erst in einer andern Welt sich wieder mit Euridice vereinigen kann.«

(104) Engelmann an Wittgenstein, 3.9.1930

Brief.
R ü c k s e n d u n g   m e i n e s   B r i e f e s : nicht ermittelt.
I h r e r   N i c h t e : Vermutlich eine der zwei Töchter von Wittgensteins Schwester Helene, verheiratete Salzer. Die Ältere hieß Marie (geb. 6.3.1900, Wien; gest. 14.8.1948, Rohr im Gebirge), genannt Mariechen. Verheiratet mit Fritz Lothar Ritter von Stockert, mit dem sie sieben Kinder hatte.
Die Jüngere hieß Clara (geb. 7.9.1913, Wien; gest. 29.10.1978, Wien), genannt Clärchen oder Pussy. Am 29.4.1933 heiratete sie Arvid Sjögren, mit dem sie später fünf Kinder hatte.
Wahrscheinlich handelt es sich um Marie von Stockert, zu der Wittgenstein ein besonders herzliches Verhältnis hatte.
I n   d e r   S a c h e   P a t e r s : Gemeint ist Friedrich Pater (vgl. Brief Nr. 30). Näheres nicht ermittelt.
b e i   s e i n e r   v e r d r e h t e n   i n n e r e n   S i t u a t i o n : Näheres über offenbar berufliche Probleme Peter Engelmanns nicht ermittelt.

(105) Engelmann an Hermine Wittgenstein, 9.1.1932

Brief.
B i l d e r : Hermine Wittgenstein, eine begabte Malerin, fertigte mehrere Bilder (Bleistift-, Kohle- und Pastellzeichnungen) von Innenansichten des Hauses ihrer Schwester Margarethe Stonborough in der Kundmanngasse an. (Vgl. Wijdeveld, S. 122f., 126, 129, 149, 154, 177). Diese sind heute fast alle im Besitz von Pierre H. Stonborough.

(106) Engelmann an Wittgenstein, 4.6.1937

Brief.
T e l   A v i v : Ab 1934 lebte Engelmann in Tel Aviv, wo er fortan u.a. als Möbelzeichner arbeitete.
I h r   G e s t ä n d n i s : Anfang 1937 legte Wittgenstein mehreren Personen gegenüber, wie G.E. Moore, Fania Pascal und Francis Skinner, ein Geständnis ab. Bereits vorher hatte er in einem Brief vom 7.11.1936 an Ludwig Hänsel von einer angeblichen Lüge und von weiteren »Vergehen« gesprochen, die er um Weihnachten der Familie und Freunden beichten wollte. Er bat Hänsel,

seinen Brief an seine Familie und an Freunde weiterzuleiten. (Vgl. *Hänsel*, S. 136–138) Die Briefe an Hänsel, abgesehen von Tagebuchaufzeichnungen (vgl. *Denkbewegungen*, S. 143–146), sind die bisher einzig aufgefundenen Dokumente über Wittgensteins Geständnis; in einem Brief an Moore vom 20.11.[1936] kündigt Wittgenstein lediglich seine Absicht an, um Neujahr mit Moore über Dinge zu sprechen, die in seinem Gemüt vorgegangen wären. Aufgrund einer Grippe Anfang Jänner kam es aller Wahrscheinlichkeit erst Mitte Jänner/Anfang Februar zu einem Gespräch mit Moore. (Vgl. *Briefe*, S. 201ff.)

M.O'C. Drury, der von einem Geständnis Wittgensteins im Jahre 1931 schreibt, zog es vor, über den Inhalt des Geständnisses zu schweigen. Er sagte lediglich, daß es sich nicht um jenes sexuelle Verhalten handelte, das man Wittgenstein zuzuschreiben versuchte. (Vgl. *Porträts und Gespräche*, S. 171) Fania Pascal berichtet, daß Wittgenstein ihr im Anschluß an seinen Besuch bei Moore sein Geständnis ablegte. Wie in seinem Brief an Hänsel warf sich Wittgenstein vor, über seine jüdische Herkunft gelogen zu haben, d.h. sich als zu zwei Drittel Arier und einem Drittel Jude ausgegeben zu haben, obwohl es sich umgekehrt verhielt. Fania Pascal jedoch schreibt, sie sei absolut sicher, daß Wittgenstein nie etwas Falsches über seine rassische Herkunft gesagt hätte und es nur auf eine bewußte oder unbewußte Unterlassung seinerseits zurückgeführt werden könnte, wenn man ihn für etwas anderes hielt, als er wirklich war. Sie hätte nie jemanden getroffen, der weniger imstande zu lügen war als er. (Vgl. *Porträts und Gespräche*, S. 67)

Rush Rhees schreibt, er habe noch nie gehört, daß jemand behauptet habe, Wittgenstein hätte seine Herkunft vor ihm verheimlichen wollen. (Vgl. *Porträts und Gespräche*, S. 241)

Mit seinen Geständnissen versuchte Wittgenstein, mit sich ins Reine zu kommen und ein neuer Mensch zu werden. Vgl. seine Eintragung: »Eine Beichte muß ein Teil des neuen Lebens sein.« (MS 154 1r: 1931, zit. nach *VB*, S. 40)

Das Geständnis an Engelmann kam über Hermine und wurde auch über sie weiter befördert.

(107) Wittgenstein an Engelmann, 21.6.1937

Brief.

C a m b r i d g e : In der Zeit von Herbst 1936 bis Mitte Dezember 1937 hielt sich Wittgenstein in Skjolden in Norwegen auf, allerdings mit Unterbrechungen: Am 8.12.1936 fuhr er zu seiner Familie nach Wien, den Jänner 1937 verbrachte er in Cambridge. Anschließend reiste er wieder nach Skjolden, Anfang Mai nach Wien und Anfang Juni nach Cambridge, wo er auch den Juli verbrachte. (Vgl. McGuinness, *Approaches to Wittgenstein*, S. 279f.) Erst im August kehrte er wieder nach Norwegen zurück.

Dies ist der – soweit bekannt – »letzte« Brief zwischen Engelmann und Wittgenstein. Ob in späteren Jahren noch ein brieflicher Kontakt stattgefunden hat, konnte nicht eruiert werden. Anzeichen dafür dürfte ein Entwurf eines Briefes von Paul Engelmann (datiert mit 8. Februar 1947) an Wittgensteins Bruder Paul geben, worin er die Absicht äußert, Ludwig Wittgenstein wieder einmal zu schreiben. Ob dieser Brief tatsächlich abgeschickt wurde, konnte nicht eruiert werden. Es handelt sich dabei um folgenden Brief:

»Sehr geehrter Herr Wittgenstein! Für das freundliche Lebenszeichen herzlichen Dank. Ich hoffe, daß Sie die Sendung durch die Zeitschrift, an die ich sie schicke, erhalten werden, und bitte Sie, das beigelegte Loos-Heft als eine ähnlich gemeinte Erwiderung aufzufassen.

Nach so vieljähriger Pause wüßte ich gerne, ob, wo und wie Ihre Geschwister Ludwig, Hermine und Frau Stonborough leben, und ich wäre Ihnen für eine <u>gelegentliche</u> kurze Nachricht darüber dankbar, auch für die Adresse Ihres Bruders Ludwig. Aus Ihrer Nachricht hoffe ich auch zu ersehen, ob ich ihm wieder einmal schreiben soll.

Vielen Dank und herzliche Grüße von Ihrem
sehr ergebenen
Paul Engelmann«

Tel Aviv, 8. Februar 1947
Achad Haam St. 90

Anmerkungen:

1 In einem Brief an Paul Schick vom 19. April 1964 schrieb Engelmann über diese Zeitschrift, daß sie der Behandlung religiöser Themen in einem geistigen Sinn gewidmet sei und ihr Verhältnis zur jüdischen Religion vielleicht einigermaßem dem des »Brenners« zur katholischen zu vergleichen sei. (Zit. nach Elazar Benyoëtz: »Paul Engelmann, Der Andere.« In: *Wittgenstein-Jahrbuch 2001/2002*. Hrsg. von Wilhelm Lütterfelds, Andreas Roser und Richard Raatzsch. Frankfurt a.M.: Peter Lang Verlag, 2003. S. 375.

2 Engelmanns Aufsatz über Ludwig Wittgenstein bewirkte den Beginn einer »Wittgenstein-Literatur« in Israel. (Vgl. E. Benyoëtz: »Engelmann, der Andere«. In: *Wittgenstein-Jahrbuch 2001/2002*. S. 376)

3 Vgl.: »Orpheus. Dramatisches Gedicht von Paul Engelmann«. Hrsg. von Josef G.F. Rothhaupt. In: *Wittgenstein-Jahrbuch 2001/2002*. S. 297–341.

4 Vgl. *Paul Engelmann, Psychologie graphisch dargestellt*. Hrsg. von Gerd Graßhoff und Timm Lampert. Wien, New York: Springer-Verlag, 2005.

Nachwort

von
Brian McGuinness

Die beste Ergänzung zu Engelmanns Erinnerungen, ja der Hintergrund, gegen den er wollte, daß sie gesehen werden, ist »The Biographical Sketch« von Professor von Wright[1]. Dieser Nachtrag befaßt sich mit einigen biographischen Fragen, die in den Erinnerungen aufgeworfen, jedoch dort noch nicht beantwortet worden sind.

Wittgensteins Familie

Beide seiner väterlichen Großeltern, Hermann Christian (1802–1878) und seine Frau Fanny (1814–1890), waren Protestanten, Hermann Christian wurde schon als Kind getauft, seine Frau vor ihrer Hochzeit. Hermann Christian wurde in Korbach im Fürstentum Waldeck (Hessen) geboren und war zur Zeit seiner Heirat (1839) Wollkaufmann in Leipzig. Acht der elf Kinder, Karl (1847–1913) inbegriffen, waren dort geboren, bevor Hermann Christian nach Österreich zog (1851), wo er Landwirtschaften kaufte, verpachtete und auch selbst verwaltete, meistens mit großem Erfolg. Seine acht Töchter und drei Söhne, sorgfältig aber einfach erzogen, zeichneten sich durch ihre Charaktergaben, ihre Teilnahme am kulturellen Leben Wiens und ihre Wohltätigkeit aus. In dieser ausgedehnten Familie, die mit der Familie Franz, mit der sie durch gegenseitige Heirat verbunden war, führend in der protestantischen Gemeinde Wiens war, wuchs Ludwig Wittgenstein auf. Zu seinen angeheirateten Onkeln zählte er einen katholischen General, hervorragende Beamte, Richter und Wissenschaftler österreichischer und deutscher Herkunft. Er selbst war römisch-katholisch wie seine Mutter. Der ehemals jüdische Teil ihrer Familie war schon seit Generationen zum christlichen Glauben übergetreten.

Das kulturelle Leben Wiens hatte Menschen jüdischer Abstammung viel zu verdanken. Bei manchen, wie bei Otto Weininger und Karl Kraus, welche Wittgenstein beide bewunderte, ist es möglich, den Einfluß einer spezifisch jüdischen Umgebung zu erkennen, dessen sie sich sicherlich bewußt waren. Aber Wittgensteins eigene jüdische Abkunft scheint zu entfernt gewesen zu sein, um ihn in dieser Weise zu beeinflussen, und war bis zum Anschluß mehr oder weniger vergessen.

Engelmanns Bezeichnung Karl Wittgensteins als ein »Selfmademan« mag angesichts der Wohlhabenheit der Familie erstaunlich klingen. Meiner Meinung nach ist es aber kein Fehler, sondern ein Hinweis auf die besondere Unabhängigkeit seines Geistes. Von ihr getrieben, brannte er als Bub nach Amerika durch (er hatte im Gymnasium wenig Erfolg gehabt), wo er sich ein Jahr lang selbst erhalten hat und als Kellner, Bartender, Geigenspieler und Lehrer in Deutsch und Mathematik sogar noch Ersparnisse machte. Nach seiner Heimkehr widmete er sich eine Zeitlang dem technischem Studium, doch übte er das Gelernte kaum aus, da er bald in der Leitung eines Stahlwerkes tätig war, dessen Direktor mit ihm durch Heirat verwandt war. Er erwarb ein großes Vermögen durch kühnes und doch gerechtfertigtes Vertrauen auf sein eigenes Urteil. Man kann den Einfluß seiner eigenen Jugend in der Erziehung sehen, die er seinen älteren Kindern angedeihen ließ. Anstatt sie in öffentliche Schulen zu schicken, ließ er sie durch Privatlehrer unterrichten: Auch zog er die technische Ausbildung der Entwicklung ihrer künstlerischen Gaben vor. Traurige Erfahrungen dürften ihn zu einer Änderung dieser Einstellung bewogen haben. Ludwig, das jüngste Kind, wurde im Alter von 14 Jahren in die Realschule nach Linz geschickt, und Paul, der zweitjüngste, wurde Konzertpianist.

Paul (1887–1961) kann vielleicht als Beispiel für die bemerkenswerte Menge an Talenten dienen, welche Wittgensteins eigene Generation auszeichnete. Er war ein begabter Pianist, der seinen Arm im Ersten Weltkrieg verlor, doch mit der Entschlossenheit und Selbstbeherrschung, die seinem Vater in Amerika geholfen hatte, lehrte er sich selbst mit einer Hand zu spielen und nahm seine Karriere mit großem Erfolg wieder auf.

Wittgensteins militärische Laufbahn

Am 7. August 1914 rückte Wittgenstein zu einem Festungs-Artillerieregiment (FsAR 2) ein. Am 19. August kam er an die Front, und erhielt auf einem Weichseldampfer eine untergeordnete Beschäftigung bis 10. Dezember und hat auf diese Weise im Hin und Her der Herbstkämpfe in Galizien teilgenommen. Darauf arbeitete er in einer Artilleriewerkstätte in Krakau, wo seine Geschicklichkeit als Ingenieur erkannt wurde und wo ihm vom Kommandanten ganz vorschriftswidrig die Vorrechte eines Offiziers erteilt wurden. Nach dem Durchbruch von Gorlice-Tarnow wurde er gelegentlich nach vorn versetzt und war ungefähr von Ende Juli 1915 an bei Sokal, nördlich von Lemberg, bei einem Artillerie-Werkstättenzug stationiert. Anfang 1916 zeigte es sich, daß die Bemühungen des Kommandanten, Wittgensteins Rang zu erhöhen, gescheitert waren und er daher versetzt werden mußte. Wie er lange gewünscht hatte, kam er an die Front, und zwar zu einem Haubitzen-Regiment (F.H.R. 5, später in F.A.R. 105 umbenannt) mit dem Standort Sanok, Galizien. Er diente als Artillerie-Beobachter und wurde bald (1. Juni) zum Vormeister befördert. In den ersten Tagen der Brussilow-Offensive (vom 4. Juni an) wurde er, offenbar nicht zum ersten Mal, mit einer Tapferkeitsmedaille ausgezeichnet, und zwar anscheinend nach den besonders schweren Kämpfen südlich von Okna. Am 1. September wurde er zum Korporal befördert. Bald danach muß er nach Olmütz auf die Artillerie-Offiziersschule gegangen sein (nicht 1915, wie von Wright in seinem *Sketch* meint). Am 1. Dezember 1916 wurde er Fähnrich i.d.R. (Leutnant 1. d.R. am 1. Februar 1918). Am 26. Januar 1917 ist er zu seinem Regiment zurückgekehrt und hat anscheinend bis zur Kerensky-Offensive im Juli 1917 hauptsächlich am Stellungskrieg in der Bukowina teilgenommen. Dann fiel sein Regiment an den Fluß Lomnica zurück, machte einen Gegenangriff und war bei der endgültigen Wiedereroberung von Czernowitz beteiligt. Von da an, bis zur Einstellung der Feindseligkeiten in diesem Gebiet, machte er den Stellungskrieg um Czernowitz mit, nahm aber auch an einem Angriff auf Bojan (im Osten) am 27. August (zufälligerweise auch das Datum von Brief Nr. 17) teil. Olmütz war für einen Urlaub günstiger als Wien, und Wittgenstein muß mindestens einmal, wahrscheinlich vor Juli, seinen Urlaub dort verbracht haben.

Im Frühling 1918 kam Wittgenstein an die Südfront und wurde vorübergehend einem Gebirgs-Artillerieregiment (G.A.R. 11) zugeteilt. Er kämpfte in der Umgebung von Asiago, und eine seiner vielen Auszeichnungen erwarb er sich am ersten Tag der letzten österreichischen Offensive in dieser Gegend (15.6.1918). Im Juli und vielleicht im August war Wittgenstein in der Gegend von Salzburg und in Wien auf Urlaub. In dieser Zeit dürfte die endgültige Niederschrift des *Tractatus* verfaßt worden sein. Danach kehrte Wittgenstein an die Front zurück und wurde mit dem ganzen Heeresteil im Abschnitt Trient am 3.11.1918 gefangengenommen.

Aus diesem kurzen Bericht ist leicht zu ersehen, daß Wittgenstein im Krieg schwere Zeiten durchzumachen hatte. Die besonderen Schwierigkeiten der unzulänglichen Verpflegung und Organisation, unter der die österreichisch-ungarischen Truppen litten, das Elend der zivilen Bevölkerung und der russischen Gefangenen in Galizien und die Mühsal des Gebirgskrieges bei Asiago sind von Militärhistorikern anerkannt. All das war der Hintergrund zur Entstehung des *Tractatus*.

Die verschiedenen militärischen Berichte und Meldungen Wittgenstein betreffend und einige Erinnerungen von Kriegskameraden zeigen, wie nicht anders zu erwarten war, daß er sich durch seine Erziehung und Kultur auszeichnete. Laut Beschreibungen war er aber auch »ein guter Kamerad«. Da ist keine Spur von den Schwierigkeiten mit seiner Umgebung zu finden, die ihm später als Lehrer in den Dörfern das Leben schwer machten. In dieser Beziehung scheinen wohl die harten Tatsachen des Krieges eine Natürlichkeit und ein Fehlen alles Gekünstelten mit sich gebracht zu haben, was ihm sehr zusagte. Auf seine Untergebenen hatte er einen guten Einfluß, besonders während der Schlacht, indem er sie beruhigte und das Beste aus ihnen herausholte; dabei half ihm vor allem seine Fähigkeit, selbst unter schwerem Feuer ruhig seine Aufgabe als Artillerie-Beobachter auszuführen. Es ist anzunehmen, daß die Mühsal und Anstrengungen dieser Jahre zum Teil für sein Sichzurückziehen von der Welt und sein Suchen nach Frieden in den folgenden Jahren verantwortlich waren. Doch hätte Wittgenstein es wahrscheinlich auf andere, innere Ursachen zurückgeführt.

Die Herausgabe des *Tractatus*

Das Angebot des *Tractatus* an Ficker war Wittgensteins vierter Versuch, ihn zu veröffentlichen. Er hatte ihn sofort nach seiner Fertigstellung an Jahoda geschickt (vgl. seinen Brief vom 9.10.1918) und gleich nach seiner Heimkehr aus der Kriegsgefangenschaft an Braumüller (Brief vom 2.9.1919). Er erzählte Ficker, daß Braumüller, auf Empfehlung von Russell, den *Tractatus* veröffentlicht hätte, wenn Wittgenstein für die Kosten von Papier und Druck aufgekommen wäre, eine Abmachung, die dieser prinzipiell ablehnte. Frege hatte mindestens so früh wie Russell eine Abschrift erhalten, und obzwar er, wie Wittgenstein den Eindruck hatte, nicht ein Wort davon verstand, scheint er doch die Veröffentlichung betrieben zu haben. Jedenfalls erzählte Wittgenstein Ficker von einem deutschen Professor, der es einem Freund, dem Verleger einer Art philosophischen Zeitschrift, gegeben hatte. Offenbar handelt es sich hier um die *Beiträge zur Geschichte des deutschen Idealismus*, wo Freges Nachkriegsschriften veröffentlicht wurden. Dieser Verleger wollte Änderungen im Buch, die in Betracht zu ziehen Wittgenstein sich weigerte. Ficker konnte die Bedeutung des Werkes Wittgensteins nicht erkennen, die finanzielle Situation des *Brenner* verbot ihm, das Risiko einer Veröffentlichung einzugehen. Er nahm die Hilfe von Rilke in Anspruch, der sich bereit erklärte, mit dem Insel-Verlag Kontakt aufzunehmen, ebenfalls mit Otto Reichel in Darmstadt (Keyserlings Verleger). Als Russell sich erbötig machte, eine Einleitung zu schreiben, schien die Herausgabe des Buches gesichert, und Ficker gab seine Bemühungen auf.

Reclam wollte anscheinend den *Tractatus* nicht *ohne* Russells Einleitung (wie Wittgenstein es wünschte) herausgeben, und Wittgenstein scheint nichts weiter unternommen zu haben. Die Veröffentlichung bei Ostwald mehr als ein Jahr später kam durch Russells Vermittlung zustande (Wittgenstein las nicht einmal die Korrekturbögen), ebenso wie die englische Ausgabe, für die Wittgenstein die von Ostwald gedruckte Ausgabe korrigierte, sowie die Fahnen der Übersetzung von C.K. Ogden und F.P. Ramsey. Als Ramsey im Jahre 1923 Wittgenstein traf, gratulierte dieser ihm zur ausgezeichneten Übersetzung.

Sehr interessant ist die Beschreibung des *Tractatus*, die Wittgenstein Ficker gab und die mit dem Eindruck, den Engelmann von dem Werk erhielt, übereinstimmt. Wittgenstein beschreibt es als ein streng philosophisches Werk, welches gleichzeitig literarisch sei. Ficker werde es nicht verstehen, obzwar sein Inhalt nicht ferne von seinen eigenen Interessen liege.

... der Sinn des Buches ist ein Ethischer. Ich wollte einmal in das Vorwort einen Satz geben, der nun tatsächlich nicht darin steht, den ich Ihnen aber jetzt schreibe, weil er Ihnen vielleicht ein Schlüssel sein wird: Ich wollte nämlich schreiben, mein Werk bestehe aus zwei Teilen: aus dem, der hier vorliegt, und aus alledem, was ich <u>nicht</u> geschrieben habe. Und gerade dieser zweite Teil ist der Wichtige. Es wird nämlich das Ethische durch mein Buch gleichsam von Innen her begrenzt; und ich bin überzeugt, daß es, <u>streng</u>, <u>nur</u> so zu begrenzen ist. Kurz, ich glaube: Alles das, was <u>viele</u> heute <u>schwefeln</u>, habe ich in meinem Buch festgelegt, indem ich darüber schweige. Und darum wird das Buch, wenn ich mich nicht sehr irre, vieles sagen, was Sie selbst sagen wollen, aber Sie werden vielleicht nicht sehen, daß es darin gesagt ist. Ich würde Ihnen nun empfehlen das <u>Vorwort</u> und den <u>Schluß</u> zu lesen, da diese den Sinn am Unmittelbarsten zum Ausdruck bringen. –[2]

Wittgensteins Aufenthalte von 1919–1926

1919/20	Lehrerbildungsanstalt Kundmanngasse, Wien III
Dezember 1919	Reise nach Den Haag und Zusammenkunft mit Russell
Sommer 1920	Gärtnergehilfe in Klosterneuburg bei Wien
Herbst 1920 bis Juli 1922	Volksschullehrer in Trattenbach, Niederösterreich
Sommer 1921	Reise nach Norwegen mit Arvid Sjögren
Sommer 1922	Zusammenkunft mit Russell in Innsbruck
Herbst 1922	Kurze Zeit an einer Hauptschule in Haßbach bei Neunkirchen, Niederösterreich
Herbst 1922 bis Juli 1924	Volksschullehrer in Puchberg am Schneeberg, Niederösterreich
September 1923	Besuch Ramseys in Puchberg
März–Oktober 1924	Ramsey in Wien: wiederholte Besuche in Puchberg
Herbst 1924 bis April 1926	Volksschullehrer in Otterthal, Niederösterreich
Sommer 1925	Besuch in England (hauptsächlich Manchester und Cambridge)
Frühling/Sommer 1926	Gärtnergehilfe in Hütteldorf bei Wien
Herbst 1926	Die Arbeit am Hausbau Kundmanngasse beginnt

Seine Gedanken und Tätigkeit während dieser Zeit sind in G.H. von Wrights *Biographischer Skizze* und G. Pitchers *The Philosophy of Wittgenstein* (1964) kurz beschrieben worden. In einer ausführlichen Behandlung, die Engelmann dem Leben Wittgensteins als Schullehrer zugedacht hatte, wäre es ihm zweifellos möglich gewesen, besser zu zeigen, wie Wittgensteins zahlreiche Interessen die Schwermut, die über ihm lag (die in seinen Briefen an Engelmann so deutlich ist), bis zu einem gewissen Grade zu erhellen halfen. Er war ganz ausgefüllt von der praktischen Arbeit des Lehrens und gab sich die größte Mühe, seine Arbeit vorzubereiten und über die Interessen seiner Schüler zu wachen. Obwohl er es nicht leicht fand, unter den Bauern und Arbeitern dieser Dörfer zu leben, fand er auch Freunde unter Kollegen und Nachbarn, und Freunde von außerhalb besuchten ihn. Mit diesen, mit seinen Lieblingsdichtern und in der Musik fand er ein wenig Frieden. Denen, die ihn damals kannten, schien das nicht eine unglückliche und trostlose Zeit zu sein, und einige von denen, für die seine Bekanntschaft am wertvollsten war, lernten ihn gerade während dieser Periode kennen.

Wittgensteins Zusammentreffen mit Schlick

Engelmann war im Irrtum mit der Annahme, daß Schlick niemals von Wittgenstein gehört hatte, als er ihn zum ersten Mal traf. In den Jahren 1926/27 war der *Tractatus* ein Gegenstand größten Interesses in Wien. Der Mathematiker Hans Hahn hatte darüber im Jahre 1922 ein Seminar gegeben, und sowohl Schlick als auch Professor Kurt Reidemeister (der Mathematiker), die im Jahre 1922 nach Wien berufen worden waren, waren davon tief beeindruckt. Schlick schrieb an Wittgenstein am 25.12.1924:

> ... als Bewunderer Ihres tractatus logico-philosophicus hatte ich schon lange die Absicht, mit Ihnen in Verbindung zu treten. Die Last meiner Amts- und sonstigen Verpflichtungen – ist schuld daran, daß die Ausführung meiner Absicht immer wieder zurückgeschoben wurde, obgleich seit meiner Berufung nach Wien bereits fast fünf Semester verflossen sind. Im Philosophischen Institut pflege ich jedes Wintersemester regelmäßig Zusammenkünfte von Kollegen und begabten Studenten abzuhalten, die sich für die Grundlagen der Logik und Mathematik interessieren, und in diesem Kreise ist Ihr Name oft erwähnt worden, besonders seit mein Kollege der Mathematiker Prof. Reidemeister über Ihre Arbeit einen referierenden Vortrag hielt, der auf uns alle einen großen Eindruck machte. Es existiert hier also eine Reihe von Leuten – ich selbst rechne mich dazu –, die von der Wichtigkeit und Richtigkeit Ihrer Grundgedanken überzeugt sind, und wir haben den lebhaften Wunsch, an der Verbreitung Ihrer Ansichten mitzuwirken ... [Schlick fährt fort, Wittgenstein zu fragen, wie man Kopien des *Tractatus* erlangen könne.] ... Eine besondere Freude würde es mir sein, Sie persönlich kennen zu lernen, und ich würde mir gestatten, Sie gelegentlich einmal in Puchberg aufzusuchen, es sei denn, daß Sie mich wissen lassen sollten, daß Ihnen eine Störung Ihrer ländlichen Ruhe nicht erwünscht ist. [...]

Wittgenstein fand diesen Brief in Otterthal nach seiner Rückkehr von den Weihnachtsferien und antwortete (7.1.1925) in sehr freundlichen Worten. Er sagte, daß er selbst kein Exemplar des *Tractatus* besäße. Er bezeugte große Freude über die Aussicht eines Besuches von Schlick, der in seiner Antwort (14.1.1925) noch einmal seine Absicht zu kommen ausdrückte. Tatsächlich scheint er aber die Reise nicht vor April 1926 versucht zu haben, denn als er und einige ausgewählte Schüler nach Otterthal kamen, fanden sie, daß Wittgenstein seine Stelle als Lehrer aufgegeben und Otterthal verlassen hatte. Trotz Wittgensteins grundsätzlich freundlicher Einstellung Schlick gegenüber war er offenbar zu zurückhaltend, ihn zu besuchen, obgleich Schlick ihm gesagt hatte, daß er ihn natürlich jederzeit sehr gerne sehen würde, wann immer er nach Wien käme.

Von Herbst 1926 an war Wittgenstein in Wien mit dem Bau des Hauses in der Kundmanngasse für seine Schwester, Mrs. Margarethe Stonborough, beschäftigt. Mrs. Stonborough war in den gesellschaftlichen und intellektuellen Kreisen Wiens bekannt, und schließlich war es ihr zu verdanken, daß Schlick Wittgenstein kennenlernte. Dieser hatte Wittgenstein eine seiner Schriften geschickt und schlug ein Treffen (zusammmen mit einer oder zwei anderen Personen) vor, um logische Probleme zu erörtern. Am 19.2.1927 schrieb Mrs. Stonborough an Schlick:

Er bittet mich nun, Ihnen mit seinen Grüßen und wärmsten Entschuldigungen zu sagen, daß er glaubt immer noch nicht im Stande zu sein, sich neben seiner jetzigen, ihn ganz und gar in Anspruch nehmenden Arbeit auf die logischen Probleme conzentrieren zu können. Auf keinen Fall möchte er mit mehreren Personen konferieren. Mit Ihnen, verehrter Herr Professor, allein diese Dinge zu besprechen hielte er für möglich. Dabei würde es sich, wie er meint, zeigen ob er momentan überhaupt fähig ist Ihnen in dieser Angelegenheit von Nutzen zu sein.

Demgemäß wurde Schlick zum Mittagessen eingeladen, um danach das Problem zu besprechen. Frau Blanche Schlick berichtet:

Die Einladung von Frau Stonborough brachte große Freude und Erwartung mit sich, und diesmal wurden M.'s Hoffnungen nicht vereitelt. Wiederum konnte ich (wie bei der Gelegenheit des fehlgeschlagenen Besuchs in Otterthal) mit Interesse die ehrerbietige Haltung des Pilgers beobachten. Er kehrte in einem hingerissenen Zustand zurück, sprach wenig und ich fühlte, daß ich keine Fragen stellen dürfte. (Vgl. *Wittgenstein und der Wiener Kreis*. Werkausgabe Bd. 3, S. 14)

Wittgensteins Zusammentreffen mit Ficker und Loos

Das genaue Datum von Wittgensteins Begegnung mit Loos und der Hintergrund einiger Bemerkungen in seinem Brief vom 31.3.1917 sind in einem Artikel von Ludwig Ficker in der letzten Nummer von *Der Brenner* dargestellt. Wittgenstein war von Karl Kraus' Lob über den *Brenner* (vgl. Kommentar zu Brief Nr. 2 und Nr. 61) beeindruckt gewesen und wandte sich an Ficker mit der Bitte, ihm bei der anonymen Verteilung von 100.000 Kronen von dem Geld, das er von seinem Vater geerbt hatte, zu helfen. Rilke und Trakl sollten nach Fickers Ansicht die ersten Empfänger dieser Unterstützung sein, und jeder empfing ein Fünftel des oben erwähnten Betrages. Außer daß er darauf bestand, einen Beitrag für den *Brenner* zu geben, wollte Wittgenstein mit der Auswahl der Stipendiaten nichts zu tun haben (daher seine Bemerkung über Ehrenstein im oben erwähnten Brief). Wittgenstein bewunderte die Gedichte Trakls und sprach voll Anerkennung von einigen, die ihm Rilke durch Ficker geschickt hatte, war aber vom Ausdruck der Dankbarkeit, der ihn von einigen der anderen Beschenkten erreichte, nicht sehr beeindruckt.

Wittgenstein traf Ficker zum ersten Mal am 23.7.1914, und dieser machte ihn am darauffolgenden Tag mit Loos bekannt. Die beiden waren sofort in ein Gespräch über Architektur verwickelt, so angeregt, als es Loos' Schwerhörigkeit zuließ. Das Haus, das Wittgenstein in den Jahren 1926–1928 baute, hat Züge, die an Loos' Werk erinnern – hauptsächlich das Fehlen von Ornamenten –, aber in anderen Hinsichten, vor allem in den hohen und schmalen Fenstern und Türen, ist es Loos' Werken sehr unähnlich. Es ist bedauerlich, daß über den Bau des Hauses kein Bericht von Engelmann vorliegt.

Während seiner Militärzeit schrieb Wittgenstein oft an Ficker, bis dieser Ende 1915 einberufen wurde. Seine Briefe, sowohl damals als auch nach dem Kriege, hatten die Direktheit und Offenheit, die Wittgensteins Freundschaft zu einem so wertvollen Besitz machten. Sie zeigen (wie es auch sein Ausdruck der Teilnahme in Brief Nr. 61 tut), daß seine Beziehung zu Ficker nicht nur nach seinen Bemerkungen in Brief Nr. 79 und Nr. 87 beurteilt werden darf.

Anmerkungen:

1 Norman Malcolm: *Ludwig Wittgenstein. A Memoir. With a Biographical Sketch by Georg Henrik von Wright.* Second edition with Wittgenstein's letters to Norman Malcolm. Oxford: Oxford University Press, 1984.
2 Brief Ludwig Wittgensteins an Ludwig von Ficker, [nach dem 20.10.1919]. Original im Brenner-Archiv.

Paul Engelmann und Ludwig Wittgenstein:
Leiden am Dasein und leidenschaftliche Suche

von

Ilse Somavilla

Wie Paul Engelmann in seinen Erinnerungen an Wittgenstein schreibt, waren es zwei Themenkreise, die die Gespräche der beiden Freunde hauptsächlich bestimmten: Ihr seelisches Erleben, das vom Gefühl der Schuld und der Auseinandersetzung mit Religion geprägt war, und Wittgensteins Gedanken zu seiner philosophischen Arbeit – zum *Tractatus*. Diese Tatsache gibt nicht nur einmal mehr Aufschluß darüber, was Wittgenstein wesentlich und für ihn nicht voneinander isoliert zu betrachten war – Philosophie, Ethik und Religion –, sondern auch, wie ernst er Paul Engelmann als Freund und als Berater nahm, teilte er doch mit ihm das, was ihn eigentlich berührte.

Die Auseinandersetzung mit dem ersten Thema war zweifellos weitgehend aus der Erfahrung des Krieges hervorgegangen, einer Erfahrung, die, wie Engelmann notierte,[1] mit keiner anderen vergleichbar war und ihn – wie auch Wittgenstein und andere – bis ins Innerste erschütterte und in der Folge veränderte, beider Denken und Handeln in einschneidender Weise prägte.

Vor der Erfahrung des Krieges hatten Wittgenstein und Engelmann sich so gut wie keine Gedanken über Gott und Religion gemacht. Wie Paul Engelmann in seinen tagebuchartigen Aufzeichnungen unter dem Titel »Meine Gottesidee« festhielt, war er bis 1916 das, was man nach seinen eigenen Worten einen Atheisten nennen könnte: Er erklärte sich die Schöpfung rein physikalisch-chemisch, als ein »Werk der Natur«. Was diese sei und woher sie stamme, darüber dachte er nicht näher nach. Erst angesichts des Elends und der Leiden der Menschen, verursacht durch den Krieg, begann er, den Dingen auf den Grund zu gehen, und kam allmählich zu der Einsicht, daß »das Weltgeschehen nicht gerade vom reinen blinden Zufall gelenkt« werde – daß es mit den »Tatsachen der Welt« nicht abgetan sei, um mit Wittgenstein zu sprechen, es mehr als nur sinnlich Erfahrbares geben müsse.

Wittgenstein war es ähnlich ergangen. Während er in früheren Jahren die Vorteile eines reichen Sohnes zu schätzen und genießen wußte und sich über den Sinn des Daseins keine tieferen Gedanken machte, veränderte der Krieg seine Lebenseinstellung grundlegend. Zwar hatte er, wie er später Norman Malcolm berichtete, bereits 1910, anläßlich einer Aufführung eines Theaterstückes von Ludwig Anzengruber, die Möglichkeit der Religion erkannt; die intensive Auseinandersetzung mit ethischen und religiösen Fragen setzte aber erst nach dem einschneidenden Erlebnis des Krieges ein, wie seine Tagebuchaufzeichnungen zwischen 1914 und 1917 bezeugen.

Trotz ähnlicher Erfahrungen begegnete jeder der beiden Freunde den Fragen auf seine ganz spezifische Art. Einer der großen Unterschiede lag bereits in der Einstellung gegenüber der Teilnahme am Krieg: Engelmann, der als überzeugter Pazifist den Kriegsdienst verweigerte, war bemüht um den Kampf für den Frieden, Wittgenstein hingegen empfand es als unbedingte Pflicht, am Krieg teilzunehmen, obwohl er aus gesundheitlichen Gründen freigestellt worden wäre.

In dieser Hinsicht waren sie verschieden, in der leidenschaftlichen Verfolgung ihrer Ideale aber gleich. Beide zogen aus ihrem Denken als Konsequenz das Handeln – die Umsetzung ihrer Ideen im persönlichen Lebensvollzug, ein Aktivwerden, eine gelebte »praktische Ethik« – wenn auch auf unterschiedliche Art und Weise.

Während Engelmann durch die Erlebnisse des Krieges zum Schreiben kam, wobei sich die während dieser Zeit eingehaltene pazifistische Einstellung zu einem – wenn auch nur theoretischen und nun schriftlich festgehaltenen – Konzept der Gesellschaftsveränderung entwickelte, nahm Wittgenstein als Soldat aktiv am Krieg teil, setzte gleichzeitig aber seine philosophische Arbeit fort, von der er ein Manuskript mit sich führte. Dies erfolgte auf so intensive Weise, daß mitunter Kriegsschauplatz und philosophische Tätigkeit ineinander überzugehen scheinen: Die philosophischen Probleme bezeichnet er als »Belagerung«, als »Forts«, die er zu stürmen versucht. Zudem läßt sich mehr und mehr eine christlich-religiöse Haltung beobachten, wobei Anrufungen an einen persönlichen Gott mit solchen an den »Geist« wechseln – Geist als Synonym für das Ringen um einen religiösen Glauben aus existentieller Not wie auch um Klarheit in philosophischen Problemen.[2]

Was das Leben und Leiden des Einzelnen – auch über den Krieg hinaus – betraf, so waren sich Engelmann und Wittgenstein des Leidens am Dasein mehr als bewußt und dahingehend einig, daß dieses in der Diskrepanz bzw. dem Mißverhältnis zwischen Realität und Idealität – der Wirklichkeit, wie sie sie vorfanden, und der idealen Welt, die sie sich wünschten – wurzelte. Beide waren geneigt, die Ursache dieses Mißverhältnisses eher in sich selbst als außerhalb zu suchen, was zu einer selbstquälerischen Auseinandersetzung mit eigenen, vermeintlich begangenen Fehlern, zu dem Gefühl persönlichen Versagens, führte.

Trotzdem unterschieden sie sich in der Konsequenz, die sie daraus zogen: während Wittgenstein den Grund des Leidens im Individuum selbst – durch dessen radikale Änderung – zu beheben suchte, richtete Engelmann sein Augenmerk auf die Umstände bzw. das Gesellschaftssystem, das er als mitverantwortlich für das leidvolle Dasein ansah. Dementsprechend war er – im Gegensatz zu seiner pazifistischen Haltung gegenüber dem Kriegsgeschehen – bestrebt, grundlegende Änderungen in der Gesellschaft zu erwirken. Wittgenstein, der am Krieg aktiv teilnahm, distanzierte sich hingegen entschieden von jeder Form eines Bemühens um allgemeine Weltverbesserung und verhielt sich in dieser Hinsicht – von außen betrachtet – passiv. Er, für den Ethik und folglich ethische Regeln nicht verbalisierbar waren, sah die einzige Möglichkeit eines Verständnisses von Ethik in der ethischen Lebensweise des Einzelnen, die sich in seinem Leben »zeige«, über die aber kein Wort zu verlieren sei. Nur auf die Änderung des Einzelnen kam es seiner Meinung nach an – eine Änderung, die die Probleme zum Verschwinden bringen sollte. Diese in den Tagebüchern und im *Tractatus* postulierte »Lösung des Problems des Lebens«[3] schwebte ihm auch noch Jahre später vor: In der Philosophie als einer »Auflösung« anstatt einer Lösung, im praktischen Leben als Aufforderung zu persönlicher Veränderung.

Die Lösung des Problems, das Du im Leben siehst, ist eine Art zu leben, die das Problemhafte zum Verschwinden bringt.

Daß das Leben problematisch ist, heißt, daß Dein Leben nicht in die Form des Lebens paßt. Du mußt dann Dein Leben verändern, & paßt es in die Form, dann verschwindet das Problematische.[4]

Um die Diskrepanz zwischen realer und erwünschter Welt zu überwinden, forderte Wittgenstein, in Übereinstimmung mit der Welt zu leben, das heißt, in »Übereinstimmung mit jenem fremden Willen«, von dem man abhängig erscheint.[5] Diese »Übereinstimmung« oder »Harmonie«, wie er sich ausdrückte, war nur durch eine ethisch bestimmte Lebensweise gewährleistet, die trotz oder eben gerade durch Verzicht auf die äußeren »Annehmlichkeiten der Welt«[6] ein glückliches Leben ermöglicht. Voraussetzung für ein solches Leben aber ist eine grundlegende Veränderung, ein Aufgeben aller bisherigen Bequemlichkeiten. Wittgenstein hatte dabei ein stilles, zurückgezogenes Leben im Sinne Tolstois vor Augen, ein Leben im Dienst einer Sache und im Dienst an den unmittelbaren Mitmenschen. Er hielt nichts von großangelegten Versuchen zu gesellschaftlichen Verbesserungen, wie er ja bekannterweise politischen Aktivitäten insgesamt äußerst kritisch gegenüberstand.

Trotz seiner Sympathie für das Leben des einfachen, arbeitenden Mannes und trotz seinem mehrfach geäußerten Wunsch, nach Rußland auszuwandern, wäre es verfehlt, Wittgenstein politisch als Sozialisten oder Kommunisten darzustellen. Seine politische Weltformel, so Engelmann, lautete: »Es ist immer dasselbe: Schweinerei von oben, Schweinerei von unten«,[7] und diese Einstellung mündete in einer Distanzierung von jeder Form von politischer Aktivität.

Engelmann hingegen war bestrebt, politisch »einzugreifen«, Änderungen herbeizuführen. Obwohl Wittgenstein die Ideen seines Freundes nicht wirklich ernst nahm, würdigte er sie doch als »anständig«, da er wußte, daß sie aus innerer Überzeugung entstanden waren. Dieses Streben nach Anständigkeit war es auch, das die beiden Freunde miteinander verband und das die kompromißlose Durchführung all dessen, was ihnen anständig und wahrhaft erschien, bedeutete. Dies erforderte vor allem Mut, ein weiterer bestimmender Faktor, den Wittgenstein verlangte, und den er bezüglich schöpferischer Tätigkeit mit »Originalität« verband, woraus wieder die entscheidende Rolle eines ethischen Verhaltens für seine philosophische Arbeit deutlich wird. Daraus läßt sich vielleicht auch die Bedeutung des »Einfalls« erklären, auf den es Wittgenstein ankam und der für ihn der Beweis des Unterschieds zwischen einem echten und einem unechten Gedanken war.[8]

Trotz dieser Bedeutung, die Wittgenstein den ersten spontanen Gedanken beimaß, sparte er im weiteren Verlauf, bei der Ausarbeitung seiner Ideen, nicht an Arbeitsaufwand. Ähnliches trifft auch auf Engelmann zu. Beider Schriften geben Zeugnis von unentwegter Feinarbeit – nicht nur in ihrem immensen Ausmaß, der Reichhaltigkeit der Themen, sondern vor allem bezüglich ihrer Qualität und dies auf zwei Ebenen, der inhaltlichen und der formalen. Bei Einsicht ihrer Nachlässe zeigen sich in dieser Hinsicht einige Parallelen: Wittgenstein und Engelmann gaben sich nie mit einmal Geschriebenem zufrieden, weder mit der »Klärung« der zu behandelnden Themen noch mit dem sprachlichen Ausdruck. Wenn man Wittgensteins Manuskripte durchsieht, wird man eines unaufhörlichen Prozesses des Suchens gewahr, eines leidenschaftlichen Ringens um jeden Satz, um jedes Wort, das in an sich selbst gestellten, qualvoll hohen Anforderungen wurzelte.

Doch auch Engelmann stand ihm in unermüdlichen Versuchen, etwas besser, anders zu sagen, nicht nach – sein Nachlaß stellt eine schier unüberschaubare Anzahl von lose gebundenen Heften, Zetteln, Skizzen und dergleichen dar, die oftmals um ein und dasselbe Thema kreisen, doch in immer neuen Stufen der Bearbeitung.

Die Unzufriedenheit mit ihren Aufzeichnungen war die Folge des hohen Ethos, dem sie gerecht zu werden suchten und woran sie zu scheitern fürchteten. Diese, die ganze Persönlichkeit erfassenden Gefühle der Unzulänglichkeit, der »Schlechtigkeit« waren etwas, was sie miteinander teilten und was sie von Anbeginn ihrer Begegnung miteinander verband: »Gnädige Frau, ich bin ein schlechter Mensch«[9], so hatte sich Wittgenstein bei Engelmanns Mutter Ernestine vorgestellt und damit Paul tief beeindruckt.

Das Gefühl des Versagens und der Schuld, unter dem sie beide litten, führte, so Engelmann, zu einer »leidenschaftlichen inneren Gedankentätigkeit«.[10] Bei Wittgenstein äußerte sich das ständige Bewußtsein seiner angeblichen Unanständigkeit in einer Kontrolle jeglicher Gedanken und Tätigkeiten; das Streben nach Reinheit und Klarheit im Persönlichen übertrug sich auf seine philosophische Arbeit, die von einer besessenen Suche nach Wahrhaftigkeit und Präzision in inhaltlicher wie auch in sprachlicher Hinsicht gezeichnet ist.

Auch seine Tätigkeit als Architekt – beim Hausbau für seine Schwester – führte er mit demselben Ernst durch wie sein philosophisches Anliegen, wobei wiederum die hohe moralische Grundhaltung erkennbar ist:

Die Arbeit an der Philosophie ist – wie vielfach die Arbeit in der Architektur – eigentlich mehr die/eine Arbeit an Einem selbst. An der eignen Auffassung. Daran, wie man die Dinge sieht. (Und was man von ihnen verlangt.)[11]

In ihren Diskussionen um unlösbare moralische und religiöse Fragen suchten Engelmann und Wittgenstein – abgesehen von dem Streben nach einer ethischen Lebensweise – nach einer Lösung durch einen ästhetischen Zugang. Nicht zuletzt unter dem Einfluß von Schopenhauers Metaphysik des Schönen, nach der die einzigen, für den Menschen in diesem Leben erfahrbaren »glückseligen« Augenblicke durch die ästhetische Betrachtung gewährleistet sind, fanden Engelmann und Wittgenstein Trost in den schönen Künsten und in der Literatur. In der ästhetischen Kontemplation, in der das Einzelne und Zeitliche als Ausdruck des Allgemeinen und Ewigen wahrgenommen wird, vermag der Betrachter sich über Raum und Zeit zu erheben und zu einer distanzierten und gelassenen Haltung gegenüber dem leidvollen Dasein zu gelangen.

Dieser Haltung liegt eine ethische Komponente inne, ähnlich der Betrachtung »sub specie aeternitatis« – ein von Spinoza geprägter Begriff, der übrigens der einzige philosophische Terminus gewesen sei, den Wittgenstein gerne und häufig, auch in ernsthaften Konversationen, verwendete, wie Engelmann in seinen Erinnerungsnotizen festhielt. [12] Wie bei Spinoza die in der Natur der Vernunft liegende Betrachtung zur Erkenntnis der ewigen Gottesnatur führt und dadurch alles Geschehen in der Welt nicht als zufällig, sondern als notwendig erkannt und daher akzeptiert wird, so führt auch nach Wittgensteins Reflexionen zu der Zeit die Erkenntnis der Notwendigkeit der logischen Gesetze der Welt zur Bejahung des Schicksals, auch des leidvollen. Das von Wittgenstein in seinen frühen Schriften propagierte Leben in »Übereinstimmung« mit der Welt bzw. mit dem »fremden Willen« bedeutet im spinozistischen Sinn die Bejahung der Naturnotwendigkeit, als Ausdruck der »ewigen Gottesnatur«. Dies aber wird durch die Erkenntnis des Schönen als des Guten erleichtert. Selbst während des Grauens der Kriegszeit fordert Wittgenstein, im Guten und Schönen zu leben – so lange bis das Leben von selbst aufhöre.[13]

Auch Engelmann war die enge Verknüpfung des Ästhetischen mit dem Religiösen bewußt.

Wenn das Religiöse von einem heutigen Menschen überhaupt wirklich erreicht u. gelebt werden kann, so kann es nur vom Ästhetischen u. von der Kunst her auch im Leben erreicht werden. Denn alle psychologischen Voraussetzungen dazu, vor allem Phantasie u. Begeisterungsfähigkeit, sind nur bei diesem vorhanden. Nur er hat die seelische Voraussetzung dazu, im Glücksfall wirklich religiös zu werden. Der Assessor dagegen, der das Bürgerliche mit einem Glorienschein umgibt, existiert nicht.[14]

Obwohl die Kunst für Wittgenstein und Engelmann zu einem besseren Verständnis persönlicher und religiöser Fragen beigetragen haben mag, so war das Leidenschaftliche in ihrem Naturell eher ein Hinderungsgrund, um das Weltgeschehen mit seinen Schattenseiten kühl und teilnahmslos zu betrachten. Die Betrachtung sub specie aeternitatis im Sinne Spinozas bzw. die vom Willen völlig gelöste ethische Betrachtung führte zwar zu einer Loslösung von raum- und zeitgebundenen Interessen, aber nicht zu jener »Abgehobenheit«, jener Art stoischer Gelassenheit, wie sie Spinoza in seiner Bewältigung der Affekte fordert, oder wie sie Schopenhauer in seinen Schriften über die Verneinung des Willens zum Leben beschreibt. Dies ist aber nicht als Manko zu betrachten, sondern im Gegenteil als Anstoß und Möglichkeit, in vielfach unerforschbar scheinende Bereiche vorzudringen: »Wittgenstein war der leidenschaftlichste Mensch, den ich gekannt habe«, erinnerte sich Engelmann, und »durch die persönliche Kenntnis dieses Menschen« habe er die Wahrheit der Worte von Bettina von Arnim, von der er auch vorher schon überzeugt gewesen sei, erlebt: »Die Leidenschaft ist ja der einzige Schlüssel zur Welt.«[15]

Diese Leidenschaftlichkeit hinterließ unverkennbare Spuren in Wittgensteins Schriften. Nicht nur im *Tractatus*, der Engelmann »beinahe das einzige große philosophische Werk« zu sein schien, das »mit Leidenschaft gedacht«[16] sei, sondern im ganzen Nachlaß. Auch die *Philosophischen Untersuchungen*, denen Engelmann weniger Bedeutung beimaß, lassen bei näherer Betrachtung ein leidenschaftliches Herangehen an die Objekte der philosophischen Betrachtung erkennen, ein waches, bewegtes, immer neues Beobachten der Phänomene aus unterschiedlichen Perspektiven. Ähnliches gilt für Engelmann, so daß beider Nachlässe Zeugnis einer leidenschaftlichen Auseinandersetzung mit den ihnen wesentlich erscheinenden Problemen liefern – philosophischen, sozialen, ästhetischen, ethischen und religiösen. Selbst in der Art der Abfassung der Texte, im Umgang mit Sprache, ist Leidenschaftlichkeit spürbar. Wittgensteins vorhin erwähnte besessene Suche nach dem treffenden Ausdruck, der idealen Formulierung, sein Kampf mit der Sprache im Verlauf seiner kompromißlosen Wahrheitssuche ist bekannt, seine Manuskripte mit den unentwegten Änderungen, Streichungen, Einfügungen dokumentieren die komplizierten Fährten, die zahlreiche Versionen zur Folge hatten und in seinem Inneren zu seinen »Leiden des Geistes« führten, die, wie er später selbst vermerkte, religiösen Ursprungs waren:

»Die Leiden des Geistes los werden, das heißt die Religion los werden.«, notierte er am 21.2.1937 in sein Tagebuch[17] und belegt damit Engelmanns Bemerkung, daß Wittgensteins wichtigste Themenkreise seine philosophische Arbeit und religiöse Fragen betrafen.

Es war Engelmann, der wohl als Erster die in Leidenschaft und Verzweiflung wurzelnde ethische und religiöse Gesinnung erkannte, von der Wittgensteins Philosophieren getragen war.

In zahlreichen späteren Bemerkungen betont Wittgenstein seine Präferenz des Religiösen vor Wissenschaftlichkeit, er spricht von der Kälte der als grau und tot bezeichneten Weisheit im Gegensatz zur Leidenschaftlichkeit und Farbigkeit des Lebens und der Religion.[18] Engelmann, der Wittgensteins eigentliches Anliegen im *Tractatus* bereits zu einer Zeit erkannt hatte, da das philosophische Interesse fast ausschließlich auf dessen logische und sprachanalytische Seite gerichtet war, notierte dazu folgendes:

Philosophie ist die Religion der Wissenschaft. Und der Gedanke des Tractatus ist, daß eine Religion der Wissenschaft nicht möglich ist.
Das wird von den Positivisten dahin mißverstanden, daß im Zeitalter der Wissenschaft keine Religion mehr möglich sei; gemeint ist, daß ein Zeitalter folgen sollte, in dem die Wissenschaft ihren unberechtigten Anspruch, die Religion ersetzen zu wollen, radikal aufgegeben hat.[19]

Ähnlich wie Engelmann sah auch Wittgenstein den Zugang zur Religion am ehesten über Kunst und Literatur ermöglicht; vor allem aber wehrte er sich gegen jeden Versuch einer rationalen Begründung des Glaubens. Nicht die Vernunft oder ein Dokument wie die Bibel könne ihn zu einem Glauben an die darin enthaltenen Lehren »verbinden«; diese müßten ihm vielmehr »einleuchten«. »Nicht die Schrift, nur das Gewissen« könne ihm befehlen, an Auferstehung, Gericht etc. zu glauben.[20] – eine Meinung, die auch Engelmann vertrat und in folgenden Worten festhielt:

Der einzige wirkliche Zugang zur ›Religiosität‹, den der Mensch hat, ist nicht von der Vernunft aus, sondern vom Gewissen aus.[21]

Kam Wittgenstein in späteren Jahren in der Philosophie zu Bemerkungen wie der, daß »der Zweifel irgendwann aufhören müsse« und man zum »rauhen Boden«[22] der Wirklichkeit zurückzukehren habe, um mit »gesundem Hausverstand« zu argumentieren – »hausbacken«[23], »animalisch«[24] –, so galt dies noch mehr für den religiösen Glauben: dieser sei für rationales Denken niemals faßbar, könne nur als eine Art »Gnade« erfahren werden.[25] Um diesen »blinden, kindlichen« Glauben hat Wittgenstein selbst ein Leben lang gerungen. Er schien ihm das Höchste und Erstrebenswerteste, was ein Mensch besitzen könne, als eine »Bewegung der Seele« zur »Seligkeit«[26], ein Zustand gleich dem eines »Adelstandes«[27], in den der Gläubige erhoben werde. Es handelt sich dabei um eine Geistigkeit fern von intellektuellem Denken, um eine »Gewißheit« im Sinne Pascals, die von der Logik des Herzens, nicht der des Verstandes, herrührt.

Zu Zeiten vermeinte Wittgenstein auf dem Wege zu einem solchen Glauben zu sein, doch bis zuletzt wurde er von Glaubenszweifeln geplagt, vielleicht noch schmerzhafter als von seinen Zweifeln an der Erlangung von Antwort in philosophischen Fragen. Wie er zur Zeit der Abfassung des *Tractatus* erkannte, daß die Grenzen seiner Sprache die Grenzen seiner Welt bedeuten,[28] und wie er die Begrenztheit aller wissenschaftlichen Erkenntnisse einsah, so wahrte er auch späterhin eine skeptische Haltung gegenüber den Wissenschaften und distanzierte sich von intellektueller Arroganz, die ihm als ständige Gefahr vor Augen schwebte.[29]

Engelmann attackierte in ähnlicher, noch heftigerer Weise wissenschaftliche Dispute, die aus seiner Sicht vom Skeptizismus geprägt waren:

> Was all diesen Zweiflern und Faslern vor allem verleidet werden muß, das ist ihr Glaube an die Großartigkeit und unvergleichliche Überlegenheit ihres Zweifels, vor dem Glauben: sie meinen, nur der Dumme glaube, der Weise zweifle. Vom Zweifel und seiner Selbstvergötzung zum Sokratischen Nichtwissen zu gelangen, zum <u>Wissen</u>, daß man nichts wisse, das ist die Aufgabe; Das und nichts anderes [...][30]

Und in noch schärferem Ton fuhr er fort:

> Der Glorienschein des Zweifels als höchste menschlich=geistige Errungenschaft, als Heroismus, als prometheischer Göttersturm, das und nichts anderes ist die Weltgefahr und der Weltuntergang, ist der Intellektualismus und die präpotente, über ihre eigenen Grenzen hinausschweifende und <angreifende> Wissenschaft, ist die »allgemeine Bildung« angefangen von der allgemeinen Schulpflicht bis hinauf zum Höhenrausch des »Akademischen«.[31]

Das Gemeinsame, miteinander Verbindende im intellektuellen und emotionalen Bereich aber galt nur für die Zeit der ersten – immerhin zehn – Jahre ihrer Freundschaft bzw. vor der Zeit des gemeinsamen Hausbaues für Wittgensteins Schwester Margarethe Stonborough. Wie Engelmann in seinen Notizen später festhielt, lernte er dann Wittgenstein als dominanten und rücksichtslosen Verfolger seiner Pläne kennen, wenn es um Fragen der Architektur ging:

> Während ich ihn bis dahin nur von intellektueller und Gefühlsseite kennengelernt und verehrt hatte, lernte ich ihn nun auch als Willensmenschen kennen.

Seine Überlegenheit und die Rücksichtslosigkeit bei der Durchsetzung seiner eigenen Pläne waren bei einer durch 2 Jahre fortgesetzten Zusammenarbeit sehr schwer zu ertragen.[32]

Dank seiner Duldsamkeit und Toleranz hegte Engelmann jedoch offenbar kaum Gefühle des Ressentiments oder der Rivalität, stellte aber nicht ohne Bedauern fest, wie sich die gegenseitige innere Bindung langsam löste, wie vor allem Wittgenstein sich von seinem bis dahin als engen Vertrauten und oft um Rat Befragten distanzierte.

Nach Beendigung des Baus, in den Jahren 1928–1930, war ich noch mehrmals Gast seiner Angehörigen auf der Hochreith. Auch damals hatte ich noch für mich höchst fruchtbare Unterhaltungen mit ihm. Doch hatten wir uns beide, seit der Zeit des Briefwechsels, geändert; sein Bedürfnis, sich mit mir auszusprechen bestand jedenfalls nicht mehr im früheren Maß.[33]

Nach einer, sich über Jahre erstreckenden, geistigen und persönlichen Trennung, derzufolge aus der Zeit nach dem 30.9.1930 auch keine weiteren Briefe aufzufinden sind,[34] gab es überraschenderweise im Jahre 1937 wieder brieflichen Kontakt zwischen den ehemals engen Freunden. Anlaß dazu – wie als erneuten Beweis der Bedeutung, die Wittgenstein Engelmanns Urteil bezüglich seiner innersten Regungen, insbesondere der Auffassung von »Anständigkeit« beimaß – war ein Geständnis Wittgensteins, in dem er ihm nahestehenden Menschen über seine Vergehen und Versäumnisse detailliert Aufschluß gab. Es handelte sich dabei um seine inzwischen bekannte Beichte – das Geständnis seiner angeblichen Lüge bezüglich seiner jüdischen Abstammung sowie weiterer Versagen.[35]

Wie immer, reagierte Engelmann in der ihm einfühlsamen und rücksichtsvollen Art: Wittgensteins Selbstanklagen mildernd, nahm er seine eigene »Schlechtigkeit« zum Anlaß, sie ihm entgegenzuhalten.[36]

Somit scheinen sich die Gesprächsthemen der beiden Freunde – nach jahrelanger Unterbrechung durch persönliche Distanz, und in vielleicht ernüchterter Form – wie zu einem Kreis zu schließen: mit dem immer noch selben Problem der »Seelenqualen«, die Engelmann bereits – vermutlich Ende 1917 – in einem Gedicht zur Sprache gebracht hatte, das von Wittgenstein begeistert aufgenommen wurde und das Engelmann als bestes Beispiel für Wittgensteins Religiosität anführte.[37]

Einer Religiosität im Sinne des Eingeständnisses der eigenen Schlechtigkeit, nicht nur Unvollkommenheit,[38] und des lebenslangen Strebens nach »Anständigkeit«, nach Vervollkommnung auf jeder Ebene. Dieses Streben erfolgte in einer Leidenschaftlichkeit, die dem Geist unserer Gegenwart – wie auch schon der Zeit Wittgensteins und Engelmanns – abhanden gekommen ist. Sören Kierkegaard hat bereits 1846 die Leidenschaftslosigkeit seiner Umgebung heftig kritisiert.[39]

Aufgrund des Mangels an Leidenschaft und Innerlichkeit ist den Menschen jegliche Sensibilität für das Schweigen verloren gegangen, sie haben kein Gespür für Momente, wo Schweigen besser als Reden, ja, wo Schweigen eigentliches Reden wäre. Daher sind ihre Gespräche oft nicht mehr als eine Form von Geschwätz, ein

»Zerreden«, oder, auf wissenschaftlich-philosophischem Gebiet, ein Spiel mit klugen Worten – mißglückte Versuche, das Unaussprechbare auszusprechen.

Engelmann und Wittgenstein verfügten noch über die von Kierkegaard beschriebene Innerlichkeit und damit auch über die Fähigkeit zum Schweigen. Trotz ihrer Bemühungen, die ihnen nahe gehenden Probleme zur Sprache zu bringen, hielten sie letzten Endes stets eine gewisse Distanz ein, sie wußten die subtile Grenze zwischen Reden und Schweigen zu wahren.

»Nur kein transzendentales Geschwätz, wenn alles so klar ist wie eine Watschen.«[40] – so Wittgenstein in seiner direkten Art.

Auf philosophischer Ebene zog er die Grenzlinie zwischen »Sagen« und »Zeigen« – zwischen dem klar sagbaren und dem religiösen Bereich, der sich nicht artikulieren, trotz aller Versuche nicht philosophisch fassen oder wissenschaftlich erklären läßt.

Obgleich diese Problematik insbesondere im *Tractatus* behandelt wird, war Wittgenstein sich ihrer auch in späteren Jahren bewußt: »In der Philosophie liegt die Schwierigkeit darin, nicht mehr zu sagen, als was wir wissen«, notierte er im *Blauen Buch*.[41]

Diese Zurückhaltung in seinem Umgang mit Philosophie – eine Zurückhaltung, die Drury als eine »ethische Forderung«[42] definierte – hat Paul Engelmann, im Gegensatz zu vielen anderen Wittgenstein-Interpreten, sehr früh und klar erkannt. Wie er auch den leidenschaftlichen Geist gespürt hat, der Wittgensteins Schreiben zugrunde liegt und der mit dem Schweigen in engerem Zusammenhang steht, als es auf den ersten Blick erscheinen mag. Denn Leidenschaft weiß Grenzen einzuhalten, wo sie erfordert sind, während oberflächlicher Umgang mit Sprache, der phänomenalen Welt und der Welt außerhalb zu einem »Schwefeln« führt.

Weder Klugheit noch Reflexion bringen die Lösung – um nochmals Kierkegaard zu zitieren –, sondern Leidenschaftlichkeit, die zu Handlung und Entscheidung führt – weitere Aspekte, die für Wittgensteins Philosophie kennzeichnend sind. Die Anstöße zur Umsetzung seiner Gedanken in Aktivität – der entscheidende Schritt vom bloßen Theoretisieren zu einer praktischen Ethik, die sich nur in der Lebensweise des Einzelnen, so auch in Wittgensteins Leben zeigt –, diese Anstöße können u.a. durchaus in seiner Begegnung mit Engelmann wurzeln: in der ernsthaften Auseinandersetzung mit dem Sinn des Daseins und mit Fragen der Schuld, die, wie die Briefe zeigen, in Leidenschaft erfolgte.

Anmerkungen:

1 »Man hat oft den Eindruck, daß im Westen, in England und Amerika, die geistig interessierten Menschen, und selbst hochstehende, absolut unfähig sind, zu begreifen, was heute eigentlich in der Welt vorgeht. Das Entscheidende, das ihnen offenbar fehlt, ist das erschütternde Erlebnis zweier Weltkriege welche die Kontinentalen am eigenen Leibe mit all ihren jahrelangen Schrecken und mit den kaum geringeren der dazwischenliegenden Friedens-und Inflationsepoche am eigenen Leib und am eigenen Geist durchgemacht haben. Damit ist die Wirkung der Sommeschlacht, der Blitz über London und der Amerikanische Börsenkrach von 1929 mit all seinen Zerstörungen gewiß auch nicht annähernd zu vergleichen. Auch das werden ja schreck-

liche soziale Wolkenbrüche gewesen sein aber von viel kürzerer und doch oberflächlicher Wirkung, denen das Apokalytische des Geschehens in Mitteleuropa gefehlt hat.« (Aus einem Fragment im Nachlaß von Paul Engelmann, im Besitz von E. Benyoëtz)

2 Dies betrifft die in verschlüsselter Schrift gehaltenen, persönlichen Tagebücher. Die in Normalschrift abgefaßten, philosophischen Tagebücher dieser Zeit lassen eher mystische, teils panentheistische Tendenzen erkennen und weisen Ähnlichkeiten mit Schopenhauer und Spinoza auf.

3 Vgl. TB, 6.7.1916 und TLP, 6.521.

4 MS 118 17r c: 27.8.1937, zit. nach VB, S. 62.

5 Vgl. TB, 8.7.16.

6 Vgl. TB, 13.8.16.

7 Vgl. Notiz im Nachlaß PE, (EB).

8 Vgl. Notiz im Nachlaß PE, (EB).

9 Vgl. Engelmann, JNUL, Dossier 233, zit. nach Wijdeveld, S. 48.

10 Vgl. Erinnerungen, S. 94.

11 MS 112 46: 14.10.1931, zit. nach VB, S. 52.

12 Vgl. »Verstreute Notizen«, S. 152.

13 Vgl. 7.10.1914, MS 101, 35v: »Ich kann in einer stunde sterben, ich kann in zwei stunden sterben, ich kann in einem monat sterben oder erst in ein paar jahren; ich kann es nicht wissen & nichts dafür oder dagegen tun: So ist dies leben. Wie muss ich also leben um in jenem augenblick zu bestehen? Im guten und schönen zu leben bis das leben von selbst aufhört.«

14 Vgl. Paul Engelmann, (EB).

15 Vgl. Paul Engelmann, (EB).

16 EB

17 Vgl. DB, S. 191.

18 Vgl. VB, 106, 112, 123.

19 Vgl. Paul Engelmann, (EB).

20 Vgl. DB, S. 149.

21 Vgl. JNUL, Dossier 232.

22 Vgl. PU, § 107.

23 Vgl. Phil. Gram., S. 108, 121; vgl. DB, S. 163.

24 Vgl. ÜG, § 359.

25 Vgl. DB, S. 220.

26 Vgl. DB, S. 219.

27 Vgl. DB, S. 219.

28 Vgl. TLP, 5.6

29 Vgl. dazu Briefe an Ludwig Hänsel in *Hänsel*, S. 140–144. Vgl. auch *Malcolm*, S. 89.

30 Paul Engelmann, (EB).

31 Paul Engelmann.

32 Vgl. das Fragment eines Briefes an Mrs. Anscombe, JNUL, Dossier 143.

33 JNUL, Dossier 233. (Vgl. auch Wijdeveld, S. 57.)

34 Laut Engelmann war zwar niemals ein Konflikt oder Bruch zwischen ihm und Wittgenstein erfolgt, doch einer der Gründe für das vorübergehende Ende des Briefwechsels lag darin, daß »keine persönliche Begegnung mehr stattgefunden hat; wäre das geschehen, so hätte ich vermutlich schon nach der ersten Begegnung mir ungefähr ein Bild darüber machen können, wo W. sich jetzt innerlich befinde; und daraus hätte sich möglicherweise ein neuer Kontakt ergeben. Aber ohne eine solche Kenntnis Briefe ins Blaue abzuschicken, ist überhaupt nicht meine Art, und wäre es am allerwenigsten in diesem Falle gewesen.« (Vgl. JNUL, Dossier 233)

35 Vgl. einen Brief Wittgensteins vom 7.11.1936 an Ludwig Hänsel in *Hänsel*, S. 136.

36 Vgl. den Brief Engelmanns an Wittgenstein vom 4. Juni 1937, hier Brief Nr. 106.

37 Vgl. Brief Nr. 15.

38 Vgl. dazu VB, S. 92f.: »Menschen sind in dem Maße religiös, als sie sich nicht so sehr *unvollkommen*, als *krank* glauben. / Jeder halbwegs anständige Mensch glaubt sich höchst unvollkommen, aber der religiöse glaubt sich *elend*«

39 Vgl. Sören Kierkegaard: *Kritik der Gegenwart*. Übersetzt und mit einem Nachwort von Theodor Haecker. 3. Auflage. Innsbruck: Brenner-Verlag, 1934. Diese Schrift erschien bereits unmittelbar vor dem Krieg im *Brenner* und ist von Wittgenstein, wie auch von Engelmann, mit großer Wahrscheinlichkeit gelesen worden.

40 Vgl. Wittgensteins Brief an Engelmann vom 16.1.1918, hier Brief Nr. 28.

41 *Das Blaue Buch*, Werkausgabe Bd. 5, S. 75.

42 M.O'C. Drury, »Bemerkungen zu einigen Gesprächen mit Wittgenstein«, in *Ludwig Wittgenstein. Porträts und Gespräche*. Hrsg. von Rush Rhees. Frankfurt: Suhrkamp, 1992. S. 124.

ANHANG

Editorische Notiz

1996 wurde im Forschungsinstitut Brenner-Archiv unter Leitung von Allan Janik das »Paul Engelmann Projekt« ins Leben gerufen. Projektbearbeiterin war Judith Bakacsy; mitgewirkt haben auch Elazar Benyoëtz, Brian McGuinness, Ursula Schneider, Anders V. Munch und Ingeborg Fiala-Fürst. Auftraggeber des Projekts war das Bundesministerium für Bildung, Wissenschaft und Kultur in Wien. Schwerpunkte bildeten Publikationen[1], eine Wanderausstellung in verschiedenen Varianten und Symposien. Ein weiterer Schwerpunkt sollte in der hier nun vorliegenden erweiterten Ausgabe von Engelmanns Erinnerungen an Ludwig Wittgenstein mit den dazugehörigen Briefen liegen.

Der Nachlaß von Paul Engelmann befindet sich zum Teil bei seinem langjährigen Freund, dem israelischen Dichter Elazar Benyoëtz, zum Teil in der Jewish National and University Library, Jerusalem. Die daraus entnommenen und hier veröffentlichten Textstellen sind demnach jeweils mit ihrer entsprechenden Quelle angegeben: EB für den Nachlaß im Besitz von Elazar Benyoëtz; JNUL für den Nachlaß in der Jewish National and University Library.

Die Briefe Wittgensteins an Engelmann sind im Besitz von Elazar Benyoëtz, die Briefe von Ernestine und Paul Engelmann fast zur Gänze im Besitz des Brenner-Archivs, Innsbruck.

Wie im Vorwort erwähnt, sind die von Paul Engelmann erhaltenen Notizen bezüglich seiner Erinnerungen an Ludwig Wittgenstein in einem sehr fragmentarischen Zustand. Zu fast jedem seiner Gedanken finden sich mehrere Versionen – zumeist auf losen Zetteln festgehalten, oft in Form von halben Absätzen, einzelnen Sätzen, Gedankensplittern, die häufig nicht zu Ende geführt sind. Dies gilt nicht nur inhaltlich, sondern auch stilistisch: Sprachliche Verbesserungen oder Überarbeitungen der Texte stehen neben den ersten Entwürfen, und es bleibt offen, für welche Variante sich Engelmann letztlich entschieden hätte.

Aus diesen Gründen haben sich die Herausgeber so weit zu einer Normalisierung der Texte entschlossen, als damit ein flüssiger und verständlicher Lesevorgang gewährleistet ist. Sprachliche Eigenheiten Engelmanns und damit verbundene stilistische »Unebenheiten«, auch offensichtliche Versehen in Orthographie und Satzzeichen-Setzung, wurden jedoch belassen. Schwer lesbare Wörter oder Ergänzungen werden in spitzen Klammern, unlesbare Wörter mit drei Punkten innerhalb spitzer Klammern gesetzt. Von Engelmann durchgestrichener Text, der den Herausgebern für das Verständnis der jeweiligen Textstelle relevant erschien, wurde beibehalten und gleichfalls mit spitzen Klammern angemerkt. Plötzlich zu Ende geführte, oftmals mitten im Satz abgebrochene Passagen sind durch Punkte in eckigen Klammern gekennzeichnet.

Die Briefe Engelmanns wie auch die von Wittgenstein sowie den anderen Briefpartnern werden hingegen originalgetreu wiedergegeben, da hier die Texte vollständig vorliegen und auch weniger Fehler aufweisen. Die aufgrund von Einfügungen, Streichungen und offensichtlichen Versehen entstandenen grammatischen und orthographischen Fehler wurden belassen, in einzelnen Fällen kommentiert.

Auch die von Ernestine Engelmann zum Teil für ihre Zeit übliche, zum Teil eigenwillige Schreibweise mit Wörtern wie »Antipathy« anstatt »Antipathie«, »Staab« anstatt »Stab« und dergleichen wurde beibehalten.

Zitate aus Wittgensteins Nachlaß, sofern nicht nach verschiedenen Editionen zitiert, sind originalgetreu wiedergegeben.

Bei Engelmanns »Verstreuten Notizen« wurde die Unterteilung in Kapitel wie »Allgemeines zur Beziehung Engelmann–Wittgenstein«, »Gedanken über Religion und Kunst« usw. von der Herausgeberin vorgenommen, die Überschriften innerhalb dieser Kapitel stammen jedoch von Paul Engelmann.

KOMMENTAR

Im Anhang befindet sich ein Einzelstellenkommentar zu den Briefen. Dieser dient als Hilfestellung für erläuterungsbedürftige Textstellen biographischer, bibliographischer sowie zeit- und kulturgeschichtlicher Art.

Engelmanns Erinnerungsnotizen sind nur sehr sparsam, mittels Fußnoten, kommentiert.

Anmerkung:

1   Siehe Literaturverzeichnis unter Bakacsy, Benyoëtz, Janik, McGuinness, Methlagl, Schneider, Václavek.

Dank

In erster Linie gilt mein Dank Elazar Benyoëtz, der bereits vor Jahren den eigentlichen Anstoß zu einer Würdigung Paul Engelmanns, verbunden mit Editionen von dessen Schriften, so auch die Aufzeichnungen über seine Erinnerungen an Ludwig Wittgenstein, gegeben hat.

Zudem danke ich Elazar Benyoëtz für die anregenden Gespräche und für die Zeit, die er sich nahm, um die Briefe Wittgensteins an Engelmann zu kollationieren.

Dank gebührt auch Allan Janik, dem Leiter des »Paul Engelmann Projekts«, und Walter Methlagl, dem früheren Vorstand des Brenner-Archivs, für seine unermüdliche Teilhabe an der Forschung im Archiv.

Ebenso danke ich dem jetzigen Leiter des Archivs, Johann Holzner, sowie den Mitarbeitern und Mitarbeiterinnen, insbesondere Judith Bakacsy, Andreas Hupfauf, Gerti Kratzer, Ursula Schneider, Monika Seekircher, Annette Steinsiek und Anton Unterkircher.

Ludvík E. Václavek, Olmütz, sei für die ausführliche Beantwortung meiner Fragen, den Engelmannkreis in Olmütz betreffend, gedankt; Major John Stonborough (†) für wichtige Informationen zur Beziehung Engelmanns mit der Familie Wittgenstein, Pierre und Françoise Stonborough für die Bereitstellung von Photos mit deren Publikationserlaubnis.

Georg Hasibeder danke ich für die sorgfältige Durchführung des Lektorats.

Literaturverzeichnis

Primärliteratur

Wittgenstein's Nachlass: The Bergen Electronic Edition: Bergen, Oxford: Oxford University Press, 1999.

Wittgenstein, Ludwig: *Briefe an Ludwig von Ficker.* Hrsg. von G. H. von Wright unter Mitarbeit von Walter Methlagl. Salzburg: Otto Müller Verlag, 1969.

Wittgenstein, Ludwig: *Briefe. Briefwechsel mit B. Russell, G. E. Moore, J. M. Keynes, F. P. Ramsey, W. Eccles, P. Engelmann und L. von Ficker.* Hrsg. von B. F. McGuinness und G. H. von Wright. Frankfurt a. Main: Suhrkamp, 1980. (= *Briefe*)

Ludwig Wittgenstein. Briefwechsel. Innsbrucker elektronische Ausgabe. Hrsg. von Monika See-kircher, Brian McGuinness und Anton Unterkircher. Innsbruck, 2004.

Ludwig Hänsel – Ludwig Wittgenstein. Eine Freundschaft. Briefe. Aufsätze. Kommentare. Hrsg. von Ilse Somavilla, Anton Unterkircher und Christian Paul Berger. Innsbruck: Haymon, 1994. (= *Hänsel*)

Wittgenstein, Ludwig: *Das blaue Buch.* Werkausgabe Bd. 5. Frankfurt a. Main: Suhrkamp, 1991.

Wittgenstein, Ludwig: *Denkbewegungen. Tagebücher 1930–1932/1936–1937.* Hrsg. von Ilse Somavilla. Innsbruck: Haymon, 1997. (= DB)

Wittgenstein, Ludwig: *Geheime Tagebücher 1914–1916.* Hrsg. von Wilhelm Baum. Wien: Turia & Kant, 1991.

Wittgenstein, Ludwig: *Philosophische Grammatik.* Werkausgabe Bd. 4. Frankfurt a. Main: Suhr-kamp, 1991.

Wittgenstein, Ludwig: *Philosophische Untersuchungen.* Werkausgabe Bd. 1. Frankfurt a. Main: Suhrkamp, 1990. (= PU)

Wittgenstein, Ludwig: *Tagebücher 1914–1916.* Werkausgabe Bd. 1. Frankfurt a. Main: Suhrkamp, 1990. (= TB)

Wittgenstein, Ludwig: *Tractatus-logico-philosophicus.* Werkausgabe Bd. 1. Frankfurt a. Main: Suhrkamp, 1990. (= TLP)

Wittgenstein, Ludwig: *Über Gewißheit.* Werkausgabe Bd. 8. Frankfurt a. Main: Suhrkamp, 1990. (= ÜG)

Wittgenstein, Ludwig: *Vermischte Bemerkungen.* Eine Auswahl aus dem Nachlaß. Hrsg. von G. H. von Wright unter Mitarbeit von Heikki Nyman. Neubearbeitung des Textes durch Alois Pichler. Frankfurt: Suhrkamp, 1994. (= VB)

Wittgenstein, Ludwig: *Vortrag über Ethik und andere kleine Schriften.* Übersetzt und herausgege-ben von Joachim Schulte. Frankfurt: Suhrkamp, 1989.

Sekundärliteratur

Bakacsy, Judith (Hg.): *Paul Engelmann und das mitteleuropäische Erbe. Der Weg von Olmütz nach Israel.* Wien, Bozen: Folio Verlag, 1999.

Bakacsy, Judith, Munch, A.V. und Sommer, A.L. (Hrsg.): *Architecture o Language o Critique. Around Paul Engelmann.* Amsterdam/Atlanta: Rodopi, 2000. (= Studien zur Österreichischen Philosophie 31). Band zum zweiten internationalen Engelmann-Symposium, das im Herbst 1999 in Aarhus in Dänemark stattgefunden hat.

Bakacsy, Judith: *Paul Engelmann: Ein biographischer Versuch.* 2003 (unveröffentlicht).

Benyoëtz, Elazar: »Dem Menschen zum Segen, nicht der Gesellschaft zum Nutzen. In memoriam Paul Engelmann.« In: *Paul Engelmann (1891–1965). Architektur. Judentum. Wiener Moderne.* Wien, Bozen: Folio Verlag, 1999. S. 167–188.

Benyoëtz, Elazar: »Ein Bild, wie es im Buche steht. Max Zweig über Paul Engelmann.« In: *Max Zweig. Kritische Betrachtungen.* Hrsg. von Eva Reichmann. St. Ingbert: Röhrig Verlag, 1995.

Benyoëtz, Elazar: »Engelmann, Der Andere. Ein Teppich, aus Namen geknüpft, zu seinem Gedenken aufgerollt.« In: *Wittgenstein Jahrbuch 2001/2002.* Hrsg. von Wilhelm Lütterfelds, Andreas Roser und Richard Raatzsch. Frankfurt a.M.: Peter Lang Verlag, 2003.

Goethes sämtliche Werke in sechsunddreißig Bänden. Mit Einleitungen von Karl Goedeke. Stuttgart: Verlag der J. G. Cotta'schen Buchhandlung.

Graßhoff, Gerd und Lampert, Timm (Hrsg.): *Ludwig Wittgensteins Logisch-Philosophische Abhandlung.* Entstehungsgeschichte und Herausgabe der Typoskripte und Korrekturexemplare. Wien: Springer Verlag, 2004.

Graßhoff, Gerd und Lampert, Timm (Hrsg.): *Paul Engelmann. Psychologie graphisch dargestellt.* Wien: Springer Verlag, 2005.

Grillparzers sämtliche Werke in zwanzig Bänden. Hrsg. von August Sauer. Stuttgart: Verlag der I. G. Cotta'schen Buchhandlung, [1893].

McGuinness, Brian: *Approaches to Wittgenstein. Collected papers.* London, New York: Routledge, 2002.

McGuinness, Brian: *Wittgensteins frühe Jahre.* Übersetzt von Joachim Schulte. Frankfurt a. Main: Suhrkamp, 1988.

Janik, Allan: »Die Rolle Engelmanns in Wittgensteins philosophischer Entwicklung.« In: *Paul Engelmann (1891–1965). Architektur. Judentum. Wiener Moderne.* Hrsg. von Ursula Schneider. Wien, Bozen: Folio Verlag, 1999. S. 39–55.

Janik, Allan: »Drei mährische Weltbürger: Paul Engelmann, Friedrich Pater, Johannes Österreicher.« In: *Mährische Deutschsprachige Literatur.* Eine Bestandsaufnahme. Beiträge der internationalen Konferenz. Olmütz, 25.–28.4.1999. Olomouc: Univerzitni nakladatelstvi, 1999. Univerzita Palackého v Olomouci, 1999. S. 72–81.

Janik, Allan und Toulmin, Stephen: *Wittgensteins Wien.* Aus dem Amerikanischen von Reinhard Merkel. München, Wien: Carl Hanser Verlag, 1984.

Kierkegaard, Sören: *Kritik der Gegenwart.* Übersetzt und mit einem Nachwort von Theodor Haecker. 3. Auflage. Innsbruck: Brenner-Verlag, 1934.

Loos, Adolf: *Ins Leere gesprochen.* 1897–1900. Innsbruck: Brenner-Verlag, 1932.

Loos, Adolf: *Trotzdem.* 1900–1930. Innsbruck: Brenner-Verlag, 1931.

Malcolm, Norman: *Ludwig Wittgenstein. A Memoir and a Biographical Sketch by G. H. von Wright.* Second edition with Wittgenstein's letters to Malcolm. Oxford: Oxford University Press, 1984. (= *Malcolm*)

Methlagl, Walter: »Die Engelmann-Forschung im Forschungsinstitut Brenner-Archiv.« In: *Paul Engelmann (1891–1965). Architektur. Judentum. Wiener Moderne*. Hrsg. von Ursula Schneider. Wien, Bozen: Folio Verlag, 1999. S. 33–38.

Monk, Ray: *Ludwig Wittgenstein. The Duty of Genius*. London: Jonathan Cape, 1990. (= *Monk*)

Nedo, Michael und Ranchetti, Michele: *Wittgenstein. Sein Leben in Bildern und Texten*. Frankfurt a. Main: Suhrkamp, 1983. (= *Nedo*)

Nietzsche, Friedrich: *Gesammelte Werke*. Kröners Taschenausgabe. Stuttgart: Alfred Kröner Verlag, 1943.

Pascal, Blaise: *Gedanken*. Stuttgart: Reclam, 1980.

Platon: *Sämtliche Werke*. In der Übersetzung von Friedrich Schleiermacher mit der Stephanus-Numerierung. Hrsg. von Ernesto Grassi. Hamburg: Rowohlt Verlag, 1955.

Rhees, Rush (Hrsg.): *Ludwig Wittgenstein. Porträts und Gespräche*. Frankfurt a. Main: Suhrkamp, 1992.

Rothhaupt, Josef G.F. (Hrsg.): »Orpheus. Dramatisches Gedicht von Paul Engelmann.« In: *Wittgenstein-Jahrbuch 2001/2002*. Hrsg. von Wilhelm Lütterfelds, Andreas Roser und Richard Raatzsch. Frankfurt a. Main: Peter Lang Verlag, 2003. S. 297–341.

Rothhaupt, Josef G.F.: »Zu Engelmanns *Orpheus*: Dokumentation der Quellenlage und Angaben zur Veröffentlichung – Paul Engelmann und Ludwig Wittgenstein.« In: *Wittgenstein-Jahrbuch 2001/2002*. Hrsg. von Wilhelm Lütterfelds, Andreas Roser und Richard Raatzsch. Frankfurt a. Main: Peter Lang Verlag, 2003. S. 342–367.

Schneider, Ursula (Hg.): *Paul Engelmann (1891–1965). Architektur. Judentum. Wiener Moderne*. Wien, Bozen: Folio Verlag, 1999.

Schopenhauer, Arthur: *Sämtliche Werke*. Zürcher Ausgabe. Zürich: Diogenes, 1977.

Somavilla, Ilse: »Wittgensteins Betrachtung sub specie aeterni.« In: *Applied Ethics. Angewandte Ethik*. Beiträge des 21. Internationalen Wittgenstein-Symposiums. Hrsg. von Peter Kampits, Karoly Kokai, Anja Weiberg. Kirchberg am Wechsel: Österreichische Ludwig-Wittgenstein Gesellschaft, 1998. S. 252–259.

Spinoza, Benedictus: *Die Ethik*. Hrsg. von Jakob Stern. Leipzig: Reclam, 1909.

Tolstoi, Leo: *Kurze Darlegung des Evangelium*. Aus dem Russischen von Paul Lauterbach. Leipzig: Reclam, 1892.

Václavek, Ludvík E.: »Der Engelmann-Kreis in Olmütz.« In: *Paul Engelmann (1891–1965). Architektur. Judentum. Wiener Moderne*. Wien, Bozen: Folio Verlag, 1999. S. 79–91.

Václavek, Ludvík E.: »Olmützer deutsche Dichter im 19. und 20. Jahrhundert.« In: *Mährische Deutschsprachige Literatur*. Eine Bestandsaufnahme. Beiträge der internationalen Konferenz. Olmütz, 25.–28.4.1999. Univerzitni nakladatelstvi, Olomouc, 1999. Univerzita Palackého v Olomouci, 1999. S. 60–81.

Wijdeveld, Paul: *Ludwig Wittgenstein, Architekt*. Aus dem Englischen von Ulrike Kremsmair und Thomas Heigelmaier. Wiese Verlag, 1994. (= *Wijdeveld*)

Wünsche, Konrad: *Der Volksschullehrer Ludwig Wittgenstein*. Frankfurt a.M.: Suhrkamp, 1985. (= *Wünsche*)

Zweig, Max: *Lebenserinnerungen*. Vorwort von Hans Mayer. Gerlingen: Bleicher Verlag, 1992.

Bildnachweis

Umschlagbild:	Pierre Stonborough, Wien
S. I, oben:	Aus: *Großer Historischer Weltatlas*. III. Teil/Neuzeit. Bayrischer Schulbuch Verlag. München 1957
S. I, unten:	Aus: Gold, Hugo: *Die Juden und Judengemeinden Mährens in Vergangenheit und Gegenwart*. Brünn 1929
S. II, oben:	Kunstmuseum der Stadt Olmütz
S. II, unten:	Heimatkundliches Museum des nordmährischen Bezirks in Olmütz
S. III, oben:	Forschungsinstitut Brenner-Archiv, Innsbruck
S. III, unten:	Forschungsinstitut Brenner-Archiv, Innsbruck. Mit freundlicher Genehmigung der Jewish National and University Library, Jerusalem
S. IV:	Hermann Hänsel, Wien
S. V:	Edda Wolfheim
S. VI:	Elazar Benyoëtz, Jerusalem
S. VII:	Forschungsinstitut Brenner-Archiv, Innsbruck
S. VIII, oben:	Getty Research Institute, Research Library, 870090. Aus: Bakacsy, Judith (Hrsg.): *Paul Engelmann und das mitteleuropäische Erbe. Der Weg von Olmütz nach Israel*. Wien, Bozen 1999
S. VIII, unten:	Pierre Stonborough, Wien
S. IX, oben:	Aus: Wijdeveld, Paul: *Ludwig Wittgenstein, Architekt*. Basel 1994
S. IX, unten:	Pierre Stonborough, Wien
S. X:	Andreas Sjögren, Stockholm
S. XI:	Hanna Blum, Hoofddorp
S. XII, oben:	Aus: Wijdeveld, Paul: *Ludwig Wittgenstein, Architekt*. Basel 1994
S. XII, unten:	Hanna Blum, Hoofddorp. Aus: Wijdeveld, Paul: *Ludwig Wittgenstein, Architekt*. Basel 1994

Personenregister

237